한국의 법문화

인식, 구조, 변화

나남출판

■ 저자 약력

김 정 오
연세대학교 법학과 및 동 대학원 졸업
미국 위스콘신대학교 로스쿨 법학박사(S. J. D.)
미국 조지타운대학교 로스쿨 객원교수 역임
현재 연세대학교 법과대학 교수
한국법철학회 부회장, 편집위원장
프로그램심의조정위원회 위원
정보통신윤리위원회 전문위원

주요 저서
《법학개론》(공저), 《현대법철학의 흐름》(공저), 《응용법철학》(공저), *Recent Transformations in Korean Law and Society*(공저), 《근대사회에서의 법》(역서), 《코드: 사이버공간의 법이론》(역서) 외 논문 다수

나남신서 1148

한국의 법문화
인식, 구조, 변화

2006년 6월 5일 발행
2006년 6월 5일 1쇄

저자_ 金正梧
발행자_ 趙相浩
편집_ 방순영 · 김지환
디자인_ 이필숙
발행처_ (주) **나남출판**
주소_ 413-756 경기도 파주시 교하읍
출판도시 518-4
전화_ (031) 955-4600 (代), FAX : (031) 955-4555
등록_ 제 1-71호(79.5.12)
홈페이지_ http://www.nanam.net
전자우편_ post@nanam.net

ISBN 89-300-8148-7
ISBN 89-300-8001-4(세트)
책값은 뒤표지에 있습니다.

나남신서 · 1148

한국의 법문화

인식, 구조, 변화

김 정 오

NANAM
나남출판

Korean Legal Culture
Understanding, Structure and Change

by

Jeongoh Kim

NANAM
NANAM Publishing House

머리말

속도의 감각을 느끼지 못할 정도의 쾌속으로 질주하는 현 사회 속에서 우리는 과연 어디로 향해 가고 있는지 방향과 목적을 스스로에게 묻곤 한다. 엄청나게 빠른 변화의 공전 속에서 사회의 피륙은 파편처럼 찢겨지는 상황을 연출하고 있다.

이해관계의 얽힘과 서로 다른 이데올로기가 첨예하게 부딪치고 충돌하면서 굉음을 일으킨다. 정부와 시민, 노동자와 경영자, 노동자와 노동자, 학생과 교사, 학부모와 교사, 교사와 교사, 의사와 환자, 부모와 자식, 지식인과 지식인, 거의 모든 관계들이 갈등을 일으키고 있다. 이러한 사회적 갈등과 분열 속에서 과연 법은 어떤 작용을 하고 있으며, 시민들의 법의식과 법행동은 어떠한가?

정치영역에서건 사회영역에서건 사태가 발생하면 그 사태에 대해서 법률 혹은 헌법에 의해 허용된다 아니다를 놓고서 치열한 공방이 일어나고 있다. 어떻게 보면 이러한 상황은 긍정적 측면을 갖고 있다. 모든 권력행위를 법에 의해서 통제하려는 '법의 지배'라는 새로운 제도와 전통이 확립되는 과정이라고 평가할 수 있을 것이다. 그러나 이러한 상황이 지속되고 확산되면, 형식주의적, 실증주의적 법적 사고가 지배하게 될 가능성이 매우 높아진다.

한국뿐만 아니라 미국의 법과대학에서 다루어지는 법지식은 법개념과 법원칙 그리고 판례들이 주류를 이루고 있다. 그러나 숱한 법률들과 판례들이 실제 발생하는 사회현실에 대한 탐구는 항상 주변 영역으로 방치되어 왔을 뿐 아니라, 정부의 정책수립의 차원에서 탐구되는 것 외에는 관심 밖의 영역이다. 법사회학적 탐구는 법에 관한 이차적 지식을 생산한다. 하지만 법사회학적 지식이 이차적 지식이라고 해서 그것의 의미와 중요성이 이차적인 것은 아니다. 일차적 법지식을 가능하게 하고, 이를 생산해낼 뿐만 아니라 그것들을 현실적으로 가능케 하는 것이 바로 사회적 환경이며 조건이다. 법학이라는 학문이 일차적 지식 속에 매몰될 때, 그것은 법기술학(*legal technique*)으로 전락하게 된다.

이 책은 앞에서 제기한 물음에 대해 답변을 하기 위한 시도이다.

첫째, 한국인들은 법을 어떻게 인식해왔는가 하는 것이다. 다시 말해서 한국인들의 삶 속에서 법이 어떻게 받아들여져 왔는가 그리고 분쟁이나 갈등이 발생하였을 때, 그 해결책으로 법을 얼마나 적극적으로 활용해왔는가 하는 것이다. 이 책에서는 1960년대와 70년대 한국의 법문화와 법사회학적 탐구를 시도했던 법지식인들이 당시의 법문화에 대해서 어떻게 인식했는가를 분석함으로써 이 물음에 접근하였다.

둘째, 구조의 문제로서 한국의 규범체계는 어떻게 구성되어 있는가 하는 것이다. 한국의 규범체계의 구조는 전통적 규범체계와 서양에서 수용한 현대적 규범체계가 복합적으로 결합되어 있다. 이들 규범체계는 각기 고유한 내적 구조를 갖고 있다. 이 책에서는 각 규범체계의 내적 구조를 분석하고, 두 이질적 규범체계가 병존하면서 한국인들의 법의식에 어떠한 영향을 미치는가를 밝히고자 하였다.

셋째, 사회변화의 문제로서 한국인의 법의식과 법행동이 어떻게 변화해왔으며, 지금의 한국인들은 법에 대해서 어떻게 생각하고 행동하는가 하는 것이다. 일반적으로 이러한 주제는 사회학에서 사회변동의 문제로 다루어지는데, 이 책에서는 법문화의 변화의 문제로 접근하였다. 이 주제를 다루기 위해 거시적 접근방법과 미시적 접근방법을 사용하였다. 거시적 차원에서는 지난 50여 년간 한국인들의 법의식과 법행동이 어떻게 변화했는가를 분석하였으며, 미시적 차원에서는 집단분쟁과정에서 사회구성원들의 법에 대한 의식이 어떠한 과정을 통해서 변화하는가를 추적하였다.

이 자리를 빌려 여러분께 감사를 드린다. 한국의 법문화와 법사회학적 탐구에 학문적 관심을 갖게 해주셨던 고 함병춘 선생님, 항상 격려를 아끼지 않으시는 양승두 교수님, 그리고 법사회학 이론과 방법론을 심도 있게 가르쳐주셨던 위스콘신 로스쿨의 갈란터 교수님과 맥콜리 교수님께 진심으로 감사드린다. 나의 학문적 출발점은 이 분들의 가르침에서 비롯되어 왔고, 지적 행보에 늘 좌표가 되어 주었다.

이 책에 담겨진 내용의 절반 이상은 두 번에 걸친 공동 프로젝트의 결실이었다. 앞에서도 밝힌 바와 같이 한국의 법문화 탐구에 관심을 갖고 있었던 나로서는 공동 프로젝트를 진행하면서 내가 담당했던 연구과제에서 나름대로 방향을 잡아서 연구를 진행했기 때문에 주제들과 내용에 대해서 일관성을 유지할 수 있었다. 이 자리를 빌어 두 공동 프로젝트에 참여했던 선생님들께 감사드린다. 서강대학교 사회과학연구소 주관으로 진행했던 "삶의 질" 프로젝트에 참여하셨던 오병선,

오인탁, 박종대, 조긍호, 김경만 교수님들, 그리고 연세대학교 법학연구소가 주관했던 “한국의 법문화” 프로젝트에 참여하셨던 양승두, 전병재, 박길준, 남경희, 최봉철 교수님들께 감사드린다.

이 책은 위의 공동 프로젝트의 결과물로 발표된 논문들과 다른 학술지에 발표했던 논문들을 합해서 10개의 장으로 구성하였다. 이미 발표된 논문들이었지만, 이를 한 권의 책으로 재구성하는 것이 만만치 않았다. 논문작성에서부터 책으로 출간하는 데 제자들의 도움이 컸다. 숭실대학교의 윤진숙 교수, 강원대학교의 신동룡 교수와 법학연구소의 오태원 간사는 개별논문을 작성할 때 많은 도움을 주었다. 처음 책의 형태로 편집하는 데 도움을 준 독일의 뒤셀도르프 대학교 박사과정에 재학중인 이계일과 교정과 편집을 맡아 준 석사과정의 심우민과 강일신, 유정아 그리고 수정작업에 마지막까지 도와준 권경휘에게 감사한다. 끝으로 이 책의 출판을 기꺼이 맡아 주신 나남출판사의 조상호 사장님과 방순영 편집부장님께 감사드리며, 편집과 교정에 애써주신 김지환 선생님께 감사드린다.

2006년 어느 봄날
광복관 연구실에서

나남신서 · 1148

한국의 법문화

인식, 구조, 변화

차 례

제 1 장

서 론

한 국가의 법체계는 실체적 법규범, 법제도, 법문화로 구성되어 있다. 법규범이나 법제도의 경우는 어느 정도 그 개념에 따른 대상이 확연한 데 비해, 법문화라는 말은 매우 다의적이기 때문에 한마디로 정의하기가 그렇게 쉽지 않다. 법규범은 실정법이든 관습법이든 아니면 영미법계의 판례법이든 구체적 규범의 형식을 갖추었기 때문에 법의 영역에서 가장 확인하기 쉬운 대상이다. 법제도의 경우도 법규범에 의해서 형성되는 경우가 많기 때문에 이를 확인하는 것은 그렇게 어렵지 않다.

그런데 법문화라고 하는 것은 사람들에 따라서 상이하게 사용되기도 한다. 대개 법규범이나 법제도를 제외하고 법과 관련된 사태들을 일컬을 때 법문화라는 말이 사용된다. 그러한 점에서 법문화만큼 포괄적 개념도 드물다. 이 책에서 다루고자 하는 대상도 범위가 넓고 다양하기 때문에 법문화를 제목으로 달지 않을 수 없었다.

문제는 이렇게 광범위하고 포괄적인 법문화의 영역을 어떻게 다룰 것인가 하는 것이다. 때로는 법문화를 법에 대한 구성원들의 의식이나 태도 등으로 보는 견해도 있지만, 이러한 의식이나 태도는 고정된 것이 아니고 끊임없이 변화하기 때문에 이를 파악하기 위해서는 다양한 방법론이 동원될 수밖에 없을 것이다. 여기에서는 법문화를 광범위한 의미에서 다루어보고자 한다.

이 책에서는 한국의 법문화를 세 가지 관점에서 접근하고자 한다. 첫째, 인식의 문제로서 법문화를 어떻게 인식할 것인가 하는 것이다. 이러한 탐구는 크게 둘로 나눠질 수 있는데, 하나는 일반인들이 법에 대해서 어떻게 생각하고 받아들이는가 하는 문제이다. 다른 하나는 지식인들이 법문화를 어떻게 인식하는가 하는 것이다. 여기에서는 후자의 관점에 대해, 한국의 법문화를 탐구했던 법지식인들이 그 특성을 어떻게 파악하고 인식했는가, 그것은 왜 그러한가를 밝히고자 한다. 그리고 최근 서구의 학자들에 의해서 논구되는 문화개념에 대한 새로운 인식을 다루고자 한다. 전자의 관점에 대해서는 시민들의 법행동의 변화 그리고 거시적 변화 속에 나타난 시민들의 법행동에 대한 분석을 통해서 접근하고자 한다.

둘째, 구조의 문제로서 법문화가 어떻게 구조지어졌는가를 밝히는 것이다. 이것은 사회구조를 밝히는 것과는 달리 사람들을 특정하게 행동하게 하는 문화구조가 존재하며, 그러한 구조로 인해서 사람들이 그렇게 행동한다는 것이다. 따라서 사회구성원들로 하여금 그렇게 행동하게 하는 구조를 밝히는 것이 법문화 탐구에 핵심적 과제라고 할 수 있다. 이 책에서는 이러한 법문화를 구성하는 다양한 요소들을 하나의 원형으로서 재구성하고자 한다. 서구의 근대문명이 전제하는 인간관, 자유주의 법체계, 그리고 한국의 전통적 규범체계의 내적 구조를 밝히고자 한다.

셋째, 한 사회의 경제·정치·사회구조가 변화하듯이 법문화 역시 변화한다. 한국의 경우, 급격한 사회변화와 함께 법문화도 급속하게 변화해왔다. 이러한 법문화의 측면은 사회학에서 탐구되는 사회변동과 밀접한 관련을 갖고 있다. 사회변동을 탐구하는 데에도 크게 두 가지의 접근이 있다. 하나는 거시적 변동의 과정을 추적하는 것이고, 다른 하나는 미시적 변동의 과정을 추적하는 것이다. 이 책에서는 두 가지 방법을 모두 활용해 한국의 법문화가 어떻게 변화하는가를 밝혀보고자 한다. 거시적 분석방법으로는 주로 통계적 방법을 활용해서 한국의 사적, 공적 영역에서 한국인들의 법행동이 어떻게 변화했는가를 추적하고자 한다. 미시적 분석방법으로는 구체적 분쟁사태 속에서 사람들의 법의식과 행동이 어떻게 변화하는가를 밝히고자 한다. 이러한 세 가지의 관점에서 지난 50여 년간 우리 사회에서 일어난 법문화의 인식적 변화, 법행동의 변화 등을 탐구하고자 한다.

제2장에서는 한국의 법문화에 대한 초기의 연구들을 검토하려 한다. 1960년대부터 본격적으로 탐구되기 시작한 이래 우리 학자들이 한국의 법문화에 대해서 어떠한 관점을 가지고 접근했는지를 살펴보고, 당시의 법문화에 대해서 어떻게 인식했는가를 살펴보고자 한다. 초기의 연구들을 검토함으로써 우리는 당시 한국의 법문화가 직면한 과제가 무엇인지를 파악할 수 있을 것이다. 초기에 법문화를 탐구한 학자들이 봉착한 가장 커다란 난관은 서구에서 수용된 현대 법체계가 왜 한국사회에서 잘 작동되지 않는가 하는 것이었다. 헌법을 위시하여 법전 속에 쓰여 있는 법규범들은 서양의 현대 법체계의 형식과 내용을 그대로 담고 있는 데 반해, 그 규범들로부터 규제·통제되는 시민들의 행동과 의식은 여전히 한국의 전통, 즉 유교적 전통에 의해서 지배되고 있는 상황이었다.

초기 연구가들은 한국의 고유한 문화전통, 특히 한국인의 미덕으로 받아들여졌던 가치들이 산업화의 물결 속에서 급속도로 무너지는 현실에 당혹해 하면서 또한 동시에 이러한 전통적 가치체계가 근대화의 목표에 걸림돌이 된다는 일종의 '콤플렉스'를 안고 있었다. 당시의 법지식인들은 다른 영역의 지식인들과 마찬가지로 진퇴양난에 빠져 있었다. 근대화와 산업화의 목표를 달성하기 위해서는 필히 그 바탕을 이루는 자유주의 법체계를 정착시켜야 할 과제가 놓여 있으며, 다른 한편으로는 이러한 시대적 과제를 달성하기 위해 우리의 전통적 가치와 제도들을 과감하게 포기해야 하는 딜레마에 직면했던 것이다.

이러한 딜레마를 어떻게 해결할 것인가, 즉 전통문화의 보존과 근대화의 요구를 어떻게 조화시킬 것인가 하는 물음에 대한 입장차이가 나타나고 있다. 한 입장은 전통문화를 우리의 소중한 유산으로 인식하고, 이를 근대화의 요청과 조화시키려는 시도를 하는 데 비해, 다른 입장은 전통문화보다는 근대화의 요청을 더욱 시급한 것으로 받아들인다. 각각의 관점은 한국의 법문화를 탐구하고 평가하는 데 있어서도 차이를 보인다. 초기연구에 대한 분석을 통해서 지금의 법문화가 어떠한 상황에서 출발하였는가 보여줄 것이다.

문화의 개념이 형성된 것은 19세기부터였다. 그것은 서양의 문명세계 밖에 사는 사람들의 삶의 방식을 담아내기 위한 범주적 개념이었으며, 각 문화는 독자적이고 고유한 속성을 가지고 있다는 전제가 내포되어 있었다. 따라서 문화탐구는 비서구사회가 갖는 전통의 고유한 논리와 체계를 밝히는 것이 주된 과제로 설정되었다. 그러나 20세기에 들어서면서 테크놀로지가 급속히 발전하고, 자본주의가 세계화되었으며, 이민을 통해 다양한 인종이 혼합되기 시작하였다. 이러한 현상은 몇몇 지역에서만 발생하는 것이 아니라 전 지구적으로 확산되었다. 이제는 몇몇 예외적 공동체를 제외하고는 고유한 문화적 전통을 유지하는 사회가 급속히 줄고 있을 뿐만 아니라, 한 사회 내에서도 동일성이 붕괴되고 있다.

문화인류학자들은 기존에 확립된 문화에 대한 접근방법으로는 이러한 현상들을 포용할 수 없다는 사실을 깨닫기 시작하였다. 이들은 기존에 확립된 문화의 개념이 서구중심적으로 형성되었음을 밝혀내고,

초기의 전제들을 해체시키기 시작하였다. 이제 더 이상 문화는 고정된 것, 경계 지워진 것, 통합적인 것이 아니라, 끊임없이 생산되고 경계가 없으며 경쟁적인 것으로 인식되기 시작하였다.

제3장에서는 새롭게 정립된 문화의 개념과 그 개념을 토대로 진행되는 문화연구의 내용들을 살펴보고자 한다. 먼저 문화에 대한 일반적 연구들을 살펴본 뒤 법문화에 관한 연구들을 다루고자 한다. 특히 이 장에서 집중적으로 다루고자 하는 것은 문화의 생산과 전용의 문제이다. 제2장에서 다룬 것처럼 서구사회에서 형성된 법체계를 자발적으로 수용하거나 그것이 식민지배를 통해 이식된 경우 피전달국 혹은 피식민국의 사회구성원들이 이질적 서구의 법체계를 어떻게 인식해야 하는가 하는 문제에 초점을 맞췄다. 새로운 문화연구자들은 전달자/피전달자, 식민자/피식민자의 이분법적 관념을 해체하고, 이러한 문화의 전이현상을 '문화의 전용'이라는 관점에서 인식할 것을 강조하고 있다. 이 장에서는 이러한 인식의 전환이 한국의 현대 법역사에 어떠한 의미를 갖는지 살펴보고자 한다.

20세기 초반 유럽과 미국의 법학계는 거대한 열풍에 휩싸였다. 규범논리적으로만 탐구되었던 법의 문제를 사회과학적으로 접근해야 한다는 주장이 팽배하였으며, 그 열풍의 핵심에 '법현실주의'가 있었다. 이들은 "'법전 속의 법'으로부터 '현실 속의 법'으로"라는 슬로건을 내걸고 기존의 법학 연구방식에 강력하게 이의를 제기하고, 사회과학적, 즉 경험론적 탐구를 진행하기 시작하였다. 그러나 시간이 흐르면서 이러한 열기는 식어갔고, 결국 기존의 법학이 주류의 위치를 되찾았다.

1960년대 중반 새로운 흐름이 미국의 법학계에서 태동하였는데, 그것이 바로 '법과 사회연구'였다. 법과 사회연구자들은 법현실주의의 전통을 계승하면서 법현상에 대한 경험론적 탐구를 재개하였다. 이들은 현실세계에서 실제로 법이 어떻게 작동하는가를 밝히는 데 주력하였다. 비록 법현실주의자들의 열정을 잇지는 못하였지만, 이들은 법학계에 새로운 바람을 불어넣었으며, 사회과학적 방법을 토대로 법현상을 분석하는 작업을 법학의 한 분과로 정립시키는 데 크게 공헌하였다.

그러나 20세기 후반 비판법학, 법경제학, 페미니즘 법학, 포스트모더니즘 등의 새로운 사조가 대거 법학계로 유입·형성되면서 법과 사회연구는 매력을 상실하기 시작하였다. 이러한 상황에서 등장한 것이 비판적 경험론이다. 이 이론을 주창한 학자들은 법과 사회연구의 맥을 이으면서 보다 새로운 관점에서 법에 대한 사회과학적 탐구를 시도하기 시작하였으며, 기존의 법과 사회연구의 한계를 극복하려 하였다. 제 4장에서는 비판적 경험론이 형성되는 과정과 이 그룹에 속한 학자들이 제시하는 법에 관한 경험론적 접근의 새로운 인식론과 방법론을 다루고자 한다.

한 사회의 구성원들이 심리적, 정서적 안정감을 갖기 위해서는 그 사회를 지배하는 규범체계가 일관성을 가져야 하며, 규범의식과 동질성을 확보하고 있어야 한다. 그런데 우리 사회에서는 두 가지의 규범체계가 지배한다. 하나는 전통적 규범체계이고, 다른 하나는 서구에서 수용된 근대적 규범체계이다. 두 규범체계는 외형상으로 이질적일 뿐만 아니라, 내용면에서도 가치충돌을 일으킨다. 그렇다면 과연 두 규범체계의 구조는 어떻게 구성되어 있고, 그 이질성의 정도는 어느 정도인가. 제 5장에서는 서구의 근대적 규범체계의 구조를 밝히고, 그 구조와 우리의 전통적 규범체계를 비교·검토한 후에 두 규범체계가 한국인의 심리에 어떻게 영향을 미쳤는가를 살펴보고자 한다.

일반적으로 서양의 근대 규범체계는 개인주의적 가치관을 토대로 형성되었다고 받아들여졌다. 그러나 그러한 인식은 잘못된 것이며, 근대의 규범체계 역시 모순적 구조로 구성되어 있다는 것이 최근 서구 학자들의 주장이다. 이 장에서는 먼저 서양의 근대사회가 토대하고 있는 인간관을 심층적으로 분석하고 있는 로베르토 웅거의 주장을 살펴보고자 한다. 웅거에 의하면 근대 서구의 인간관은 이성과 욕구의 분열을 전제하며, 이러한 인간관은 두 도덕관의 대립으로 나타난다. 이성의 도덕관과 욕구의 도덕관이 바로 그것이다. 이처럼 분열된 인간관을 바탕으로 형성된 서구의 근대문명은 끊임없이 개인들에게 분열적인 심리적 딜레마에 직면하게 한다.

근대의 분열적 인간관뿐만 아니라 자유주의 법체계 역시 이중적 구조로 구성되어 있다는 사실이 던컨 케네디에 의해서 밝혀졌다. 케네디는 자유주의 법체계를 형식적 차원과 실질적 차원으로 구분하고, 형식적 차원에서는 엄격한 규칙과 기준이 대립하고, 실질적 차원에서는 개인주의와 이타주의가 대립하고 있음을 지적한다. 결국 이러한 대립구조가 근대서구인들의 심리를 불안정하게 하는 원천이 되는 것이다.

따라서 한국인들은 전통적 규범체계가 요구하는 행동양식과 근대적 규범체계가 요구하는 행동양식 간의 이질적 성향으로 인하여 심리적 곤경을 겪을 뿐만 아니라 근대적 규범체계 자체가 안고 있는 딜레마로부터도 곤경을 겪고 있는 것이다. 이 장에서는 서구의 근대적 인간관과 규범체계의 구조를 밝히고, 이를 토대로 한국의 전통적 규범체계의 구조를 논하고자 한다. 그리고 두 규범체계의 중첩이 한국인의 심리에 어떠한 영향을 미치는가를 밝히게 될 것이다.

한국의 전통적 규범체계는 어떠한 사회조건에서 작동될 수 있었을까? 제 6장에서는 전통적 규범문화가 가능했던 사회조건을 밝히고, 전통적 규범공동체에서는 어떻게 분쟁을 해결하였는지 살펴보고, 그 규범문화의 강점과 한계가 무엇인가를 파악하고자 한다. 우리 사회에서는 전통적으로 법보다는 상호간의 감정해소나 양보를 통해서 분쟁을 해결하는 것이 일반적이었다. 특히 권리주장을 통해 자신의 이익을 보호하려는 행동은 다른 사람들의 관점에서 볼 때에는 대단히 개인주의적이고 비인간적 행위로 치부되기가 십상이었다. 또한 한국인들이 법을 경시하는 풍조는 서구의 자유주의적 권리의식이 약하기 때문이라는 지적이 주류를 이루었다. 그러나 이제 그러한 걱정은 기우에 불과하다. 오히려 우리 사회는 '소송 폭발의 사회'로 진입하는 단계에 와 있다. 이러한 분쟁의 상황을 논하기에 앞서 이 장에서는 전통적 규범공동체가 해체되는 과정을 가족간의 분쟁을 중심으로 살펴보고자 한다. 특히 이혼소송에 나타나는 사회구성원들의 의식변화를 통해서, 왜 전통적 규범공동체에서 행해지던 분쟁해결 방식으로는 현재의 분쟁을 해결할 수 없는가를 밝혀보고자 한다.

1970년대 후반 미국사회에서는 '소송 폭발의 사회', '법적 오염', '소송의 홍수' 등의 격렬한 수식어로 분쟁상황에 대해 심각한 우려가 표출되었다. 부모와 자식, 환자와 의사, 선생과 제자, 소송의뢰인과 변호사 등 모든 인간관계가 소송화되는 사회현실에 대한 각성을 촉구하였다. 그렇다면 과연 우리 사회는 이러한 소송폭발의 신드롬으로부터 안전한가? 제 7장에서는 거시적 관점에서 사적 영역에서 발생하는 법적 분쟁의 추이와 양상을 분석하고자 한다. 아직까지 우리 사회에서는 사회구성원들 사이에 얼마만큼 법적 소송이 발생하는가에 대한 본격적 연구가 이루어지지 않았으며, 그러한 법적 소송이 우리 사회에 어떠한 영향을 미치는가에 대한 진지한 연구 또한 별로 없었다.

이 장에서는 지난 50여 년간의 민사소송 통계수치를 분석함으로써 우리 사회에서 발생하는 사적 분쟁이 얼마나 큰 규모로 그리고 얼마나 빠른 속도로 증가했는지를 측정하고, 그 결과를 서구국가들과 비교함으로써 과연 우리나라의 분쟁상황이 어느 수준에 와 있는지를 밝히고자 한다. 이러한 통계적 분석을 통해 우리들은 과연 한국인들이 전통적 규범체계에 따라서 행동하는지, 아니면 현대적 규범체계에 입각해서 행동하는지를 가늠할 수 있을 것이며, 그러한 행동의 변화가 어느 정도인지 파악함으로써 현재 우리 사회가 당면한 과제를 보다 분명하게 인지할 수 있을 것이다. 또한 이 장에서는 사적 분쟁의 증가가 어떠한 양상으로 나타나고 있는지를 살펴볼 것이다. 분쟁이 증가하는 현상은 사회구성원들의 행위나 정서뿐만 아니라, 우리 사회의 변화, 특히 산업화로 인한 다양한 생활패턴과 밀접한 관계를 갖고 있다. 사회환경의 변화가 분쟁의 원천을 얼마만큼 다양하게 만들고 있는가를 외국의 경우와 비교, 고찰하고자 한다.

제 7장에서 밝히는 바와 같이 한국사회는 더 이상 법적 소송으로부터 자유로운 사회가 아니다. 개인들간에 발생하는 다툼이 공적 분쟁해결기관인 '법정'으로 이동하고 있다. 이러한 현상은 전통적 규범체계가 해체되고 자유주의 법체계가 정착되는 것을 입증해주는 것이라고 해석될 수 있다. 그렇다면 과연 공적 영역에서도 이러한 높은 권리의식에 걸맞은 규범질서가 형성되었는가라는 물음이 제기된다. 사적 영역뿐만 아니라 공적 영역에서도 동일한 수준의 규범질서가 형성될 때 비로소 법의 지배원리가 삶의 영역에 뿌리내리게 된다고 할 수 있다. 제 8장에서 밝히고자 하는 것이 바로 공적 영역에 나타난 한국인들의 규범질서 상황이다. 이러한 현상을 파악하기 위해서, 먼저 범죄발생 현황과 기초질서 준수 현황이 검토될 것이다. 법의 지배원리의 정착에 가장 중요한 요건 중의 하나인 공적 관리들의 규범준수 상황도 다뤄질 것이다. 그리고 결론에서는 제 7장과 이 장에서 다룬 현상들을 정리한 뒤, 과연 우리 사회에 필요한 제도는 무엇이고, 그러한 제도들은 어떠한 관점들에서 형성되어야 하는가를 제시하고자 한다.

제 9장에서는 한국인들이 집단행동을 하는 원인과 과정을 면밀하게 분석하고, 그 과정을 통해서 나타나는 참여자들의 의식변화, 특히 법의식이나 법에 대한 관념의 변화를 미시적 관점에서 추적하고자 한다.

이러한 분석을 통해서 우리들은 지난 40여 년간 변화한 한국인들의 권리의식이나 법의식의 변화양상을 파악할 수 있을 것이다. 특히 이 장의 분석은 제 4장에서 다루었던 법과 사회의 새로운 접근방법을 염두에 두고서 진행될 것이다. 우선 집단분쟁이 어떠한 과정으로 진행되는지, 그 과정 속에서 시민들이 어떻게 행동하는지, 그리고 분쟁에 가담한 사람들의 의식이 어떻게 변화되는지에 초점을 맞추게 될 것이다.

특히 1990년대에 급증한 지역사회 내의 분쟁과정의 특징들, 그리고 분쟁과정에서 나타나는 변화들에 주목하고자 한다. 이 장은 우리 사회에서 집단적 분쟁 혹은 개개인들의 법의식이나 권리의식이 어떠한 형태로 표출되는지를, 특히 집단행동에 참여한 사람들의 의식과 행동이 어떻게 변화하는지를 보여줄 것이다. 이러한 연구를 통해서 우리들은 한국사회에 나타나고 있는 집단행동의 양상을 파악할 수 있을 뿐만 아니라, 그러한 집단분쟁들을 예방하고 해결할 수 있는 실마리를 찾을 수 있을 것이다.

한 사회의 법문화는 크게 두 영역으로 구분된다. 하나는 시민들의 법문화이고, 다른 하나는 법률전문가들의 법문화이다. 앞에서는 주로 시민들의 법문화를 다루었다. 제 10장에서는 법률전문가의 법문화를 살펴보고자 한다. 어떻게 보면, 이 장에서 다루게 될 법원의 법문화가 다소 생소한 느낌을 줄지도 모르겠다. 하지만 시민들의 법문화만을 탐구해서는 우리나라 법문화의 전체 지형도를 그려내지 못할 것이다. 그동안 우리나라 학계에서는 시민의 법문화형성에 지대한 영향을 미치는 법률전문가들이 만들어온 중요한 영역을 간과해왔다. 따라서 여기서 살펴보게 될 내용들은 법원문화 탐구에 한 시발점이 될 수 있을 뿐 아니라, 한국의 사법제도가 나아갈 방향을 제시할 수 있을 것이다.

이 장에서 다루게 될 법원의 법문화는 외부관찰자와 내부관찰자의 진술을 토대로 분석될 것이다. 다시 말해서 법률전문가들이 구축해 놓은 법원의 법문화에 대해서 시민들은 어떻게 느끼며, 또 왜 그렇게 느끼는가를 살펴보고자 한다. 특히 외부관찰자가 법원을 관찰하면서 의식상에 나타나는 갈등현상을 분석하는 데 초점을 맞추고자 한다. 외부관찰자들이 갖고 있는 법원의 이미지는 어떻게 형성된 것인가? 관찰자들이 생각하는 것처럼 영화나 소설 등 픽션을 통해서 형성된 것인지, 아니면 이미 현실 속에서 자신들이 받은 교육이나 경험을 통해서 형성된 이념들을 통해 획득한 것인지를 다룰 것이다. 특히 관찰자의 의식 속에서 형성된 법원의 이미지와 현실의 이미지 간에 가장 크게 충돌을 일으키는 것들이 무엇인지 구체적으로 살펴보고, 이미지와 현실 간에 발생하는 충돌의 전체적 구조, 즉 가치들의 갈등구조를 분석하고자 한다. 그리고 법원 내부관찰자의 진술을 근거로 우리나라 법원의 법문화의 구조를 분석함으로써 외부관찰자의 의식 속에 나타난 갈등의 원천을 밝히고자 한다.

제 2 장

한국 법문화의 인식과 접근

1. 인식의 출발

한국의 법문화가 지식인들에 의해 탐구의 대상이 되기 시작한 것은 경제가 본격적으로 발전하기 시작한 1960년대부터였으며, 그것은 당시 한국사회 전반으로 확산되고 스며들기 시작한 근대화 이데올로기의 형성과 밀접한 관련이 있다. 당시 사회지도층은 근대화를 시대적 명제로 설정하였으며, 한국사회의 모든 물적, 인적 자원들이 근대화를 이루는 데 총동원되었다고 해도 과언이 아니다. 이러한 흐름 속에서 지식인들, 특히 법지식인들은 저발전으로부터의 해방과 법 간의 관계, 한국의 근대화와 법체계 및 법문화와의 관계를 본격적으로 탐구하기 시작했다.

초기 법문화 탐구를 시도한 학자들에게 가장 커다란 과제는 서구의 법체계와 한국의 전통적 문화 간의 이질적 관계를 어떻게 해결할 것인가 하는 것이었다. 헌법을 위시하여 법전 속에 쓰여 있는 무수한 법규범들은 서양 근대법체계의 내용과 형식을 그대로 담고 있는 데 반해서 그 규범들에 의해 규제 · 통제받는 시민들의 행동과 의식은 여전히 한국의 전통, 즉 유교적 전통에 의해서 지배되는 상황이었다. 이러한 이질성은 서구의 학자들, 특히 미국의 법현실주의자들이 제기한 '법현실'과 '법전 속의 법' 간의 괴리와는 그 규모와 심도에 있어서 비교조차 할 수 없을 정도로 큰 것이었다.

1920·30년대 미국의 법현실주의자들은 미국사회에서 '법전 속의 법'과 '현실 속의 법' 사이에는 현격한 괴리가 존재하며, 이러한 괴리의 원천을 파악하기 위해서는 규범해석에 치우쳐 있는 기존의 법학방법론을 벗어나야 하며, 보다 정확하게 그 원인을 파악하기 위해서는 사회과학적 방법론을 법학에 적극적으로 수용해야 한다고 주장하였다. 법현실주의자들의 주장이 지니는 보다 급진적 측면은 법학에서 주장되고 있는 자유, 평등의 가치들이 하나의 이데올로기에 불과하다는 것이었다.[1] 자유주의 법체계에서 주장되는 많은 가치들이 현실적으로 만연되어 있는 불평등과 부자유의 상황을 은폐하는 부정적 역할을 한다는 사실이 이들에 의해서 폭로되었다. 이러한 거대한 법학자들의 움직임은 미국에서 법과 사회개혁을 위한 프로그램들을 만들고 이를 실현하는 데 크게 기여하였다.[2]

그러나 한국에서 초기에 법문화를 탐구했던 학자들은 미국의 법지식인들과 완전히 다른 사회적 조건 속에 놓여 있었다. 이들은 경제발전이라는 시대적 과제 앞에서 자신들이 배우고 가르치는 자유주의 헌법의 가치들을 유보할 것을 강요당했다. 또한 그들은 자유와 평등, 법치주의와 민주주의 등의 가치를 실현할 것을 요구할 수 있는 입장에 있지도 못하였다. 이들은 법이념과 법현실 간의 현격한 차이로 인해 거의 절망적 상태에 놓여 있었다.

---

1) 김정오, "미국 비판법학의 흐름과 동향",《법과 사회》제 10호(1994), pp. 239~263.

2) 양건,《법사회학》(민음사, 1986), pp. 84~90 ; 김정오, "비판법학의 원천과 쟁점들",《현대 법철학의 흐름》(법문사, 1996), pp. 240~270.

이들이 당면한 가장 중요한 문제는 한국의 고유한 전통을 어떻게 할 것인가 하는 것이었다. 이들은 한국의 고유한 문화전통, 특히 한국인이 미덕이라고 생각했던 가치들이 산업화의 물결 속에서 급속도로 무너져 내리는 현실에 직면하면서 당혹해 하였으며, 동시에 이러한 전통적 가치체계가 근대화의 목표에 걸림돌이 된다는 콤플렉스를 안고 있었다. 당시의 법지식인들은 다른 영역의 지식인들과 마찬가지로 진퇴양난에 빠져 있었다. 근대화와 산업화의 목표를 달성하기 위해서는 필히 그 바탕을 이루는 자유주의 법체계를 정착시켜야 할 과제가 놓여 있으며, 다른 한편으로는 이러한 시대적 과제를 달성하기 위해서는 우리의 귀중한 전통적 가치들과 제도들을 과감하게 버려야 하는 딜레마에 직면했던 것이다. 이러한 딜레마는 지속적으로 한국의 법문화를 탐구하는 법학자들에게 심리적 콤플렉스로 작용했으며, 아직도 그 효력이 완전히 소진되지 않았다.[3)]

한국 법학자들의 의식 속에 깔려 있는 또 다른 문제점은 서양에서 수용한 법체계에 대한 인식이다. 조선 말기부터 수용되기 시작한 서양의 근대법체계가 여전히 서구인들의 것이며, 우리들은 그것을 차용해서 사용하는 데 불과하다는 콤플렉스이다. 이러한 콤플렉스 때문에 한국의 법지식인들은 서양의 근대법체계를 하나의 정형화된 모델로 받아들이는 경향이 매우 높다. 서구에서 발전된 근대법체계는 하나의 이상적 모델로서 우리의 법현실을 비춰보는 거울의 역할을 수행해 왔으며, 그것은 우리의 현실을 비판하는 하나의 잣대로서 기능했다. 이러한 인식으로 인해서 서구 법체계에 내재된 가치들은 대단히 관념적으로 받아들여졌다. 그리고 우리 사회에서 나타나는 법적 파행이나 문제점들은 서구에서 수용된 법체계에서 파생되는 것이기보다는 우리의 전통문

3) 최종고, "동아시아 법문화와 법철학의 과제"(1998년 제2회 법 및 사회철학 아세아대회 발표문). 이 글에서 최종고 교수는 아시아인의 언어와 사고방식에 적합한 법철학을 수립할 것을 주장하였다.

화 혹은 뒤떨어진 사회적 관행에서 기인하는 것으로 결론을 내리는 경향이 매우 높다. 이러한 현상은 단지 법학에만 만연되지 않고 사회과학 전반에 걸쳐서 나타났다고도 할 수 있다.

이러한 태도와는 달리, 다른 한편에서는 서구의 법체계가 안고 있는 문제점들이 한국의 고유한 전통에 의해서 보완될 수 있을 것이라는 낙관적 인식을 갖고 있는 법학자들도 적지 않다. 이들은 서양의 법체계와 한국의 전통이 상호보완적으로 발전할 수 있다는 전제에서 출발하여 이 둘을 통합하려는 시도를 한다.[4)]

---

4) 최종고(1998).

2. 고유한 문법을 드러내는 접근

한국 법문화 탐구에서 가장 방대하고 체계적 연구업적을 이룬 학자는 함병춘 교수였다. 한국 법문화를 탐구하는 데 있어 함병춘 교수의 가장 특징적 관점은 한국의 법문화에 내재해 있는 문화적 논리를 찾아내는 것이었으며, 동시에 그 문화적 논리를 설명할 수 있는 고유한 언어와 방법을 창출해내는 것이었다. 한국의 문화적 전통 위에 이식된 서양의 근대법체계가 야기하는 문제점들을 해결하기 위해서는 한국의 고유한 문화논리를 정확하게 파악하는 것이 무엇보다도 중요하며, 이러한 문화논리를 설명하는 데 서양의 법개념이나 방법론이 한계를 지니고 있다는 것이 함 교수의 출발점이다.

> 탐구되어야 할 문화가 서구와는 대단히 다르기 때문에 '비법적'(*alegalistic*)으로 특징지어질 수밖에 없다면, 통상적인 영미의 법개념 그 자체는 우리의 목적에 거의 무용할 것이다. 전통적으로 한국은 어떠한 '법'도 갖고 있지 않았다는 결론은 건설적 목적에 전혀 도움이 되지 않을 것이다. 법에 대한 비교문화적 연구가, 한 문화가 다른 문화보다 우월하다는 사실을 재확인하는 자민족중심적인 것 이상이 되기 위해서 그 연구는 과학으로서 어느 정도의 보편타당성을 갖추어야 한다. 따라서 여기에서는 미국의 법리학에서 관행적으로 사용되는 통상적 범주들은 가능한 한 사용되지 않을 것이며, 과거의 한국에서 '헌법'이나 '계약'을 찾으려고 하지 않을 것이다. 오히려 헌법이나 계약에 버금가는 기능을 수행하는 참여자들의 상호관계 패턴을 밝히려고 한다.[5]

---

5) Pyong-choon Hahm, "The Traditional Patterns of Authoritative Symbols and the Judical Process in Korea : A Study in Legal Culture and Legal Development", in Pyong-choon Hahm, *Korean Jurisprudence*,

이처럼 함 교수는 한국의 전통과 역사를 서구의 잣대로 설명할 경우 나타나게 될 왜곡현상을 가장 경계하고 있으며, 한국의 문화가 지닌 고유한 논리, 즉 문화적 문법체계를 충분히 드러내지 못한다는 사실을 분명하게 인식하고 있었다. 한국사회 내에서도 지배와 피지배의 권력관계와 권력의 활용, 인간성존중 등을 위한 전통적 논리체계가 확립·유지되어 왔으며, 이러한 논리체계를 서양의 관념으로 분석하고 판단하는 것은 곧 인간관계를 매듭짓는 한국의 고유하고도 거대한 문화구조들을 매몰시키는 결과를 가져온다는 위험성에 대한 경계에서 출발한다. 나는 이러한 점에서 함 교수의 탐구를 '한국 법문화의 고유한 문법을 드러내는 접근'이라고 규정하고자 한다.

한국전통의 심층적 문화논리를 밝히기 위해서 함 교수는 다양한 방법을 활용한다. 시민들의 법의식을 밝히기 위해서 그는 한국 법학계에서는 최초로 사회과학적 방법 중 하나인 설문조사방법을 사용하여 1960년대 당시 한국인들의 법의식을 조사하였다. 그러나 그는 이러한 현상에 대한 분석을 넘어서 심층적 문화논리를 밝히기 위해 문화인류학적 방법을 활용하였으며, 이러한 연구들에서는 사회과학적이거나 통계적 방법보다는 주로 해석적 방법을 선호한다. 따라서 그가 활용하는 방법론에 대해서 과학적이냐 비과학적이냐 하는 식으로 판단하게 되면,[6] 그의 본래 의도와 그의 연구결과가 지닌 의미를 왜곡시키는

Politics and Culture (Yonsei University Press, 1983), p. 7.

6) 양건, "한국에서의 '법과 사회' 연구", 《법과 사회》 제1집(1989), pp. 66~83. 이러한 양건 교수의 비판, 즉 사회과학적 관점에서 '법과 사회 연구'를 촉구하는 것은 1980년대 당시 한국사회의 지성적 흐름을 반영하는 것이라고 할 수 있다. 그러나 미국의 법과 사회운동이 1980년대 들어서 직면하게 된 곤경은 사회과학 중심의 분석이 안고 있는 딜레마에서 발생했으며, 이러한 딜레마로부터 돌파구를 마련하고 새로운 시도를 전개한 사람들은 오히려 사회과학 중심적 학자들보다는 문화연구 학자들이었다. 이에 대해서는 D. Trubek & J. Esser, "'Critical Empiricism' in American Legal Studies:

오류를 범하게 된다. 특히 사회과학에서 과학성을 우선시하는 관점에서 그의 연구를 판단하면, 대단히 협소한 판단에 이른다.

일례로 양건 교수는 함 교수의 관점이 지나치게 문화중심적이라고 비판하는데, 이러한 비판은 함 교수의 한국전통에 대한 탐구가 갖는 함의를 충분히 이해하지 못하는 데에서 오는 편견이다. 문화인류학적 방법, 특히 해석적 방법을 사용하여 한국문화의 논리를 밝히려는 학자에 대해서 사회과학적 방법을 사용하지 않았다고 해서 편협하다는 비판은 학문적으로 타당성 있는 비판이 되지 못한다. 이러한 비판은 비판으로서의 형평성과 다른 학자의 연구성과를 왜곡시키는 결과를 가져온다. 특히 이러한 비판이 갖고 있는 한계는 스스로가 지적한 편협성을 자신이 져야 하는 부담을 안게 된다는 것이다. 인간의 사회를 과학적으로만 설명해야 한다는 전제가 지니고 있는 편협성은 과학적 인과성으로 모든 사태를 환원시키는 환원주의에 빠지게 되는 함정을 내포하고 있는 것이다. 이 점이 바로 함병춘 교수가 사회과학적 방법과 해석적 방법을 모두 활용하게 된 가장 근본적인 이유라고 나는 판단한다.

예를 들어서 서양인들이 갖고 있는 정의에 대한 관념 그리고 그러한 정의관에 비추어서 개인의 행동을 판단하는 과정과 한국인들의 그것을 비교할 때, 우리들은 그것을 과학적 인과성에 의해서 설명할 수 없다. 이러한 관점과 인식의 차이는 예증이나 이에 대한 해석을 통해서 드러낼 수밖에 없다.

한국인의 행동을 지배하는 독특한 규범질서와 가치체계에 대해서 함 교수는 다음과 같이 진술한다.

Paradox, Program, or Pandora's Box?", *Law & Social Inquiry* vol. 14 (1989) ; 이 책 제 4장 참조. 그런데 한 가지 흥미 있는 사실은 최근에 법인류학을 소개하는 글을 발표한 인류학자 역시 이러한 양건 교수의 의견에 동조한다는 점이다. 이문웅, "법인류학의 연구영역과 방법", 《법과 사회》 제 8호(1993), pp. 215~218.

> 서양인은 한국인들이 정직하지 못하다고 곧잘 불평한다. 한국인들은 전혀 개의치 않고 거짓말을 한다. 상당수의 한국인들이 선서를 하고서도 서슴지 않고 거짓말을 한다는 사실이 서양인들에게는 충격적인 것이다. 만일 사실적 진실을 말하는 것이 조화로운 사회생활과 상호적 역동성의 평형을 깨뜨린다면, 한국인은 거짓말을 하는 데 전혀 양심의 가책을 느끼지 않는다. 손님은 주인의 감정을 상하지 않도록 불쾌하지만 겉으로는 주인에게 감사하다고 한다. 못생기고 바보 같은 아이에게도 그의 어머니를 즐겁게 하기 위해서 칭찬을 아끼지 않는다. 다른 여자와 불륜의 관계를 맺고 있는 친구를 보호하기 위해서 그의 부인에게 거짓말을 하기도 한다. 아들은 자기 아버지가 고발을 당하지 않도록 아버지의 거짓 알리바이를 증언한다. 이웃은 자신의 이웃과 곤란함을 피하기 위해서 자신이 목격한 사실을 모른 척한다.[7)]

이러한 관행은 서양인들의 도덕관념과 정의관에 비추어 볼 때 대단히 이해하기 힘든 것이다. 서양인들이 거짓과 진실의 관계를 구분하고 그 판단의 진술을 활용하는 방식이 한국인들의 방식과는 다르다는 것이다. 이러한 주장에는 보다 미묘한 구분점이 그 과정에 내포되어 있음을 파악할 필요가 있다. 거짓과 진실의 관계는 거짓과 진실을 판단하는 과정과 이 과정을 통해서 형성된 진술을 상대방에게 전달하는 과정으로 구분할 수 있다.[8)] 서양인들에게는 이 두 과정이 하나의 일관

---

7) Pyong-choon Hahm(1983), pp. 175~176.

8) 이와 관련하여 참고할 만한 이론으로는 스티븐슨(C. L. Stevenson)의 정의주의(*emotivisim*) 윤리설을 들 수 있다. 스티븐슨은 제1분석 모형에서 '기초적 모형'(*working model*)을 제시했는데, 이에 따르면 도덕적 판단은 기술적 의미(記述的 意味, *descriptive meaning*)와 정의적 의미(情意的 意味, *emotive meaning*)로 이루어진다. 스티븐슨은 도덕적 판단들 예컨대 "이것은 잘못이다", "그는 마땅히 이것을 해야 한다", "이것은 좋다"를 기초적 모형에 따라 다음과 같이 정의하였다. ① "이것은 잘못이다"는 "나는 이

된 원칙에 의해서 지배되는 데 비해서 한국인들에게는 이 두 과정이 구분되며, 또한 후자의 과정이 전자의 과정보다 더욱 중시된다. 다시 말해서 한국인들은 사실의 진위여부를 판단하는 데 있어 칸트의 정언 명령과 같은 절대적인 이성의 명령이나 기준에 의해서 판단하는 것이 아니라 다른 척도에 의해서 판단한다. 그리고 후자의 과정, 즉 판단된 진술을 그 상대방에게 전달해야 하는 경우, 전자의 과정을 지배하는 합리적 기준과는 상이한 기준에 의해서 이루어지며, 후자의 과정이 전자의 과정보다 더욱 중시되고 이에 따라 전자의 내용이 변형되는 것이다. 이러한 과정에 대해서 함 교수는 다음과 같이 설명한다.

것에 반대한다. 당신도 그렇게 하라"는 것을 의미한다. ② "그는 마땅히 이것을 해야 한다"는 "나는 이것을 하지 않는 것을 부인한다. 당신도 그렇게 하라"는 것을 의미한다. ③ "이것은 좋다"는 "나는 이것을 시인한다. 너도 그렇게 하라"를 의미한다. 이러한 기초적 모형에서 정의하는 말들은 두 부분으로 구성된다. 즉 앞부분은 기술적 의미이고 뒷부분은 정의적 의미이다. 기술적 의미는 화자의 심리상태를 기술하는 것으로서 '소견'(所見, *belief*)의 요소이다. 반면 정의적 의미는 청자의 태도를 바꾸거나 강화시키기 위한 것으로서 '태도'(態度, *attitude*)의 요소이다. 정의적 의미는 청자에게 어떤 영향을 주어 설득시키기 위한 것이기 때문에 명령형으로 나타난다. 소견의 불일치로 인해 윤리적 불일치가 생기는 경우 합리적인 심리적 방법을 사용한다. 어떤 도덕판단에 대하여 제시된 지지근거들의 포괄성(*comprehensiveness*) 내지는 진리성(*truth*)을 두고 야기되는 대립을 해소하는 방법이다. 여기에서의 대립은 곧 있는 사실들에 대한 견해의 대립, 즉 소견의 대립인 바, 상이한 도덕적 판단이 바로 그 같은 소견들의 차이에서만 결과되는 경우, 이는 경험적 검증의 방법으로써 해소될 수 있을 것이다. 태도의 대립이 있을 경우 그와 같은 대립을 해소하는 길은 도덕적 판단이 지니는 정의적 힘에 의거하는 도리밖에 없다. 이것이 곧 비합리적인 심리적 방법이다. 언어가 감정에 미치는 영향력을 통해 상대방의 태도를 바꾸고 결국 윤리적 불일치를 해결하는 것이다. 여기에서 말하는 한국인들의 태도는 태도의 대립에 대한 스티븐슨의 분석과 비슷하다고 말할 수 있다. C. L. Stevenson, *Ethics and Language*(Yale University Press, 1975), pp. 20～36, 111～115, 140.

> 한국인들에게 상호관계적 역동성으로부터 나오는 중요한 진리는 자발적으로 참여한 당사자들이 그 구성에 동의할 때에만 설명될 수 있다. 제삼자가 우연히 관찰한 사실적 상황들은 진실의 일부에 지나지 않는다. 그는 전체 진실을 이해하기 위해 수반되는 시간적, 공간적, 상호적 차원을 충분히 이해할 수 없다. 가담의 은혜, 개별적 형평성과 구체적 이유들에 대한 이해를 포함하지 않는 객관적 진실은 거의 무의미하다. 진실은 관계되지 않은 제삼자의 관심사가 아니다. 그것은 관련된 당사자들의 관심사이며, 그들만이 그것을 의미 있게 규정할 수 있다. 총체적 진실은 단지 관련 당사자들의 자발적 허용과 동의에 의해서만 윤곽을 드러낼 수 있을 뿐이다. 이것이 바로 고백을 최상의 증거로 간주해 온 이유이다.[9)]

이처럼 한국인들의 행위를 규제하는 문화적 논리는 계산가능한 객관적이고 합리적인 판단에 근거한 것이 아니다. 그러한 판단의 근거는 상호관계적 역동성에 근거한다. 상대방에게 전달되는 담론 그리고 그 담론 속에 담겨질 진실은 옳음/그름, 진실/비진실, 사실에의 일치/불일치 등의 이분법적 판단체계에 의해서 구성되는 것이 아니라, 그 담론이 전달될 상대방의 감정상태가 더욱 중요한 척도로 작용한다. 또한 상대방의 감정이 독립된 척도로 작용하는 것이 아니라 자신의 감정과의 관계를 통해서 척도로서 작용하는 것이다. 이러한 척도는 다른 말로 하면 감정이입이라고 할 수 있을 것이다. 때로 함 교수는 이러한 감정이입을 영어로 엑스터시(*ecstasy*)라고 표현하는데, 그가 사용하는 엑스터시는 일반적으로 번역되는 '황홀경'이라기보다는 어떤 사건이나 사태에 관련된 사람들의 감정이 어느 순간 하나로 일치되는 무아의 상태를 의미한다. 예를 들어 무당이 굿을 할 때 순간적으로 그 주위에 모인 사람들이 모두 무당의 굿거리에 혼연일체가 되는 상태와 유사하다. 이러한 감정

---

9) Pyong-choon Hahm(1983), p. 176.

이입의 상태는 두 가지 중요한 효과를 갖는데, 하나는 진실과 비진실을 가리는 것이며 다른 하나는 새로운 세계의 열림이다. 이것이 의미하는 바는 상호간의 원한관계나 분쟁관계를 논리적 차원과 감정적 차원에서 모두 해소하면서 새로운 관계를 여는 것이다. 타인의 감정이 보다 흔쾌할 때 자신의 감정도 흔쾌할 수 있는 것, 한국인들은 바로 이러한 감정의 융합과 조화를 선호한다. 그리고 이러한 문화적 논리 위에서 거짓과 진실, 그리고 거짓과 진실의 효용성이 판단되는 것이다.[10)]

따라서 이러한 문화적 논리에 의거해서는 서양인들이 갖고 있는 진리성, 진실성, 정의 그리고 이러한 관념에 근거한 행위와 한국인들이 행위를 통해서 나타내는 외적 양식이 다르게 나타날 수밖에 없는 것이다.

이러한 문화적 문법 속에 나타난 한국인의 법관념과 사법의 전통에 대해서 함 교수는 다음과 같이 기술하고 있다.

> 한국에서의 법은 처벌과 동일한 것이었다. 그 토대는 물리력이었다. 법은 덕, 선, 평화, 그리고 화합에 반대되는 것이었다. 그것은 기껏해야 아주 혐오스러운 필수품이었으며, 최악으로는 폭력, 붕괴, 갈등 그리고 유혈사태의 상징이었다. 질서와 평화는 결코 처벌이 아닌 덕과 애정에 근거해왔다. 칼은 무질서와 폭력의 원인이자, 그 결과이다. 비록 그것이 서구의 정의의 여신에게는 필수품이었지만 한국인들은 칼에 대해 본능적 혐오감을 느끼지 않을

---

10) 1990년대 초 한국에 맞는 기업경영 형태로 W이론을 제창한 이면우 교수의 주장도 이러한 관점에서 보면 나름의 근거가 있는 이론이며, 그 핵심이 한국인들이 고유하게 갖고 있는 신바람을 생산성과 연계시키고 있다는 점에서 함병춘 교수의 주장과 일맥 상통한다고 할 수 있다. 이면우, 《W이론을 만들자》(지식산업사, 1992). 강희원, "한국의 법문화와 샤마니즘: 최근의 역사청산법에 대한 법문화적 스케치", 《법과사회》 제 23호(2002), pp. 263~282 참조.

> 수 없었다. 서구인들의 정의의 관념에 내포되어 있는 잔혹성은 한국인이 그것을 자신들의 사회생활의 이상으로 조건 없이 받아들이는 데 걸림돌이 된다.
>
> 한국의 역사에는 위대한 입법자나 위대한 전설적 판사가 없었다. 진정으로 위대한 관리는 사람들의 마음속에 덕을 심어 놓음으로써 법과 법정을 불필요하게 만든 행정관이다. 위대한 행정관은 범죄자들을 엄격하게 고발하고 처벌하는 사람이 아니다. 위대한 행정관 밑에서는 우선적으로 범죄인이 없어야 한다. 솔로몬과 같은 지혜를 갖춘 위대한 판사는 자신의 관할 내에서 분쟁의 소지를 수치스럽게 여겨 이들간의 다툼을 호의적으로 해결해주는 행정관과 비교할 때 비참한 실패감을 느꼈을 것이다. 법은 군주의 덕성의 실책을 의미하며, 사법은 조화와 평화가 깨어졌을 때 작동되는 것이다.
>
> 한국인들은 항상 단죄를 내리는 판사보다는 평화유지자로서의 중재자를 선호하였다. 중재자는 단죄하거나 법을 정하는 것이 아니라, 오히려 당사자들 스스로 자신들의 사안에 적용할 수 있는 법을 만들어내도록 조장한다.[11)]

이러한 함 교수의 해석은 왜 한국사회에서 서구의 법의 지배의 원리가 서양식으로 정착될 수 없고, 그것이 변형될 수밖에 없는가 하는 물음에 대해 그 근본적 원인을 제공한다. 서양의 오랜 문화적 전통에서 형성된 법의 지배나 법치주의가 단순히 법에 의한 그리고 법을 통한 지배가 아니며, 그 근저에는 그리스의 디케 여신이 갖고 있었던 칼이나 계약위반에 대한 야훼 하나님의 엄정한 징벌이 전제되어 있는 것이다. 그러나 한국의 전통에는 정의를 실현하는 칼이나 냉혹한 징벌을 수용하는 기제가 마련되어 있지 못하며, 오히려 이와는 상이한 심층구조가 형성되었던 것이다. 이러한 법관념과 사법에 대한 한국인들의 관점은 분쟁 그 자체에 대해서 서양인들의 태도나 가치관과는 상이한 태

---

11) Pyong-choon Hahm(1983), pp. 174~177.

도를 갖게 한다.

> 한국인들에게 소송을 하는 사람은 호전적 사람이다. 그는 화합과 평화를 위협한다. 그는 혐오스러운 사람이다. 만일 누군가가 중재와 타협을 통해서 화해를 받아들일 수 없다면, 그는 그 집단에서 수용될 수 없는 구성원으로 간주될 수 있다. 폭력이 결코 제거될 수 없는 것은 사실이다. 폭력에 의거해서 자신들의 인간성을 상실하는 사람들은 항상 있게 마련이다. 그리고 그들은 비록 최종적 수단으로서만 폭력에 맞서야 한다. 그러나 한국인들은 왜 폭력이 정의의 도구로 영광을 얻고 칭송되어야 하는지 이해하지 못한다. 이들에게 분노, 질투, 복수, 판단은 신의 필수 불가결한 속성일 수 없으며, 이와 유사한 속성들이 인간의 행위를 특징지을 수도 없다.[12]

이처럼 한국의 전통문화 속에는 법에 대해서 일관된 문화적 논리가 깔려 있다. 그것은 단순히 법을 인간관계에 적용할 것인가 하는 문제를 넘어서서 보다 상위의 메타규범에 의해 통제되며, 그 메타규범의 구성원리에 따라서 다르게 나타나는 것이다. 베버나 웅거가 지적했던 바와 같이 서양에서 법의 지배원리가 발생하게 된 가장 중요한 전통이 중세의 자연법의 관념에 있다고 한다면, 그것은 서양의 신의 관념과 밀접한 관계를 갖고 있는 것이다.[13] 군주가 부과하는 세속법의 상위에서 그것의 적용범위와 내용을 통제하는 자연법의 전통이 바로 서구의 근대사회에서 발생한 법의 지배의 원천이다. 그리고 자연법의 관념에는 항상 기독교의 야훼 하나님의 관념이 내재되어 있으며, 이러한 신적 관념이 서양의 법관념에서는 빼놓을 수 없는 전통인 것이다. 이

---

12) Pyong-choon Hahm(1983), pp. 177~178.

13) 로베르토 웅거, 김정오 역, 《근대사회에서의 법》(삼영사, 1994) ; M. Weber, *Economy and Society* vol. 2, G. Roth & C. Wittich, eds., (Bedminster Press, 1968).

와 마찬가지로 한국의 전통에서도 신의 관념이 존재하고 있었고, 이러한 관념이 인간관계에 개입하는 것 역시 유사하다.

그러나 함 교수가 지적하는 것은 한국과 서양에서 나타나는 신적 관념의 근본적 차이이다. 분노와 질투를 느끼고 신의 명령에 거역했을 때에는 거침없이 폭력을 사용하고 그 폭력의 사용을 정의의 이름으로 정당화하는 야훼 하나님의 관념과는 다른 신의 관념이 한국인들을 지배한다는 것이다. 이러한 근원적 차이에 대해서 함 교수는 다음과 같이 결론을 내린다.

> 종교적 가치들이 우주관과 사회윤리의 핵심에 있는 것이라면 한국인들의 이러한 세계적 생활관은 이들로 하여금 신의 은총보다는 인간의 애정을, 구제보다는 무아(無我)를, 정의보다는 평화를, 진실보다는 화해를, 사법적 판결보다는 중재를 선호하게 한다. 만일 한국인들의 습속이 일반적으로 습속에 대해서 말하여지는 것만큼 심층적이고 견고한 것이라면 한국인들은 가까운 장래에 법적 국민이 될 수 있을 것 같지 않다.14)

그가 이야기하고자 하는 것은 한국인들의 세계관, 신관이 서양의 그것과 비교할 때, 무엇인가를 결핍한 것이 아니라는 점이다. 이들은 인간사회에 중요하고 다양한 가치들 중에서 나름대로 그 경중을 매길 수 있는 내적 메커니즘을 갖고 있었다. 이것이 바로 함 교수가 한국의 전통을 비법적이라고 규정하는 근본적 이유이다. 그것은 단지 비교문화적 관점에서 서양과 비교하였을 때 비법적이라는 의미가 아니라, 한국의 고유한 문화적 문법구조의 맥락에서 법이 차지하는 위치가 주변적이었다는 점에서 비법적이다. 또한 서양의 법중심적 문화전통에 비추어서 상대적으로 하위적 특성을 지니는 것도 아니다. 다만 그것은 한

14) Pyong-choon Hahm(1983), p. 179.

국의 고유한 문화논리에 의해서 그렇게 규정되는 것이다. 다시 말해서 한국의 전통적인 문화적 맥락에서 법은 항상 부정적인 것이었고, 그것은 통치술이나 권력관계에 있어서도 중심이 아니라 주변에 위치했다는 점에서 한국의 전통적 문화는 '비법적'이라는 것이다.

어떻게 보면 함 교수가 한국의 전통과 법과의 관계를 심층적으로 탐구한 가장 커다란 이유는 단지 순수하게 학문적 관심에서 연유하는 것이기보다는 당시 한국사회에서 끊임없이 나타났던 한국의 전통과 서양의 법체계 간의 충돌에서 연유한다. 함 교수가 1960년대 당시 직면한 곤경은 한국의 전통 대 서구의 근대적 법체계 간의 첨예한 대립이었고, 과연 두 이질적 가치체계를 어떻게 창조적으로 매듭지을 것인가 하는 것이었다.

그렇다면 서양에서 수용된 근대법체계를 어떻게 이해하고 그것에 대해서 무엇을 할 수 있을 것인가? 이에 대해 함 교수는 다음과 같이 진술하고 있다.

> 근대법체계를 이식하는(*imposition*) 문제를 논의하는 데 있어서 그 바탕에 깔린 전제는 이식행위는 피할 수 없다는 것이었다. 또 다른 전제는 로마법이 유럽의 독일국민들의 경우에 '잘 작동하였기' 때문에 그와 동일한 사태가 아시아나 아프리카의 국가들에서도 되지 말라는 이유는 없다는 것이다. 그러나 유럽에서의 로마법에 관한 주장의 타당성은 별론으로 하더라도 유럽과 아시아의 대비는 잘못된 것처럼 보인다. 수용된 법체계가 한국에서는 '잘 작동되지 않아' 왔다. 수용된 법체계는 여전히 도시중심에 한정된 이질적 체제로 남아 있다. 그 체계는 대다수 한국인의 삶과 밀접한 관계를 맺는 데 실패했으며, 필수 불가결한 체계로 뿌리내리지 못하였다. 토착적 삶의 방식이 그 수용된 법체제가 성장했던 유럽인들의 삶의 방식과는 너무나도 다르기 때문에 한국이 직면한 곤경은 실정법 규범들이 '살아있는 법의 규범적 관습'(*the normative customs of the living*

> *law*)의 지지를 얻지 못할 뿐만 아니라, 이 두 체제는 사실상 서로 충돌을 일으키고 있다. 이러한 상태가 가져오는 중대한 결과는 '실정법을 죽은 문자보다 더욱 나쁜 것으로 전환시키는 사법적, 정치적 관리들의 부패'이다.[15]

이처럼 함 교수는 1960년대 당시 한국의 법현실을 잘 묘사하고 있다. 서구에서 수용된 근대법체계가 여전히 한국사회에 순조롭게 접목되지 못했으며, 법현실과 법규범 간의 커다란 간극 사이에서 부정과 부패라고 하는 규범적 아노미현상이 끊임없이 발생했다는 것이다.[16] 이러한 당시의 법적 상황에 나타난 두 해결방향에 대해서 함 교수는 다음과 같이 그 문제점을 지적한다.

> 수용된 법체계와 사람들의 토착적인 사법적 가치들 간의 갈등을 최소화하는 것이 긴급한 과제이다. 한 해결책은 수용된 체계를 거부하고 전통적 체제로 되돌아가는 것일 수 있다. 그러나 이러한 방법은 근대화를 이루려는 정치지도자 측에서 볼 때 불가능한 것처럼 보인다. 더욱이 국제적 상호의존성, 특히 국제간의 무역이 급속도로 팽창하고 있기 때문에 이러한 가능성은 배제될 수밖에 없다. 또 다른 해결책은 그와 정반대의 극단으로 나아가는 것일 것이며, 무모할 정도로 전통적 가치들을 뿌리째 뽑아내는 것이다. 그러나 사회적 관습은 대단히 탄력적이라는 사실이 입증되어왔다. 그러한 조치는 단지 갈등을 심화시키게 될 것이다. 그러므로 갈등의 현실을 받아들이고 이를 최소화하기 위해 최선의 노력을 해야 할 필요가 있다.[17]

---

15) Pyong-choon Hahm(1983), p. 153.
16) 김정오(1996).
17) Pyong-choon Hahm(1983).

이와 같이 함 교수는 한국의 문화적 전통과 서구의 근대적 법체계 간의 괴리를 심각하게 받아들인다. 하지만 그는 이러한 괴리를 단지 과거 회귀적 방법에 의해서 해결하기보다는 미래지향적 관점에서 해결할 수 있을 것으로 파악한다. 나아가서 그는 이 두 체제를 한국사회의 미래에 필수 불가결한 것으로 인식하고 있으며, 이 둘을 창조적으로 결합시킬 수 있는 방안을 모색하는 것을 그의 주요과제로 받아들이고 있다.

함병춘 교수의 근본적 딜레마는 두 이질적 체계의 창조적 결합의 가능성이 희박하다는 데 있었다. 한국사회의 근대화를 촉진하기 위해서는 보다 합리적인 서양의 법체계를 정착시켜야 하며, 그 과정 속에서 우리들은 한국의 중요한 고유전통을 폐기할 수밖에 없다는 점을 그는 잘 인식하고 있었다. 보다 중요한 것은 서양에서 수용된 근대법체계는 우리들이 서양식 옷을 입듯이 정착될 수 있는 것이 아니라는 점이다. 그것은 한국인들의 세계관을 포함하여 모든 인간관계를 규율하는 가치관들의 변화를 요구한다는 점이다. 바로 이러한 점에서 함 교수는 그러한 과정을 '영구적 문제의식'(*perennial problematic*)으로 규정한다. "한국이 서양의 법과 법제도를 따라 그 법과 법제도들을 모방하기 시작한 지 거의 80여 년이 지났다. 로마법이 독일인들의 습속을 리모델링하는 데 실패했다고 이야기되듯이 서양의 법체제도 지금까지는 한국인들의 습속을 리모델링하는 데 실패했다. 이러한 상황이 제기하는 영구적 물음은 "과연 이러한 상황을 치유하거나 개선하기 위해서 무엇을 해야 하는가"이다. 그 저변에 놓인 전제는 전통적인 '비법적' 삶의 방식이 그 나라의 발전과 진보를 저해한다는 것이다."[18]

그러나 이러한 문제의식은 당시 문화연구에 지배적이었던 이분법적 관점에 기인하는 것이라고 할 수 있다. 전통/현대, 서양/동양, 식민지/피식민지 등의 이분법적 분리를 확정적인 것으로 인식하는 데에서 나

18) Pyong-choon Hahm(1983), p. 179.

타나는 문제의식이다. 특히 이러한 관점이 내포하는 전제는 문화를 하나의 동질적이고 고정된 실체로 규정하는 것이다. 전통은 일관된 과거에 뿌리내리고 있으며, 그 동질성이 모든 구성원에게 동일하게 적용된다는 전제이다. 그러나 문화가 다양한 가치들로 구성되며, 그것은 고정되어 있는 것이 아니라 끊임없이 변화하는 것이며, 지배와 피지배의 이분법적 분열구조가 적용되지 않는다는 새로운 문화개념에 의하면 이러한 문제점이 반드시 '영구적'(*perennial*)일 필요는 없을 것이다.[19)]

19) 이러한 관점에 대해서는 제3장에서 보다 상세하게 논의될 것이다.

3. 근대적 관점에 근거한 접근

앞서 살펴본 함병춘 교수의 법문화에 대한 인식과 달리 한국사회는 1970년대 들어서면서 본격적으로 추진되기 시작한 경제발전과 더불어 급변하기 시작하였다. 산업구조나 사회구조뿐만 아니라 사회구성원들의 행동이나 의식에도 상당한 변화가 나타나기 시작하였다. 이러한 변화들은 한국사회를 분석하고 그 방향을 진단하는 지식인들의 인식에도 상당한 변화를 가져왔다. 이제 한국의 전통적 문화체계와 수용된 서구의 법체계나 의식체계의 관계는 대등하기보다는 서구의 법체계와 이에 내포된 가치관이나 이념들이 한국사회에서 현실화되는 것을 선호하는 입장이 주류를 이루기 시작하였다.

1970년대 한국인의 법의식에 대한 임희섭 교수의 연구는 한국인의 법에 대한 태도를 인지적 측면과 정서적 측면으로 구분하여 분석하고 있다. 인지적 측면의 태도는 도덕적·징벌적·형법적 측면에서 점차 사회적·계약적·민법적 측면으로 관심이 전환되고 있으며, 정서적 측면에서는 여전히 한국인의 법적 소외감이 상당히 높고 특히 법의 공정성에 대한 회의가 높다고 진단한다. 그리고 그는 법의 타당성에 대한 회의와 경제적 이유 때문에 한국인들의 법사용능력이 비교적 낮다고 평가한다.[20)]

임 교수의 연구조사에서 흥미 있는 부분은 법의 행동유형을 법지식, 법동일시감, 법사용능력 등을 복합적으로 구성하여 여러 유형으로 구분하고 있는데, 첫째, 법적 타당성에 대해서 높은 신뢰와 법사용능력

---

20) 임희섭, 《한국 사회변동과 가치관》(나남출판사, 1994) 중에서 특히 "제 3 장 현대 한국인의 법의식". 이 글은 원래 1974년에 서울대학교 《법학》에 실린 논문을 다시 게재한 것으로, 원 논문은 임희섭, "한국인의 법의식에 관한 사회학적 연구", 《법학》 제 15권 1호(1974), p. 81 이하. 여기에서는 나남출판사에서 출판된 책을 인용하였다.

을 가진 사람들을 준수형, 둘째, 법의 타당도에 대해서 낮은 신뢰를 갖고 있으나, 법사용능력이 높은 행동유형으로서 자신들에게 유리할 때에는 법을 사용하고 불리할 때에는 법을 회피하는 유형의 법행동을 조정형, 셋째, 법사용능력은 낮으나 법적 동일시감이 높은 유형을 복종형, 넷째, 법동일시감과 법적 능력이 모두 낮은 유형을 회피형으로 구분하고 있다.[21]

이러한 분류기준에 따라 판단된 당시 한국시민들의 법행동의 특징에 대해서 임 교수는 "한국의 중산층은 대체로 준수형과 조종형의 법 행동유형을 취하고 있으며, 한국의 서민층들은 신민적 복종형이 아니면 법을 경원하고 회피하는 유형의 법행동을 선택하고 있다"[22] 고 평가하면서 한국인의 법의식에 대해서 다음과 같이 기술하고 있다. "한국인의 법의식은 (1) 인지적 측면에서는 법의 도덕성 · 정치성이 사회성에 못지 않게 중요시되고 있다는 점과 법의 형법적 · 징벌적 측면과 통제기능이 법의 민법적 · 계약적 측면이나 사회개혁적 기능보다 더욱 강조되고 있다는 점, (2) 정서적 측면에서는 법적 소외감이 상당히 높고 법의 타당성 · 공정성에 대한 신뢰도가 매우 낮다는 점, (3) 행동적 측면에서는 법의 타당성에 대한 심한 회의로 인하여 법사용능력이 비교적 낮은 점 등을 두드러진 특징으로 하고 있다."[23] 그리고 임 교수는 자신이 구성한 유형에 따라 성별 · 교육 수준 · 나이 · 계층간에 나타난 법행동의 차이에 대해서 남자 · 고소득층 · 고교육층 · 청장년층의 인구는 주로 준수형과 조종형의 법행동유형을 취하고 있으며, 반대로 여자 · 저소득층 · 저교육층 · 노년층 그리고 농민들은 주로 신민형과 회피형의 법 행동을 취하고 있다고 지적한다. 나아가서 그는 한국인의 법의식이 법의 도덕성과 정치성의 강조로부터 사회성의 강조로 변화되

21) 임희섭(1994), pp. 154~156.
22) 임희섭(1994), p. 175.
23) 임희섭(1994), p. 176.

고 있다는 점과 현재의 법적 타당성에 대한 심한 회의로 인하여 높은 법으로부터의 소외감을 가지고 있다는 점, 그리고 법행동에서의 준수형・조종형・신민형・회피형 등이 광범하게 확산되어 있다는 점 등으로 요약될 수 있다고 결론내린다.[24)]

이와 같이 한국의 법문화에 대한 임 교수의 접근방법은 문화중심적이고 해석적이기보다는 사회과학적이고 분석적이다. 그는 법의식을 분석적으로 파악하기 위해서 유형론을 활용했으며, 이를 계층간, 성별, 나이 등 외적 요인에 따라 상이하게 나타나는 법행동의 특성을 규정하는 데 사용한다. 이러한 점은 함 교수가 활용했던 문화인류학적 방법이나 해석학적 방법과 상당한 차이를 보이고 있으며, 법문화와 법의식을 탐구하는 데 주로 행동과학적 방법에 의존하는 것이다.

그런데 법문화에 대한 접근에 있어서 나타나는 두 학자의 차이점은 방법론보다 한국의 고유한 전통이나 문화에 대한 인식 그리고 그것의 가치에 대한 관점에서 현격한 차이를 보인다는 점이다. 함 교수가 관료들의 부정부패의 원천을 전통적 문화와 이식된 서구의 근대적 법체계 간의 이질성과 갈등에서 찾았던 것과 마찬가지로 임 교수 역시 아노미적 규범현상을 전통규범체계와 근대규범체계 간의 갈등구조에서 파악한다. 그러나 이러한 갈등구조에 대한 접근과 그 문제점에 대한 해결책에 대해서 임 교수는 함병춘 교수와는 완전히 다른 관점을 제시한다.

임희섭 교수는 현대 한국사회에 나타나는 파열적 법의식과 혼탁한 법행동의 원천인 규범체계의 갈등구조를 세 가지 주요갈등으로 구분한다. 권위주의적 규범/평등주의적 규범, 집단주의적 규범/개인주의적 규범, 전통주의적 규범/합리주의적 규범이라고 하는 거대한 단위로 재구성한다.

---

24) 임희섭(1994).

첫째, 상하의 위계성과 서열성을 강조하는 전통적인 권위주의적 규범체계가 약화되고 평등을 강조하는 현대적 규범이 강화되는 것이 일반적 추세이지만, 이러한 규범간의 갈등이 인간관계의 갈등을 일으키고 있다. 이러한 갈등의 해결책에 대해서 임 교수는 다음과 같이 제시하고 있다.

> 우리는 정당한 권위의 한계와 정당한 평등의 한계를 설정하고 그에 대한 합의를 형성해 나아감으로써 권위주의와 평등주의적 규범 간의 갈등을 해소해 나아가야 할 것이다. 정당한 권위는 '역할의 수행을 위해 부여되는 최소한의 권위'라고 할 수 있고 정당한 평등주의는 모든 개인이 '인간으로서의 기본적 권리와 인격체로서의 존엄성을 존중받을 권리에 있어 평등하다'는 규범적 요구로서 이해되어야 할 것이다. 그러므로 현대사회에서의 상·하급자 간의 인간관계는 '인격적 평등의 권리'를 상호 존중하는 가운데 '정당한 권위'가 존중되고 행사될 수 있는 것이 되어야 할 것이다."[25]

둘째, 집단주의적 규범과 개인주의적 규범의 갈등으로서, 전통적 한국사회에서는 혈연적 가족집단이 가장 중요한 집단이었고, 가족주의적 집단주의가 지배적 사회규범이었는데, 현대 한국사회에서도 집단의 목표를 위한 개인의 희생을 요구하는 집단주의적 규범이 광범위하게 유지된다는 것이다. 예를 들어 가문, 회사, 국가와 민족 등 집단을 위해 개인을 희생하는 정신과 행동이 고귀한 덕목으로 높은 평가를 받는 것이 일반적이다.

그런데 산업화, 서구화의 물결과 함께 서구의 개인주의적 가치관이 수용됨으로써, 새로운 형태의 규범적 가치관이 사회에 파급되기 시작하였다. 개인주의는 개인의 자율성, 주체성, 개성 및 자아실현의 가치 등과 관련하여 도덕적으로 성숙한 인격의 특성들로서 높은 평가를 받

25) 임희섭(1994), p. 214.

는 가치지향이다. 임 교수는 이러한 개인주의적 가치관이 현대 한국사회에서는 왜곡된 형태로 나타났음을 지적하면서, 한국사회에서의 개인주의적 행위양식은 자아발견과 자아실현의 가치를 추구하는 '계몽된' 개인주의의 측면보다는 남보다 앞서서 자신의 사사로운 이익을 추구하려는 '이기적' 개인주의의 측면이 더 강하다는 데에 문제가 있다는 것이다.[26] 이러한 현상은 1960년대 이후의 급속한 공업화와 같은 역사적 경험을 거치면서 자기자신과 가족의 생존은 누구보다도 자기 자신의 책임이라는 생활철학을 내면화했으며, 극심한 경쟁에서 이기고 살아남기 위해서는 공존과 협동의 윤리보다는 이기적 개인주의가 보다 효과적인 삶의 방식이라는 의식을 형성했다고 지적한다.

이러한 두 유형의 가치규범간의 충돌에 대해서, 임 교수는 현대 한국인들은 이기주의가 아닌 보편적 개인주의, 즉 나의 권리와 이익이 존중되어야 하는 만큼 다른 모든 개인의 권리와 이익도 똑같이 중요하다는 의미에서의 개인주의와 자아를 집단 속에 은폐시키고 집단을 통한 소극적 자아실현의 수준에 머무는 전통적 집단주의보다는 집단으로부터 자아를 해방시켜 주체적으로 정정당당하게 자아를 실현해 나아가려는 개인주의의 긍정적 요소들을 수용하고 내면화하는 성숙한 시민으로 발전해 나아가려는 자세가 필요하다고 주장한다.

셋째, 전통주의적 규범과 합리주의적 규범의 갈등으로서, 전통사회에서는 관행, 즉 전통을 존중하고 그에 따르는 전통주의적 생활양식이 지배적이었지만, 현대사회는 사회구조가 복잡하고, 이질적이며, 끊임없이 변화가 진행되고 외부세계와의 접촉도 빈번한 동태적 사회라는 것이다. 그런데 임 교수는 이러한 전통주의적 규범이 합리주의적 규범으로 변화되어가는 현대 한국사회에서는 목적합리성에 대한 지나친 강조, 즉 능률제일주의와 편법주의가 주류를 이루게 되었다는 것이다.

---

26) 임희섭(1994), pp. 215~216.

현대 한국인들은 목표의 달성을 위해서는 수단의 정당성을 무시하고 합목적적 능률만을 강조해 왔으며, 능률제일주의와 도구주의가 정책결정자들이나 기업경영자들의 행동규범이 되었다는 것이다. 임 교수는 이 측면에서의 규범적 갈등의 부정적 결과에 대해서 다음과 같이 진단한다.

> 수단과 방법을 가리지 않고 목적(돈과 권력)만을 추구했던 사람들이 실제로 사회적 성공을 누리게 되고, 반대로 수단의 정당성에 집착하던 성실하고 정직한 사람들이 사회적으로 낙오자가 되거나 실패자가 되는 현상이 벌어지면, 그 사회의 도덕적 질서는 위기를 맞게 된다. '법을 지키고 정직하고 성실하게 사는 사람은 손해를 본다.' '요령과 배경이 좋은 사람이라야 출세를 한다'는 속어들은 바로 현대의 한국 사회가 무규범상태에 빠졌음을 잘 말해 주는 것이고, 도덕적 질서가 위기에 빠졌음을 말해주는 것이다. 특히 사회지도층의 부도덕성은 도덕적 위기를 가속화시켜온 것이다.
>
> 이와 같은 무규범상태가 초래된 것은 전통적 규범이 사회변화의 추세에 밀려 대부분 적합성을 상실하게 된 가운데, 새로운 사회규범들은 또한 대부분 외래적인 것으로서 아직 사회성원들의 도덕규범으로 내면화되어 있지 않은 가운데, 능률제일주의와 편법주의적 관행이 만연된 데서 비롯된 것이다. 전통주의를 대체할 합리주의는 편법주의로 전락해버린 것이다.[27]

이러한 규범적 갈등에 대한 해결책에 대해서 임 교수는 "목적의 정당성에 못지않게 수단의 정당성도 강조되는 '가치합리주의'가 '목적합리주의'와 균형을 이루어 나아가야 한다. 그와 같은 근본적 수준에서의 규범의식의 전환과 함께 '비정당한 수단'에 대한 사회통제기제들의 엄격하고 공정한 통제가 강화되어야 한다"[28] 고 제시한다.

---

27) 임희섭(1994), pp. 218~219.

이처럼 임 교수의 1970년대 한국법문화에 대한 분석과 그 문제점에 대해 제시한 해결책은 앞 절에서 분석한 함 교수의 그것과는 상당한 차이를 보인다. 우선 임 교수는 한국의 법문화에 대해서 기본적으로 근대 대 전근대의 이분법적 대립구도의 관점에서 접근하고 있다. 이러한 이분법적 구도 속에서 그는 한국의 문화적 전통이나 규범문화에 대해서 그 고유한 문법구조를 찾아내기보다는 '전근대'라고 하는 범주 속에 포괄시킴으로써 정형화한다. 특히 주목할 것은 그가 제시하는 당시 한국의 규범현상에 대한 해결책은 대단히 근대적인 것이며, 이미 한국의 법전 속에 표현되어 있는 가치들이라고 하는 점이다. 다만 그는 서구의 근대적 계몽이성에 의해 생산된 가치들에 대해서 이념형의 관점에서 한국의 규범문화가 나아가야 할 방향을 제시하였다. 다시 말해서 임 교수는 인격적 평등, 보편적 개인주의, 가치합리주의와 목적합리주의 간의 균형 등 근대 서구이성이 창출한 이상적 가치들을 제시하고 있는 것이다.

이러한 임 교수의 현대 한국사회에 대한 진단과 처방은 전통문화에 대한 그의 이분법적 인식에 기인하는 것으로 보인다.

> 문화적 전통은 맹목적으로 계승해야 할 대상도 아니며 또한 무조건 배격해야 할 대상도 아니다. 문화적 전통은 그것이 새로운 사회환경에 대한 적합성을 유지하는 범위 내에서 전승되고 계승되어 나아갈수록 바람직한 것이다. 한편 문화적 전통은 사회변화에 맞추어 그 내용에 있어 끊임없는 재창조 또는 '적응적 변화'를 일으켜 나아가야 할 대상이다. 그와 같은 적응적 변화가 원활하게 이루어지지 못할 때에는 생활문화의 영역에서 심한 가치와 규범의 왜곡을 일으킬 수 있다. 즉 전통의 관점에서나 현대의 관점에서 다같이 바람직하지 않은 '왜곡되고 비도덕적인 과도적 적응양식'이 일반화되어 사

28) 임희섭(1994).

회의 도덕적 질서를 혼탁하게 하는 것이다. 오늘날 한국사회에서의 집단이기주의나 편법주의적 행동양식이 그 좋은 예가 될 것이다. 이제 우리는 문화적 전통을 바람직한 방향으로 재창조해 나아가야 할 시점에 서 있는 것이다.[29)]

이처럼 임희섭 교수는 한국의 고유한 전통에 대해서 상당히 자유로운 입장을 견지하고 있으며, 함병춘 교수가 갖고 있었던 전통/근대화 간의 '영구적 문제의식'에 대해서 과도한 부담을 느끼지 않는다.

1970년대 들어서면서 한국의 학자들은 법문화 및 법의식에 대해서 서구적 가치관을 보다 적극적으로 수용하고 이러한 관점에서 한국의 법문화를 평가하기 시작하였다.[30)] 특히 이들은 현대사회학 이론의 전제 위에서 한국인들의 법의식 변화를 탐구하고 있으며, 그 탐구방식과 해결방안이 대단히 서구가치지향적이라고 할 수 있다.

그러나 법문화에 대한 이러한 접근방법이 안고 있는 문제점은 양건 교수가 지적한 바와는 정반대의 문제점을 안고 있다. 그것은 바로 법문화가 갖는 다층적이고 다변적인 측면들을 매우 단순한 범주로 일반화함으로써 그 속에 내재해 있는 고유한 문화의 논리구조를 매몰시키는 것이다. 또한 서구의 근대적 가치들에 일방적으로 우월한 지위를 부여함으로써 현대 한국인들이 형성해 나아가는 새로운 문화에 대한 인식을 왜곡시킬 위험성이 있다. 더욱이 서구지향적 접근방식은 한 문

29) 임희섭(1994), p. 222.

30) 여기에서 다루지는 못했지만, 1970년대 한국 법문화에 대해서 심도 있는 연구를 진행한 학자로는 양승두 교수와 최대권 교수를 들 수 있으며, 두 학자의 탐구 역시 한국법문화 탐구에 상당한 공헌을 하였다. 함병춘·양승두, "한국인의 법의식", 《한국의 법률문화》(국제문화재단 출판부, 1975); 양승두, "우리나라 전통적 법의식과 그 변화에 관한 연구", 《한국의 사회와 문화》 제3집(한국정신문화연구원, 1980); 최대권, 《법사회학》(서울대학교 출판부, 1983) 참조.

화에 내재해 있는 다양성을 행태과학이나 사회과학의 협소한 테두리 속에 가두어 놓으며, 다양한 가치들 사이의 끊임없는 충돌과 변화의 유동적 특성을 간과해버리는 결과를 가져오게 된다.

제3장

법문화에 대한 새로운 인식

1. 문화에 대한 인식의 전환

20세기 후반에 접어들면서 사회과학 전 분야에 걸쳐서 급격한 인식의 전환이 일어나고 있는 것과 마찬가지로 인류학의 영역에서도 괄목할 만한 변화가 나타나고 있다. 어떻게 보면 인류학에서의 변화가 사회과학에서의 변화를 압도하는 것으로 보인다. 특히 우리들이 주목해야 할 대목은 인류학의 영역에서 '문화'의 개념 자체에 대해서 대대적 수정작업이 이루어지고 있으며, 문화에 대한 인식이 급격하게 변하고 있다는 점이다. 동·서간의 냉전체제가 무너지고, 세계화의 조류가 전지구적으로 파급되는 현실에 직면하면서 인류학자들은 기존의 문화개념이 안고 있는 문제점들을 인식하기 시작하였다. 이들이 문화의 개념에 대해서 가장 곤혹을 느끼는 점은 20세기 후반에 나타났던 거대한 변화를 기존의 문화개념으로 설명하기에는 너무나도 한계가 많다는 것이다.

지난 20여 년 사이에 등장한 세계체제이론은 정치·경제·문화의 세계화과정을 설명하면서 인류학에서 즐겨 사용되었던 고립된 사회모델 개념을 맹렬하게 비판하였으며, 그 개념의 학문적 유용성에 대해서도 비판을 가하였다. 다른 한편, 세계화의 분석, 문화연구의 급속한 확장, 푸코를 위시한 포스트모던 사상가들의 권력과 담론에 대한 새로운 관점의 창출 등으로 인하여 기존의 문화개념이 거센 도전을 받았다. 새로운 지적 흐름으로부터 영향을 받은 인류학자들과 법문화 탐구자들은 공유된 규범들과 가치들에 의해 경계 지워지고, 이질적 사회집단들에 근거한 문화이해에 강력하게 도전하였으며, 새로운 관점을 토대로 문화의 현상과 그 변화를 설명할 수 있는 새로운 개념을 창출하고자 시도해왔다. 이처럼 새로운 인식과 관점으로 무장한 학자들에게 문화는 안정된 것이기보다는 역사적으로 생산되는 것이며, 경계 지워지고 통합된 것이기보다는 경계가 없는 것이고, 합의적이기보다는 경쟁적인 것으로 인식되기 시작하였다. 문화는 이념과 행동의 단순한 통합체이기보다는 다양한 실천, 상징, 습관, 실제적 통제력의 패턴, 그리고 문화적 의미범주들 내에 뿌리를 두고 있는 것으로 인식되기 시작하였다. 다시 말해서 문화는 초유기체적 힘들보다는 인간의 행동을 통해서 타협되고 형성되는 것으로 이해되기 시작하였다.

이 장에서는 문화개념 자체에 대한 인식의 변화를 다뤄보고자 한다. 새로운 관점과 인식을 토대로 문화를 탐구하기 시작한 문화인류학자들에 의해서 문화의 어떤 모습이 드러나고 있는지, 그리고 그러한 모습들을 드러내기 위해서 이들은 어떠한 개념과 방법을 활용하는가를 살펴보고자 한다. 법문화가 고유한 영역과 특성을 지닌 것은 사실이지만, 다른 문화영역과 밀접한 관계를 갖고서 변화한다. 뿐만 아니라 법문화 자체는 다른 문화영역들과 '문화'라는 공통된 토대를 갖고 있다. 따라서 문화관념 자체에 대한 인식과 접근방법이 어떻게 변화하고 있는가를 살펴봄으로써 앞으로 법문화를 탐구하는 데 있어서 중요한 시사점을 얻을 수 있을 것이다.

1) '문화' 개념의 형성

인류학적 분석개념으로서 '문화'는 유럽인들이 문명화된 사람들 그리고 이들과는 완전히 다른 삶을 사는 '원시인들'이 공존하는 지구상의 세계를 기술하기 위해서 고안되었다. 물론 원시인들은 내적으로 일관되고 불변적인 삶의 구조를 갖고 있었지만, 이들은 서구관찰자들의 도덕세계 경계 밖에 있었다. 하나의 지구 위에 거의 동화될 수 없는 삶의 패턴을 지니고 살아가는 인간들의 이질성을 이해하고, 이들의 이질성을 포용할 수 있는 개념이 유럽인들에게 필수적으로 요구되었다.[1)]

문화의 개념은 19세기의 구성물이다. 초기에 문화개념이 형성된 원천으로 샐리 메리는 두 요인을 지적하였다.[2)] 첫 번째 원천은 18세기와 19세기에 유럽사회가 세계를 인식하는 방식이었던 자연사적 접근(*a natural-history approach*)이었다. 당시 유럽의 자연학자들과 탐험가들은 유럽 밖으로 여행을 했으며, 다른 세계의 발견과정에 참여하였다. 물론 이들이 권력의 영향력으로부터 절연된 것으로 이해되었지만, 이들은 동물과 식물, 그리고 궁극적으로는 유럽세계 밖의 사람들을 범주들로 분류하고 도식화하는 지식체계를 생산하였다. 비서구의 이질적 문화집단들은 고립되고, 원시적 식물이나 동물들과 유사한 것으로 인식되었으며, 진화의 초기단계에 위치 지워졌다.

메리는 1898년 브뤼셀에 세워진 레오폴드 2세의 아프리카 박물관이 이러한 접근방법을 가장 잘 나타낸다고 지적하였다.[3)] 화려한 빅토리

1) S. E. Merry, "New Direction: Law, Culture, and Cultural Appropriation", *Yale J. L. & Humanities* 10(1998).

2) J. Vincent, *Anthropology and Politics: Visions, Traditions, and Trends* (University of Arizona Press, 1990); N. Elias, *The Civilizing Process*, E. Jephcott trans., Blackwell, 1994. S. Merry(1998)에서 재인용.

3) Merry(1998).

안 건축물 내부에는 중앙아프리카에서 가져온 동물, 곤충, 광물들과 함께 아프리카 사람들의 도구, 무기, 주택, 정신적 조상들이 전시되어 있다. 이 박물관은 동물, 식물, 돌 그리고 '다른' 세계에 살고 있는 사람들의 문화를 동시에 전시했다. 이처럼 초기문화의 개념은 유럽인들이 그들과 다른 삶을 사는 사람들에 대해 인식하였던 것들을 토대로 형성되었다.

이러한 현상은 19세기에 태동하기 시작한 역사법학자들의 접근에서도 잘 나타나 있다. 이들은 한결같이 인류의 발전단계에 맞춰 법의 발전을 논구하였으며, 유럽인들이 지나온 역사적 과정을 하나의 모델로 정착시켰다. 그리고 이러한 모델에서 이탈하거나 다른 문화에 속하는 법체계들을 하위에 위치시켰다.[4] 서구의 법역사는 진화의 과정에서 가장 앞선 것이었으며, 이러한 진화과정에 맞춰 다른 문화의 사회체계와 법체계가 분류되고 평가되기 시작하였다.

메리가 지적한 초기 문화개념 형성의 두 번째 원천은 독일의 '문화'(*Kultur*) 관념이었다. 노베르트 엘리아스(Nobert Elias)가 지적했던 바와 같이 19세기 독일인들은 문화의 개념을 문명과 대치시켰다. 독일인들은 '문명'이라는 단어를 프랑스, 영국 그리고 세계의 다른 문명화된 사람들의 태도와 실천들을 지칭하는 데 사용하였다. 반면 '문화'는 문명과의 차이점을 강조하기 위해서 사용되었는데, 그것은 독일의 부르주아들이 자신들의 태도나 관습에 내포되어 있는 독특한 민족성을 지칭하는 범주였다. 당시 독일인들은 자신들의 귀족정치의 낙후성으로 인해서 유럽의 문명으로부터 배제되었기 때문에, 이들은 '독일문화'(*German Kultur*)를 칭송할 수 있는 개념이 필요하였다.

'문화'(*Kultur*)는 독일의 부르주아들이 자신들은 다른 국가의 귀족들보다 훨씬 우월하다는 사실을 스스로에게 강조하기 위한 개념적 장치

4) 대표적 학자로는 헨리 메인을 들 수 있다. 레오폴드 포스피실, 이문웅 역, 《법인류학》(민음사, 1992), pp. 231~242.

였으며, 이를 통해 독일인들은 서유럽의 '문명적'(*civilization*) 태도들을 모방하기보다는 자신들의 고유한 가치와 유산의 윤리성을 칭송하였다. 이러한 과정을 통해서 '*Kultur*'는 분리와 우월성을 함축하는 의미를 획득하게 되었다.

이러한 초기과정을 통해서 문화는 이중적 의미를 지니게 되었다. 한편으로는 서양의 발전된 문명과 동등한 차원에 놓을 수 없는 '다른' 인간들의 삶을 담아내기 위한 범주적 개념이었으며, 다른 한편으로는 각 문화의 독자적이고 고유한 속성을 담는 개념으로 활용되었다. 이 점에서 문화개념은 내적으로 차이와 배제라고 하는 독특한 논리를 함축하게 되었고, 시간적 · 공간적으로 보이지 않는 경계를 내포하게 되었다.

이러한 초기 문화관념에 대해서 19세기부터 두 가지의 중요한 변화가 발생했다. 첫째, 19세기 말과 20세기 초 인류학자들은 그동안 야만으로 명명된 사람들의 다양하고 정당한 삶의 방식을 담아내는 언어를 필요로 하였으며, 이들에 의해서 문화의 개념이 세계화를 추구하는 서구문명에 대립하여 차이와 정당성을 강조하는 개념으로 전환되었다. 이 개념의 근본적 특징은 경계성과 일관성이었으며, 동시에 분리성과 우월성이라는 관념이 결부되었다. 메리는 인류학자들이 문화의 고유성과 일관성을 강조함으로써 유럽제국의 식민화 프로젝트에 저항할 수 있는 계기를 마련할 수 있었다고 지적하였다.[5)]

둘째, 20세기에 들어서면서 인류학자들은 이전과는 다른 방식으로 문화를 인식하기 시작하였다. 테크놀로지의 급속한 발전, 관광사업의 확산, 자본주의의 세계화, 탈영토화된 공동체, 이민을 통한 다양한 인종의 혼합 등 19세기 말과 20세기 초반 제국주의 세력에 의해서 활용되었던 고정된 의미의 문화개념으로서는 설명할 수 없는 현상들이 전지구적으로 펼쳐지기 시작하였다. 이러한 현상을 설명하기 위해서 인

---

5) Merry(1998).

류학자들은 점차적으로 민족적, 문화적, 인종적 경계들을 유동적으로 인식하고 문화를 혼합물(*hybrid*)로 인식하기 시작하였다.[6] 특히 '사회들' 혹은 '문화들'이라는 개념에 의해서 설명될 수 없는 문화의 접촉영역, 식민화 프로젝트, 경계영역을 분석하는 데 심각한 이론적 문제들이 발생하기 시작하였다. 이러한 세계환경의 변화가 '문화'의 개념을 재구성하는 계기가 되었다.

2) 문화에 대한 새로운 접근

최근에 인류학자들은 다양한 관점에서 연구를 진행한다. 코마로프는 문화를 인류가 자신들과 타인들 그리고 자신들의 사회와 역사를 구성하고 표현하는 의미론적 공간, 즉 기호와 실천의 장으로 간주한다.[7] 그것은 단지 기호들의 추상적 질서나 기호들간의 관계가 아니며, 습관적 실천들의 총합도 아니다. 문화는 결코 폐쇄적이고 완벽하게 일관된 체제가 아니라, 그 내부에 다원적이고 상충적인 메시지, 이미지, 행동들을 포함한다. 다시 말해서 문화는 역사적으로 위치 지워지며, 생동적 시니피에들(*signifier*)이 역사적으로 펼쳐지는 앙상블이다. 그것은 물질적인 동시에 상징적이며, 사회적인 동시에 심미적 시니피에들이다. 이러한 시니피에들 중 어떤 것들은 다소 단단하게 결합되고 상대적으로 명료한 세계관으로 짜여지기도 하며, 어떤 것들은 심각할 정도로 경합이 되기도 하며, 저항 이데올로기와 '하위문화들'의

---

6) 제2회 법 및 사회철학 아세아대회에서 하세가와 코 교수는 일본의 근대화 과정에서 발생한 일본의 전통과 서구의 근대적 법체계 간의 관계를 '잡종'(*hybrid*) 개념으로 설명하였다. 하세가와 코〔長谷川晃〕, "아시아 사회에 있어서 普遍法의 形成"(1998년 제2회 법 및 사회철학 아세아 대회 발표문).

7) J. Comaroff & J. Comaroff, *Ethnography and the Historical Imagination* (Westview Press, 1992).

덩어리를 이루기도 한다. 반면 다른 시니피에들은 고정되지 못하고 상대적으로 자유롭게 부유하며, 그 가치와 의미에 있어서 비결정적이다. 이것이 바로 다원적이고 모순적인 문화적 논리와 의미체계들로 구성된 문화의 장에서 구체적 행위자를 적극적으로 수용하고, 문화논리들간의 경쟁을 허용하는 문화의 개념이다.

프라트는 경쟁적인 문화적 논리들이 상호작용하는 영역을 접촉지대(*contact zone*)로 기술한다.[8] 접촉지대는 이질적 문화들이 서로 만나고 충돌하고 접전을 벌이며, 때로는 지배와 복종의 불균형적 관계들이 팽배한 사회적 공간들을 말한다. 식민주의나 노예제가 끝난 바로 직후의 상황에 놓여 있는 사회들을 그 예로 들 수 있다. 프라트는 자신의 접촉지대의 개념이 중심과 변방을 특권화하는 '경계지역'(*frontier*)과는 달리, 동등하게 중심화된 실재들간의 충돌과 접전에 초점을 맞춘 것이라고 주장한다. 그녀는 주변부집단들이 중심부와 대립하여 어떻게 스스로를 창조하고 재창조할 필요성을 지속적으로 창출해내면서 도시를 형성해나가는가를 설명한다. 특히 종속된 사람들이 어떻게 중심지의 표상양식들을 수용하고 전용하는가를 기술하기 위해서 '문화의 전이'(*transculturation*)라는 용어를 제시한다.

니콜라스 토마스는 사람들의 지각이나 전략과 관계없이 독자적으로 정의될 수 있는 문화나 시대 등과 같은 총체성 대신에 '식민지 프로젝트'(*colonial projects*) 연구를 주창하였다.[9] 식민지 프로젝트는 지역화되고 정치화되며, 부분적인 사회적 변형의 시도이다. 그것은 다소 시간이 걸리는 역사적 발전과 그들에게 이야기하는 방식에 의해서 발생한다. 그것은 탈영토화된 사회체계이다. 토마스에 의하면, 식민지 프

---

8) M. L. Pratt, *Imperial Eyes: Travel, Writing and Transculturation* (Routledge, 1992).

9) N. Thomas, *Colonialism's Culture: Anthropology, Travel and Government* (Princeton University Press, 1994).

로젝트는 그들의 주체성이 파편화된 — 반쪽은 여기에 그리고 다른 반쪽은 저쪽에, 때로는 거부하기도 하며 때로는 자신들이 파트너로 삼고 지배하는 사람들의 편에 서거나 대도시 관리들의 이익에 저항하기도 하는 — 행위자들에 의해서 해석되고, 왜곡되기도 하며, 순응되고 규정되기도 한다. 식민지 프로젝트를 검토하는 것은 과정 그 자체를 관찰하는 것이며, 그 프로젝트의 작인(作因)들, 즉 찬성자들이건 반대자들이건 모두에 관심을 가지며, 프로젝트의 결과인 혼합된 문화적 실천과 사람들을 분석한다. 식민지사회의 장(*field*)에서 집단들의 단편적이고, 위치가 뒤바뀌고, 전지된(*truncated*) 속성의 관념을 토대로 공감대나 공유된 가치들보다는 장기간에 걸친 의미들의 경합이나 타협에 관심을 기울인다. 인류학적 개념으로서 '프로젝트'는 변환과 혁신을 지향하고, 때로는 식민지적 상황의 특징들을 강조한다. 식민자들은 변화를 추구하지만, 식민화된 사람들은 이전의 환경으로 되돌아가려고 노력한다. 물론 이러한 시도 자체가 변형적 프로젝트라고 토마스는 주장한다.

메리는 이러한 시도들이 모두 공통적으로 문화를 동질적 실재가 아니라 다양하게 위치 지워진 행위자들이 문화적 실천들을 이해하고 전용하는 경쟁의 영역, 즉 경쟁적 문화논리들이 경합을 벌이는 투쟁의 장으로 보고 있다고 지적한다.[10] 문화의 위치는 더 이상 고정된 지리적 공간이 아니다. 오히려 그것은 사람, 자본 및 상징체계들의 이동을 반영하는 다원적 장소들로 구성된다. 식민지에서 발생하는 많은 투쟁들, 사회질서를 변형시키고, 사람들의 학습능력과 시야를 넓히고, 근대국가의 교육체제를 보강하는 등의 노력은 국내에서 도시변두리의 농민들과 도시의 빈민들을 재혁신하는 노력과 유사하다는 것이다.

---

10) Merry(1998).

2. 법과 문화에 대한 새로운 접근

1) 법과 문화에 대한 인식의 전환

법에 대한 초기의 인류학적 탐구는 통합적, 안정적, 공감적, 독자적, 그리고 경계 지워진 문화개념 위에 확립되었다. 문화는 공통된 가치, 제도 그리고 일련의 집단이 공유하는 규칙적인 사회적 상호관계들로 정의되었다. 대부분의 이론가들은 역사적 사건이나 개별적 행동보다는 진화과정에 변화의 의미를 부여하였다. 1920년대에서 1950년대 사이의 인류학적 탐구는 법이 사회의 규범체계의 근본적 구성요소이며, 사회질서를 유지하는 데 중대한 기여를 한다는 사실을 입증하였다. 규칙체계들은 다른 사회구조들과 유기적으로 연계되어 있으며, 비공식적 법정이나 협의체, 상호성, 추방, 스캔들, 마녀고발, 그리고 그 밖의 형태의 미묘한 사회적 압력과 같은 비국가적 메커니즘들이 사회질서를 생산한다. 분쟁이 발생할 때 법이 전면에 드러나고 명료해지지만, 그 이후에는 다시금 평정상태로 되돌아간다. 이처럼 초기의 법인류학자들은 사회에서의 법의 위상을 다른 사회적 실천들과는 구분되는 하나의 독립적 체제로 이해하였으며, 그 기능에 있어서도 구성원들의 일상생활과는 유리된 체제이며 능동적이기보다는 수동적이고 소극적인 규범체로 인식하였다.

그런데 이러한 초기 법인류학적 인식과는 달리 1970·80년대 해석적 인류학이 등장함으로써 법문화에 대한 탐구가 새로운 전환을 맞기 시작하였다. 해석적 인류학의 관점과 방법을 수용한 클리포드 기어츠와 로렌스 로젠은 의미체계로 이해되는 법의 문화적 심층에 대한 복합적 분석방법을 발전시켰다.[11] 기어츠에 의하면, 법은 사회구성원들이

11) C. Geertz, "Local Knowledge: Fact and Law in Comparative" in *Local Knowledge: Further Essays in Interpretive Anthropology* (Basic Books,

사회적 실재를 상상하는 하나의 의미체계이며, 의미체계로서의 문화를 구성하는 데 법이 중요한 역할을 담당한다. 한편, 로젠은 보다 큰 사회의 질서를 구성하며 동시에 그 질서에 의해서 채워지는 상징적, 문화적 체계로서의 법을 탐구하였다. 로젠은 다른 사회체계들의 분석과 마찬가지로 법체계의 분석 역시 그 과정에 참여하는 사람들이 자신들의 경험을 이해하고 일상생활에서 타인들과의 관계에 자신들을 적응시키는 의미의 범주들로 분석하고 이해할 것을 요구한다. 법영역은 전 사회적 피륙의 한 부분이며, 법개념들, 법적 권력, 법적 투쟁들이 사회생활의 상이한 영역들을 가로질러 확장한다.

그러나 메리는 기어츠와 로젠이 제시하는 법에 대한 새로운 관점이, 비록 법과 문화의 관계를 보다 관계적이고 역동적으로 이해할 수 있는 토대를 제공하지만, 반드시 통합적이고 경계 지워진 문화의 전통적 관념에는 이의를 제기하지는 않는다고 평가한다.[12] 이들은 분쟁의 관리를 분쟁이 발생하는 일련의 사회적 관계들의 산물로 파악한다. 따라서 당사자들이 중재적 접근보다 판결에 의한 해결책을 선택하는 경우, 그러한 선택은 단지 이해관계나 편의성보다는 당사자들의 관계망에 의해서 이루어진다. 셀리 무어는 과정으로서의 법을 강조함으로써 일상적 관계 속에서 규칙들이 어떻게 만들어지고 유지되고 강화되는지에 초점을 맞춘다.[13] 메리는 이러한 분석작업을 인류학적 탐구 속에 역사를 통합시키는 시도이며, 문화의 개념을 역사화하는 것으로 평가한다.

1983) ; L. Rosen, "The Anthropology of Justice: Law and Culture" in *Islamic Society* (Cambridge University Press, 1989).

12) Merry (1998).

13) S. Moore, *Law as Process* (Routledge & K. Paul, 1978) ; S. Moore, *Social Facts and Fabrications: Customary Law on Kilimanjaro, 1880~1980* (Cambridge University Press, 1986).

2) 문화의 생산과 전용

문화에 대한 새로운 이해는 문화의 관계적 측면들과 '상호간의 협력적 구성'(*interactive co-construction*)을 강조한다. 이러한 관점에서 문화를 분석하는 학자들은 '문화적 생산'(*cultural production*)과 '문화적 전용'(*cultural appropriation*)이라는 새로운 개념들을 활용하여 역사적으로 구성된 공간들 내에서 행위자와 권력관계를 분석한다.

문화적 생산과 관련해서 특히 강조되는 것은 문화적 전용의 개념이다. 문화적 전용은 지배집단들이 종속집단들의 예술적, 음악적, 지적 산물을 취하고 그로부터 이익을 얻는 과정을 지칭하기 위해서 지적재산권 영역에서 차용된 개념이다.[14] 엄밀한 의미에서 문화적 전용은 자기 자신의 문화가 아닌 타문화로부터 습득된 지적 재산, 문화적 표현이나 가공물, 역사와 지식의 방식 등을 뜻한다. 따라서 이러한 정의는 취득자가 자신의 이익을 위해서 타문화로부터 지적 산물을 취득하는 것에 초점을 맞춘다. 이에 반해 문화적 영향력은 지속적으로 누적되는 방식으로 혼합되고 합쳐진 개념이다. 따라서 문화적 전용은 매우 포괄적이고 심층적인 현상들을 포함한다.[15] 문화적 전용은 지배집단이 종속집단으로부터 이익을 취득하는 과정으로 간주될 수 있지만, 다

14) 전용실시권은 특허권자가 자신의 특허발명에 대하여 기간, 장소 및 내용을 제한하여 타인에게 허여한 특허실시권을 말한다. 전용실시권자는 특허권자의 동의를 얻지 아니하면 그 전용실시권을 목적으로 하는 질권을 설정하거나 통상실시권을 허락할 수 없다. 전용실시권의 설정을 받은 전용실시권자는 그 설정행위로 정한 범위 안에서 업으로서 그 특허발명을 실시할 권리를 독점하며 실시사업과 같이 이전하는 경우 또는 상속 기타 일반승계의 경우를 제외하고는 특허권자의 동의를 얻지 아니하면 그 전용실시권을 이전할 수 없다.

15) 메리는 문화적 전용의 개념이 여전히 문화를 경계 지워지고 통합된 의미체제로 파악하는 데 문제가 있음을 지적한다. Merry(1998).

른 관점에서 관찰될 때 그 과정은 다른 측면을 드러내는 중요한 역할을 한다. 즉, 종속집단이 지배집단의 문화를 전용하는 과정을 기존의 관점과는 다르게 파악할 수 있는 것이다.

문화적 생산은 생산과 문화의 관념을 통합한다. 여기에서 생산의 개념은 살아있는 문화의 저장고나 새롭게 형성되는 담론들이 기존의 문화적 요소들과 어떠한 관계를 맺게 되는가에 대한 관심과 탐구를 촉구한다. 기존의 문화탐구가 주로 오래된 것, 전래된 것에 초점을 맞추었고 이러한 전통의 고유한 논리와 체계를 밝히는 데 초점을 맞추었던 데 비해, 문화적 생산은 그것이 전용이든 새로운 전통의 창출이든지 여부를 불문하고 기존의 문화 속에서 새로운 문화가 만들어지는 과정에 초점을 맞춘다.

문화적 전용의 한 예로 메리는 하와이의 주권운동가들에 의해서 행해진 의식을 들고 있다. 1993년 하와이의 주권운동 지도자들이 하와이의 여왕 릴리우오칼라니(Liliuokalani)에 대해서 미국의 지원을 받은 쿠데타 100주년을 기념하는 법정을 열었다. 형사법정의 형식을 띤 그 의례적 법정에서 미국은 하와이의 고유문화를 파괴하고 땅과 주권을 침탈하였다고 고발되었다. 물론 미국의 대표라 이름 붙여진 피고인석은 비어 있었으며, 원주민 증인들은 전세계에서 모여든 저명한 운동가들 및 인권변호사들로 구성된 판사들에게 그들의 문화적, 경제적 손실에 대해서 증언하였고, 주권운동 조직위원회는 미국이 일련의 국내법과 국제법을 위반하였다고 비난하면서 법정에 공식적 소장을 제출하였다. 미국정부에 대한 고발에서 하와이의 고유한 언어나 법적 관념이 아닌 미국법의 형식과 언어를 전용한 결과였다.

이처럼 한 문화의 의미체계, 특히 법체계는 다른 문화의 구성원들에 의해서 활용될 수 있으며, 그것은 한 지배집단이 지배를 위해서 활용할 수 있을 뿐만 아니라, 피지배집단에 의해서 자신들을 방어하기 위한 수단으로 활용될 수도 있음을 잘 보여주는 것이다.

기존의 법체계를 지니고 있는 사회에 새로운 법체계를 도입하는 것은 심각한 실천적, 이론적 문제를 야기한다. 때로는 법의 이식이나 법의 부과라고도 불리는 이러한 과정은 19세기 서구제국의 식민주의를 수반하였으며, 아프리카, 아시아, 태평양의 많은 국가들의 법들을 재편성하고 다원화하였다. 때때로 식민지관리들은 자신들이 비도덕적이라고 생각하는 일부다처, 미신, 보복살해, 아내의 순장, 의식적 선물교환행사 등의 관행들을 제거하려고 시도하기도 하였으며, 때로는 토착민들의 나태나 비도덕적 관행 등 이들의 고유한 기질에서 기인하는 행위들을 통제하거나 제약하기 위해서 보다 미묘한 형태로 법을 동원하기도 하였다.

그러나 앞에서 살펴본 문화적 전용의 개념은 기존의 법적 수용, 이식, 부과의 관념들을 총체적으로 재구성하는 결과를 가져온다. 기존의 법적 수용이나 이식은 전달자/피전달자, 식민자/피식민자의 확고한 이분법적 관념에 의해서 인식되었다. 서구의 근대적 법체계를 만들어낸 주체는 서구인들이고 이를 강제로 이식받건 자발적으로 수용하건 이 법체계를 전달받은 비서구인은 피전달자로 고착화되었다. 그러나 전용의 개념에서는 그것이 지적재산권에서 파생한 것에서 알 수 있듯이 사용자 혹은 차용자의 주체적 활용이 더 중요한 역할을 한다. 이처럼 문화의 전용개념은 기존의 법적 이식, 수용의 과정을 다른 관점에서 파악하고 분석할 수 있도록 한다.

문화의 영역에서 중요한 물음들은 문화적 논리와 실천들이 긴 역사적 과정을 통해서 어떻게 사회의 장 속에서 수용·전용·전개되고, 재소개되고 재정의되는가 하는 것이다. 역사적 과정을 통해서 개별적 문화논리들이 법체계와 같이 정치적, 경제적으로 강력한 제도들 속에 깊이 각인된다. 최근 법인류학자들은 문화의 생산과 전용과정에 초점을 맞춤으로써 종속된 사람들의 능동적 역할과 그들의 힘을 새롭게 인식하는 동시에 그러한 상호적 작용에 나타나는 정치적, 경제적 제약을 밝히는 구성틀을 제공하기 시작하였다. 물론 새로운 형식들, 의미들, 실천들을 수용하는 사람들은 계속해서 좌절과 실패에 직면하며, 새로운 체제를 총체적으로 실현할 수 없는 무능력에 직면하기도 한다. 그러나 새로운 체제를 취하고 이를 시행하는 사람들은 계속해서 그 형식과 실천들을 다른 의미와 실천으로 재정의한다. 이들은 부과라는 관념을 타협적이고 단편적인 변형의 의미로 재구성한다. 지배집단의 조치들에 대해서 종속된 사람들이 전통적 관습을 고집하고 이를 재해석하고 투쟁할 때, 이들의 의식과 문화적 레퍼토리가 재정의되는 것이다.

3) 저항으로서의 법적 전용

메리는 문화의 전용과정에 대한 분석에서 중요한 역할을 하는 개념이 바로 '저항으로서의 법적 전용'이라고 주장하였다.[16] 하와이의 사례에서 볼 수 있는 것처럼 피식민지인들이 자신들의 주권을 주장하기 위해서 외국의 법제를 전용하는 것은 비록 그것이 투항인 것처럼 보이지만, 유럽의 지배위협에 대한 저항행위로 해석될 수도 있다는 것이다.

메리에 의하면, 헤게모니와 저항의 개념들이 문화를 재정의하는 데 대단히 중요한 기여를 한다. 권력의 관계들은 문화에 각인된 의미체계에 의존한다. 헤게모니적인 문화적 의미들은 대항헤게모니나 불순종의 행위 혹은 담론들을 수반한다. 문화적 실천들은 헤게모니적이거나 저항적일 수 있지만, 어떠한 경우에도 이들은 권력이 유래되고 붕괴되는 장을 구성한다. 초기의 이론들은 정치적으로 명백한 저항들에 초점을 맞췄지만, 최근의 작업들은 사회적 부정의나 변혁과 같이 거대한 비전을 포함하지 않는 행동들을 포용할 수 있도록 저항의 개념을 확장하였다. 저항의 핵심적 특성은 '반대한다'는 것이다. 그것은 다른 무엇인가에 대항해서 움직이며, 주류세력이 추진하는 사회변화의 속도를

16) Merry(1998).

저하시키기도 한다. 이러한 저항의 현상들은 은폐되고, 미묘하며, 묵시적인 특성을 갖고 있다. 저항은 비협조이며, 때로는 목소리가 없고, 불명료하다. 때로 그것은 보다 강한 부정의의 의식 혹은 보다 나은 사회질서의 비전에 의해 채워지기도 하지만, 그렇지 않을 경우도 많다. 저항의 본질적 요소는 분열이며, 그것은 질서 내에서 무질서를 창조하는 행위이다.

예를 들어 거리의 범죄, 낙서, 세금미납, 음주운전, 학대받는 노예들의 태업, 부당노동행위에 대항하여 벌이는 시위과정에서 노조원들의 기물파괴행위 등은 모두 권력의 파열이다. 그러나 이러한 행위들이 모두 저항으로 간주되는 것은 아니다. 저항적 행동은 전형적으로 영웅적 행동뿐만 아니라 까다롭고 이기적인 의사방해자로 보이는 행위들까지도 포함한다. 분명한 것은 저항의 개념 저변에는 규범적 판단이 있다는 것이다. 저항으로 인식되는 행위들은 그것이 부당하다고 간주하는 권력체제에 대해서 개인이나 집단에 의해서 행해지는 불복종행위들인 경우이다. 메리는 저항이라는 용어가 의식적 기능을 갖고 있으며, 부당한 억압에 직면하여 일반적으로 불명예스러운 것으로 보이는 행위들을 재규정한다고 설명한다. 저항의 관념은 정의에 대해서 묵시적 판단을 내포한다. 이러한 묵시적 기준이 없이, 다양한 사회적 맥락에 적용될 수 있는 저항들을 분석하는 것은 대단히 어렵다. 그러나 보편적 정의를 설정하려는 노력은 무엇이 정의와 부정의를 구성하는가에 대한 판단들이 지닌 지역성이나 관찰자의 위치를 모호하게 한다. 저항은 구체적인 역사적 순간에 특정한 위치에 있는 사람들이 정의로운 세계를 상상하는 방식과 긴밀하게 연결되어 있다. 메리는 일반적 저항의 개념으로 작업하는 것이 대단히 힘들며, 실제 저항이 무엇인지 정의하는 일은 무모하기까지 하다고 지적한다. 어떤 행위를 저항으로 명명하는 것은 그 상황의 특수성에 의거한다는 것이다. 즉 어떤 상황에서 형성된 정당하고 부정당한 권력관계의 관점은 그 관점에 비추어서 내려지는 관찰자의 판단에 의존하는 것이다.

만일 어떤 행위들을 저항으로 분류하는 일이 관찰자의 입장과 그의 사회정의관에 의존하고 있음을 인정한다면, 이러한 행위들에 대해서 초점을 맞추는 것은 문화의 경쟁적이고 불안정한 성격을 드러내는 데 일조할 것이다. 저항에 대한 초점은 법의 부과, 식민주의의 확산, 혹은 자본주의의 확장이라는 일방적 분석을 뒤집는 관점을 제공할 것이다. 이러한 것들은 모든 곳에서 경합되는 과정들이며, 어떤 경우에는 적극적으로 환영을 받지만, 다른 경우에는 완강한 저항에 부딪친다.

앞에서 살펴본 바와 같이 문화적 전용의 개념은 행위자, 경쟁적인 문화적 논리들, 변화가 일어나는 사회적 장의 복합체에 관심을 둠으로써 사회적 변형을 새롭게 이해하는 방식을 제공한다. 그 개념은 문화를 다툼이 있고 역사적으로 변화하며, 다원적이고 중첩적인 사회적 장들 내에서 재정의한다. 그것은 법이 동질적이고 공유된 문화 속에 각인된 관념이기보다는 법의 의미와 구조 속에서 계속적인 변형이 이루어지는 과정을 강조한다. 따라서 문화에 대한 새로운 인식은 저항의 가능성을 포용하면서 저항적 실천이 순응과 적응으로 보이는 행위들을 내포한다는 사실을 인정한다.

문화에 대한 인식의 변화는 법과 문화 간의 관계를 다시금 상상하는 것을 가능하게 한다. 19세기 식민시대와 현금의 세계화과정 속에서 일어나는 법적 이식, 부과, 차용, 확산의 과정들은 이러한 관계들을 재검토하는 중심적 영역이다. 문화적 전용은 비록 그것이 지배적 사회의 제도나 담론들을 채택하는 것을 의미하지만, 저항적 실천일 수 있다. 왜냐하면 그것은 종속된 사람들이 지배적 사회들에 의해서 구축된 헤게모니적 구조 내에서 자신들의 위치를 재구조화하기 때문이다. 또한 이러한 접근은 법과 문화의 다양성을 강조한다. 문화와 마찬가지로 법은 다원적 의미와 실천체제를 지닌 사회적 장들 속에 존재한다. 법은 지역적, 권역적, 국가적, 세계적으로 다차원적 규칙과 절차의 체제로 이해될 수 있으며, 이들 각각은 특정한 방식으로 지역적 사회관계들의 질서화에 의존한다.

3. 한국 법문화에 대한 인식의 전환

제2장에서는 1960년대부터 한국의 법문화를 본격적으로 탐구하기 시작한 법지식인들의 인식을 다루었고, 이 장에서는 최근 문화인류학에서 나타나는 문화에 대한 인식의 변화를 살펴보았다. 1960 · 70년대 법의 영역에서 한국의 법지식인들이 직면했던 가장 커다란 난관은 고유한 문화적 전통과 수용된 서양 법체계 간의 충돌이었다. 이들의 인식과 관점은 한국전통에 내재해 있는 고유한 문화적 문법을 탐색하는 데서 출발하여 수용된 서양 법체계를 적극적으로 정착시키려는 시도로 변화해왔다.

이질적인 두 체계간의 충돌을 인식하는 데 있어서 한국의 법지식인들이 직면했던 가장 커다란 난관은 두 체계가 내포하는 가치관, 인생관, 세계관의 차이점이었다. 특히 인간관계를 규정하는 규범체계와 가치체계의 이질성에서 발생하는 갈등을 어떻게 해결할 수 있는가 하는 것이었다. 그런데 이들이 갖고 있었던 법문화에 대한 인식은 여전히 정태적인 것이었다. 비록 변화된 성격의 법의식을 사회과학적 수단을 통해서 밝히기도 하였지만, 여전히 이들은 이념적 관점에서 한국 법문화의 변화를 설명하였다. 이러한 접근방식은 과연 어떠한 과정을 통해서 한국인들의 법의식과 법적 행동이 변화하는지 그 구체적 요인이나 방향을 분석해내지 못하였다.

한국의 법지식인들이 이해했던 문화의 관념에는 한 문화공동체에 속한 구성원들은 동일한 가치관과 세계관을 공유한다는 전제가 내포되어 있었으며, 한국인들이 갖는 법적 가치관이나 인식의 특성이 서구인들의 것과 비교되었다. 물론 문화탐구에서 비교연구는 거의 필수적이라고 할 수 있다. 왜냐하면 비교연구를 통해서 한 문화의 고유성이 더욱 명확하게 드러날 수 있기 때문이다. 그러나 비교연구의 과정을 통해서 한국인들은 동일한 가치체계를 갖고 있는 것으로 전환될 수 있다. 이 문제는 중요한 물음을 제기하는데, 한 사회의 급격한 변화와 변형은 이러한 전제에 의해서는 제대로 설명될 수 없다는 점이다. 특히 이질적인 서양의 법체계를 수용한 문화에서는 그 법체계가 어떠한 방식으로 타문화 속에서 활용되는가, 다시 말해서 그것이 누구에 의해서 누구를 위하여 활용되는가를 밝히는 것이 그 사회의 변화과정을 설명하는 데 대단히 중요하다.

그동안 한국의 법지식인이나 시민들은 법을 지배자들이 활용하는 수단으로 인식해왔다. 이러한 법인식에 대해서 일부의 법지식인들은 그 원천을 일제의 식민주의 경험에 보다 큰 혐의를 두었다. 그들은 이러한 왜곡된 법인식으로부터 탈피하기 위해서 이른바 식민사관, 식민지적 법의식의 극복을 제일의 과제로 삼아왔다.[17] 그러나 이러한 문제의식은 또 다른 한계를 안고 있다. 즉, 현대 한국의 법체계와 법문화에 나타난 모든 부정적 원천을 일제 식민지경험에 둠으로써 보다 원천적으로 한국의 문화에 내재하는 고유의 논리를 간과하는 결과를 가져온다. 일제 식민주의 경험 이전에 법에 대해서 부정적인 문화적 논리를 갖고 있었던 한국의 법문화에 일제의 폭압적인 법적 활용이 중첩

17) 법학계에서 이러한 비판을 주도했던 대표적 그룹은 법과 사회이론 연구회였다. 물론 이 책에서 이들 법지식인들의 비판작업에 대해서 상세하게 다룰 수는 없지만 간단하게 언급한다면, 이들이 가장 문제 삼은 것은 해방 후 한국의 현대법학을 형성한 학자들이 식민지시대에 일본학자들로부터 법학을 전수받았으며, 이러한 식민지적 교육에 내포된 식민지적 의식을 극복하지 못했다는 점이다. 이러한 식민지적 법학은 지난 50여 년 동안 한국사회에 간단없이 등장했던 권위주의적 정권들에 저항다운 저항 한 번 제대로 못하고 비민주적 정권들의 권력을 정당화해주는 역할을 해왔다고 비판하였다. 이러한 작업은 이미 역사학계나 다른 사회과학계에서 논쟁을 일으켰던 식민사관 논쟁을 그대로 법학계에서 재연하는 것이었다. 이에 대해서는 《법과 사회》 창간호부터 참조.

적으로 작용하였다. 그러나 그동안 한국의 법지식인들은 이러한 중첩되고 복합적인 부정성에 대한 분석을 간과하였다. 더욱이 이러한 이중적 부정성에 대해서 시민들이 어떻게 저항했는가에 대한 면밀한 분석이 거의 이루어지지 않았기 때문에 왜곡된 법의식의 원천에 대해서는 여전히 미지의 상태로 남아 있다.[18]

또한 기존의 접근방법이 안고 있는 문제점은 시민들의 의식은 단지 수동적 저장고라고 하는 전제에 있다. 이 접근방법에서는 시민들의 법의식이나 법행동이 법지식인이나 사법주체들에 의해서 통제되고 조작되는 객체로서 전제되어 있다. 이러한 법문화의 인식은 한 사회 내에서 법이 어떻게 작동하고, 그러한 법이 사회 속에서 누구에 의해서 활용되고 그러한 활용에 대해서 어떠한 저항이 일어나는지를 전혀 알려주지 않는다. 이러한 인식의 가장 커다란 전제는 바로 지배와 피지배, 법지식의 소유자와 피전달자라고 하는 이분법적 권력·지식관념에 기인한다.

우리 사회에서 법지식인들이나 다른 사회과학자들에 의해서 주로 활용된 조사방법은 설문조사에 의한 것이었고, 이러한 설문조사에서는 다만 정지된 시점에서 설문대상자가 갖고 있는 인지나 생각만이 드러날 뿐이다.[19] 따라서 이러한 연구는 시민들이 어떠한 과정을 통해서 법에 대한 태도와 생각을 바꾸게 되는지에 대해서 구체적 정보를 알려주지 못한다. 더구나 이러한 접근방법은 한 개인이 실제 법적 경

---

18) 최근 이러한 관점을 벗어나서 보다 식민지시대 민중들이 일제의 식민지배에 어떻게 저항하였고, 그러한 저항과정에서 법이 어떻게 활용되고 변형되는가를 밝히려는 시도가 있어 주목할 만하다. 이철우, “인류학과 사회사의 접점에서 본 법”, 최대권 외, 《법사회학의 이론과 방법》(일신사, 1995), pp. 63~148.

19) 1990년대에 체계적으로 조사된 법의식 연구에 관해서는, 한국법제연구원, 《국민법의식조사연구: 법치주의의 정착가능성 진단》(1991); 한국법제연구원, 《1994 국민법의식조사연구》(1994) 참조.

험 속에서 행하는 바와 자신이 평온한 상태에서 생각하는 법적 인지나 판단 간의 차이를 충분히 파악하지 못하는 난점을 안고 있다.

기존의 한국 법문화에 대한 접근방법이 앞에서 지적한 한계들을 갖고 있다면, 과연 이 장에서 살펴본 새로운 문화의 관점들은 우리들에게 어떠한 시사점을 던져주는가? 문화에 대한 새로운 인식과 접근은 한국의 식민지역사에 대한 새로운 관점을 제공할 수 있을 것으로 보인다. 그동안 우리들은, 특히 지식인층에서 두드러지게 나타나는 성향으로, 일본인들의 왜곡된 주장, 즉 식민지 36년 동안 일본이 선진교육과 기술을 전수했기 때문에 지금의 한국이 가능했다는 주장에 대해서 약탈자/피약탈자의 논리로만 대응하였다. 일본인들이 한국의 자원을 수탈하고 이용하기 위한 목적으로 교육시설, 선진지식을 심어놓은 것이지 선의의 관점에서 그러한 것이 아니라는 것이 주된 논거였다. 물론 이러한 논거가 전혀 틀린 것은 아니다. 그러나 이러한 논거의 이면에 놓여 있는 식민착취의 능동자/피동자, 선진지식과 기술의 전달자/피전달자가 확고하게 분리되어 있는 한, 전달자에 대한 피전달자의 부담은 완전히 해소되지 않는다.

그러나 새로운 문화연구자들은 이러한 관점의 한계를 명쾌하게 해명해준다. 일본으로부터 식민지배를 받았던 우리들은 주체적 관점에서 그들의 선진지식을 습득했으며, 그것은 우리들을 위한 것이기도 하였다. 일본인들이 서구의 주권개념을 전용하여 대일본제국을 주장했듯이, 우리들 역시 그들로부터 전용한 주권개념을 가지고서 우리가 독립국임을 선포한 것이다. 이러한 문화적 전용의 개념은 지금까지 식민지국/피식민지국, 혹은 전파국/피전파국이라는 분열선의 중심을 관통하는 개념이다.

이 전용의 개념은 단지 내부인과 외부인의 관계에만 적용되는 개념이 아니다. 그것은 내부인들 사이에도 적용되는 개념이다. 즉 한 사회내에서 어떤 개념이나 이데올로기를 전파하고 이를 통해서 헤게모니를 장악하는 집단이나 개인에 대해서 피지배집단이나 개인이 처음에는 그 개념이나 이데올로기에 대항하여 저항하다가 나중에는 이를 전용함으로써 지배집단과 대등한 위치에 설 수 있는 수단을 획득하는 것과 같다. 이러한 현상은 지난 1980·90년대 한국사회에 나타난 사회운동의 변화 속에서 얼마든지 발견할 수 있다. 20세기를 살아 온 현대 한국인들은 서구의 법체계와 법관념들을 끊임없이 수용하면서 동시에 이에 저항하면서 나름의 체계를 구축해온 것이다.

제4장

법과 사회에 관한 새로운 접근

1. 머리말

1984년 여름에 열린 법과 사회학회에서 마크 갈란터 교수는 기조연설을 통해 지난 20여 년 동안 이루어진 법과 사회연구[1]의 학문적 성과를 긍정적으로 평가하면서 미국사회에 팽배한 법적 불안감(*legal malaise*)으로 인하여 법과 사회연구가 더욱더 요구되고 있으며, 지금까지의 성과를 토대로 미래의 사회에서 요구되는 새로운 과제들을 발굴하고 더욱 활발한 학문적 활동을 전개하자는 견해를 피력하였다.[2] 물론 갈란터 교수는 법과 사회가 내적으로 안고 있는 딜레마를 간단하게 언급하였지만, 그것을 그렇게 심각한 분열의 잠재요인으로 부각시키지는 않았다.[3]

---

1) 현재 영미의 법학계에서는 사회학적 법학을 law and society study, socio-legal study, sociological jurisprudence 등 여러 용어로 지칭하는데, 여기에서는 '법과 사회연구' 혹은 '법사회학적 연구'를 혼용해서 사용하고자 한다.

2) M. Galanter, "The Legal Malaise: Or, Justice Observed", *Law & Society Review* vol. 19(1985).

그러나 그러한 갈등요소는 이미 1980년대 초부터 내부적으로 새로운 학자군에 의해서 형성되었으며, 법과 사회연구의 새로운 방향이 모색되고 있었다. 이러한 흐름이 법과 사회 내에서 논쟁의 불씨를 당긴 것은 1986년 법과 사회학회 전체회의에서 발표된 실베이의 논문에 의해서였다.[4] 그리고 이미 이러한 내적 문제점을 오래 전부터 파악했던 데이비드 트루벡 교수는 법과 사회연구의 패러독스적 요소가 갖고 있는 철학적, 실천적 측면을 본격적으로 분석하고 평가한 논문을 발표하였으며,[5] 이를 계기로 법과 사회연구의 방향에 대한 본격적 논의가 전개되기 시작하였다.[6]

1980년대 후반에 본격화되기 시작한 법과 사회학회의 내부적 논쟁은 단순히 법과 사회 그 자체의 내적 한계에서 기인하는 것이기도 하지만, 지난 20여 년 동안 미국의 법학계에서 빠른 속도로 진행되는 엄청난 지각변동에 의한 외부적 압력에도 큰 원인이 있다고 할 수 있다. 1970년대 후반부터 강력한 세력을 형성해온 비판법학운동과 법경제학

---

3) 에드워드 화이트교수는 갈란터 교수가 법과 사회 내에서 해석주의와 실증주의의 관계가 약간은 불편한 관계에 있다는 언급을 중시하면서, 이러한 불편한 관계가 현재 법과 사회운동 내에서 잠재적 분열의 중심적 원천이라고 파악한다. E. White, "From Realism to Critical Legal Studies: A Truncated Intellectual History", *Southwestern Law Journal* vol. 40 (1986), pp. 836~837.

4) S. Silbey & A. Sarat, "Critical Traditions in Law and Society Research", *Law & Society Review* vol. 21 (1987).

5) D. Trubek & J. Esser, "'Critical Empiriticism' in American Legal Studies: Paradox, Program, or Pandora's Box?", *Law & Social Inquiry* vol. 14 (1989).

6) 이를 둘러싼 학자들간의 논쟁에 관해서는, "Interpretation in Sociolegal Research", *Law & Social Inquiry* vol. 15 (1990), pp. 135~180; "Law and Society Symposium", *Florida State University Law Review* (1990), pp. 1~119 참조.

파의 도전 그리고 다른 그룹들이 발전시킨 새로운 관점에 의한 법연구는 법과 사회연구로 하여금 자기성찰과 방향전환을 모색하는 계기를 마련해주었다.

이 장에서는 트루벡 교수에 의해 '비판적 경험론'이라고 명명된 사회학적 법연구의 흐름을 살펴보고 이들 내부에서 이루어지는 논쟁의 쟁점을 간략하게 살펴보고자 한다. 특히 암허스트 세미나그룹을 중심으로 이루어지고 있는 법과 사회연구의 새로운 방향전환은 다른 학문분과에서 이루어지고 있는 발전과도 상당히 많은 공통된 관점을 보인다는 점에서 주목할 만하다. 이러한 검토를 통해서 법문화에 대한 사회학적 탐구가 나아갈 방향을 제시할 수 있을 것이다.

2. 법과 사회연구의 발전과 위기

1) 법과 사회연구의 형성과 전망

전통적으로 미국의 법문화는 세 가지 주요전제에 그 뿌리를 두었다. 미국사회에서의 법의 중심적 역할, 법적 과정의 중립성과 합리성, 그리고 법학의 권위이다. 법률가들은 이 전제들을 바탕으로 현존하는 법체계와 법학계의 지속적 유지를 정당화하였다. 법은 사회적 상호관계를 위한 중심적 틀이며, 사회적 지침을 위한 중심적 사회제도로 전제되었다. 법은 중립적 과정으로서 특정한 집단이나 파당, 혹은 계급의 도구가 아니라 공유된 가치와 목적들을 합리적으로 추구하는 것으로 인식되었다. 그리고 법학은 법의 중심성과 중립성을 반영하는 권위적 대변자의 역할을 수행하였다.

그러나 20세기에 들어서면서 주류법학이 견지해온 이와 같은 전제들에 대해서 끊임없는 비판과 도전이 거세지기 시작하였다.[7] 비판의 주요내용을 보면, 첫째, 미국사회에서 법이 사회생활의 중심적 위치를 차지하기보다는 오히려 주변적 역할을 하는 데 불과한 경우가 상당하며, 이러한 법의 주변적 위치를 부인하는 것은 실재를 왜곡하는 것이다. 둘째, 법의 중립적 가면의 배후에는 계급과 이해관계가 끊임없이 작용하고 있으며, 이러한 비법적 힘이 법의 외관을 좌우하는 현실이 무시되어 왔다는 것이다. 셋째, 법학 그 자체가 서 있는 학문적 토대가 대단히 유약하다는 사실이 모호하게 은폐되어 왔다는 것이다. 이처럼 미국 법문화를 지탱해온 주요전제들이 끊임없는 도전을 받았으며, 심지어는 주류법학자들의 학문적 프로젝트가 와해될 정도로 위협을 받기도 하였다. 이러한 비판에 직면하여 법학계는 학문적 경계와

7) 김정오, “미국 비판법학의 흐름과 동향”, 《법과 사회》 제 10호(1994), pp. 239 ~ 263 참고.

그 의미에 대한 인식을 상실하거나 아니면 이에 적극적으로 대응해야만 했다.

법과 사회운동 역시 이러한 법의 또 다른 측면들을 분석하고 이를 토대로 현존의 법제도를 개혁하기 위한 동기에서 출발하였다.[8] 갈란터 교수는 법과 사회연구를 법과 법제도에 관한 이차적 형태의 지식을 창출하는 것이라고 규정하였다.[9] 사회적 행위를 규제하는 자율적 규범체계로서의 법을 강조하는 일차적 법지식과는 대조적으로 이차적 형태의 법지식은 정당화보다는 설명을 추구하고, 규범보다는 과정을 강조하며, 법의 역동성을 보다 포괄적인 사회생활의 일부로 파악하려고 한다는 것이다. 법에 대해서 체계적이고 다변학제적인 사회적 탐구를 위한 노력이 1964년 법과 사회학회의 창립을 가져왔으며, 1966년부터 *Law & Society Review*를 발간함으로써 '실제 속의 법'(*law in action*)에 대한 본격적 탐구가 시작되었다.

법과 사회학회가 창립될 당시 미국의 법학계 및 법조계는 미국의 법체계에 대해서 대단한 만족감으로 충만해 있었다. 비록 불완전하게 실현되고 있지만, 미국의 법제도들은 그 사상과 전망에 있어서 모범적인 것으로 간주되었다. 만일 제도적 흠결이 있다 하더라도, 이것들은 거대한 자기치유능력을 가지고 있는 것으로 믿어졌다. 위대한 사회는 사회적 병폐를 치유하기 위해서 법을 활용하였으며, 그 혜택으로부터 배제된 이들에게 합법성에 접근할 수 있는 기회를 확대하기 위해서 우선권이 부여되기도 하였다. 이러한 처방은 단지 미국 내의 수요를 위한 것만이 아니었으며, 미국 스타일의 법은 수출할 가치가 있는 산물로

8) 미국의 법사상적 흐름에 비추어서 법과 사회의 발전을 심도 있게 다룬 글에 대해서는 White(1986) 참조. 트루벡 교수는 법과 사회연구를 단순히 학술적 차원에서만 이해해서는 안 되며, 이를 하나의 법지식인들의 학술운동으로 이해해야 한다고 주장하였다.

9) Galanter(1985), p. 537.

생각되었다. 그것은 발전의 도구일 뿐만 아니라, 그 자체가 민주주의의 가치를 담지하는 것이었다. 법과 사회연구는 이론과 실제 사이의 엄청난 괴리들을 발견하고 법적 가치들을 실현하는 데 장애가 되는 취약점과 결점들을 밝혀냈으며, 미국의 모델들을 매우 상이한 환경에 무비판적으로 장려하려는 시도를 비판하기도 하였다.[10] 법개혁의 프로그램들은 그 프로그램이 실현될 사회적 맥락에 대한 면밀한 검토와 객관적 관찰자에 의한 체계적 평가가 이루어질 때에만 실현될 수 있다고 법과 사회연구자들은 전제하였다.

법과 사회연구가 지속적으로 발전하는 가운데 미국의 법문화는 엄청난 변화를 겪었다. 1960년대 이후 미국 법문화의 변화를 갈란터 교수는 '결핍으로부터 범람'으로 특징짓는다.[11] 미국사회는 법제도들의 비대화로 인하여 고통을 받고 있다는 것이다. 너무 많은 변호사들, 법률서비스에 대한 과다한 지출, 지나칠 정도로 소송을 선호하는 일반대중들, 과도한 규제, 공공연히 간섭하는 사법부의 적극주의, 엄청난 소송들. 이러한 현상들은 모두 공동체의 붕괴와 비공식적인 자기규제 메커니즘의 위축 등으로부터 나오며 동시에 그러한 사태들을 가속화시킨다.

이러한 미국사회의 과도한 법문화에 대해서 1970년대부터 서서히 비판의 목소리가 높아지기 시작하였으며, 미국의 법조계, 즉 엘리트 법조인들, 판사들 그리고 법학교수들이 이러한 비판을 수용하기 시작하였다.[12] 이들은 비록 법은 좋은 것이지만, 우리들은 너무 많이 갖고 있으며, 통제할 수 없을 정도로 퇴적된 사회의 법제화로 인하여 위협을 받는다는 견해를 포용하였다.

---

10) D. Trubek & M. Galanter, "Scholars in Self-Estrangement: Some Reflections on the Crisis in Law and Development Studies in the United States", *Wisconsin law Review* 1974.

11) Galanter(1985), pp. 537~543.

12) 예를 들어, E. Rostow ed., *Is Law Dead?*(Simon Shuster, 1971).

이러한 미국사회의 변화와 더불어 법과 사회연구는 새로운 탐구의 돌파구를 찾기 시작하였다. 첫째, 법과 사회연구는 법문화의 저변으로 접근해갔다. 최상층부에 있는 정책결정자로부터 현장으로, 연방대법원으로부터 하급심법원으로, 전문직업인들로부터 법의 이용자들과 소비자들로, 총괄적 정책결정으로부터 전략적 책략으로, 그리고 공식적 절차로부터 배후에서 일어나는 흥정단계로 탐구의 초점을 이동하였다. 또한 그것은 법적 소송으로부터 고충이나 사소한 침해로, 판결로부터 충격이나 보다 폭넓은 효과로, 그리고 법원리로부터 지각이나 상징들로 나아갔다. 이러한 관심대상의 전환을 통해서 법과 사회연구는 협상이나 타협이 법의 세계에 깊이 침투해 있으며, 오히려 중심을 이루고 있음을 드러내었다. 사실상 권위적 판결의 과정들이 협상의 주위를 맴도는 것으로 판명되었다.

둘째, 실제 속의 법에 대한 탐구는 무수한 법의 주인공들을 발굴해내었다. 법과 사회연구는 권위적 정책입안자들뿐만 아니라 법의 이용자들과 소비자들에게도 주도적 역할을 부여하였다. 거대한 법적 설계를 하는 사람들뿐만 아니라 많은 주인공들을 발굴하였는데, 이들은 소송당사자와 분쟁당사자, 규제자들과 하위직관료들, 전문가들과 저널리스트들, 투사들과 중재자들이었다. 법과 사회연구는 다양한 법의 주인공들뿐만 아니라, 다양한 형태의 법정들과 규범들을 발굴해내었다. 규제의 업무는 공공관리의 독점물이 아니라고 하는 점을 확인하였다. 법적 다원주의는 결코 발전되지 못한 사회들만이 갖는 조건이 아니며, 사적 정부(私的 政府)들, 준자율적 사회영역들, 토착적 법 등에 대한 탐구를 통해서 법의 다원성이 미국사회에도 엄존하고 있음을 밝혀내었다. 공식적 법의 효과는 이를 둘러싼 다양한 형태의 규범질서와 상호작용하는 방식에 의존한다는 것이다. 다시 말해서 단일의 통합된 법질서라고 하는 중앙집권적 견해는 현대법의 진실된 묘사라기보다는 오히려 그 이데올로기의 일부임이 판명되었다는 것이다.[13)]

셋째, 법과 사회연구는 왜 법규범들의 공표와 집행에는 예외 없이 간접적이고 전혀 예상치 못한 결과들이 수반되는가에 대해서 보다 많은 이유들을 발견해내었다. 가장 중요한 이유는 법이 고상한 상징들과 제한된 자원들이 서로 결합되어 있는 영역이기 때문이라고 갈란터 교수는 지적하였다.[14] 여기에서 제한된 자원이 의미하는 바는 법을 직접 실행하고 적용하며 법에 호소하는 일들이 엄청난 비용을 소모한다는 것이다. 그러나 법은 직접적 실행보다는 상징체계로서 훨씬 저렴한 비용으로 그 효과를 달성하는 것이다. 다시 말해서 법은 그 원리들을 실현하는 것이 항상 부분적이고 임시적이라는 점에서 상징적이며, 상징체계로서의 법이 현실 속에서 실제 작용하는 통제체계로서의 법보다 훨씬 막강한 힘을 발휘하는 것이다.

일반적으로 법은 힘의 사용에 의해서 작동되는 것이 아니다. 그것은 정보의 전달, 예상되는 것, 금지되는 것, 허용되는 것, 특정한 행위가 가져올 결과 등에 관한 의사소통을 통해서 작동되는 것이다. 즉 법은 규범들이 무엇이고 어떻게 적용되고 그 비용은 어느 정도이며, 그 결과가 무엇인가에 대한 정보를 수반한다. 예를 들어, 억제에 대해서 이야기할 때, 우리들은 법이 무엇이며, 그것이 어떻게 적용되는가에 대한 정보의 효과에 대해서 이야기하는 것이다. 마찬가지로 법의 영역에서 이루어지는 거래를 묘사할 때에도, 우리들은 권위적 결정에 의한 직접적 규제보다는 정보의 흐름에 의해서 달성되는 규제를 언급하는 것이다. 다시 말해서 '법의 사회화'는 정보의 전달에 의해서 성취되는 것이다. 무수한 경우에 있어서 법의 적용은 자기규제이다. 사람들은 법적 기준, 허용, 제약 등에 관한 지식에 근거해서 자신들의 행위를 규제하고 타인들의 행위를 판단한다.

---

13) Galanter (1985), p. 544.

14) Galanter (1985), p. 545.

이러한 법현상들에 대해서 법과 사회연구가 갖고 있는 우선적인 장점은 해명력에 있다고 갈란터 교수는 지적한다.[15] 법과 사회연구가 일차적 형태의 법지식으로부터 독립을 선언한 이유 중 하나는 법원리의 해명력에 도전하는 것이었다. 발생한 사건은 법전 속의 법에 알려지지 않은 요인들에 의해서 설명되어야 한다. 즉 법제도들이 어떻게 작용하는가에 대한 지식은 일차적 법지식에 포함되어 있지 않다고 하는 점이다. 갈란터 교수는 우리가 지금 나아가고 있는 사회에서는 법이 정당성이라는 상징과 은폐된 강제의 정치로 우리를 혼동시키는 능력을 갖지 못하게 될 것이라고 진단하였다. 이처럼 탈신비화된 사회에서 법과 사회연구는 법제도의 수행능력을 측정할 수 있고 보다 민중들과 손쉽게 상호교류할 수 있는 그러한 제도들을 설계할 수 있는 새로운 방식을 고안해야 할 과제를 안고 있다는 것이다. 그리고 실제 속의 법에 대한 '검증된 지식'을 기초로 하여 개혁을 설계하고 감시할 수 있는 능력이 더욱 확대되어야 하며, 바로 여기에 법과 사회연구의 장래가 달려 있다는 것이다.

2) 법과 사회연구의 위기

갈란터 교수의 법과 사회연구의 기존의 성과에 대한 평가와 장래에 대한 전망은 낙관적 기대감 속에 놓여 있다. 그러나 갈란터 교수의 낙관적 진단과는 대조적으로 트루벡 교수는 법과 사회 내에서 위기적 징표들이 나타났다고 진단한다.[16] 첫째, 법과 사회운동이 지적 활력을 상실했다는 두려움이 내부적으로 팽배하고 있다는 것이다. 법과 사회학자들은 주류법학의 허식을 비판하고 여러 지식영역으로부터 다양한 사고들을 수용하였으며, 새로운 학문적 길을 닦아 놓았다. 그러나 오

15) Galanter(1985).

16) Trubek & Esser(1989), pp. 5~7.

늘에 와서 어떤 이들은 그 운동이 지적 침체상태에 빠져 있으며, 법과 사회의 관계에 대한 탐구가 시대에 뒤떨어진 사고에 기인하고, 최근 활성화되는 법이론과 사회이론에 나타난 사고의 강력한 흐름들로부터 단절되어 있음을 우려하고 있다.

둘째, 그러한 우려 속에는 정치적 관심도 들어 있는데, 어떤 이는 법과 사회연구가 그 정치적 발판을 상실하였으며, 정책입안자들의 보조적 역할을 하는 데 불과하다고 지적하였다. 물론 초기부터 법과 사회운동이 뚜렷한 정치적 입장을 갖고 있지는 않았다. 그러나 그 운동은 자유주의적 개혁과 워런 대법원의 절정기에 확립되었고, 그 당시 법은 빈곤층을 대변하고 민권을 확장하는 데 사용되었다. 다시 말해서 법과 사회운동은 법에 대한 탐구와 진보적 정치가 손쉽게 연계될 수 있던 시기에 형성되었다. 그러나 자유주의적 개혁프로젝트가 와해되고 연방대법원이 진보적 전선으로부터 후퇴하면서 이러한 법사회학적 탐구와 진보적 정치 간의 밀월관계는 깨지고 말았다

세 번째 불안의 원천은 그 운동의 지지기반이 허약하다는 점이다. 법과 사회운동은 미국의 법학계에서 새로운 학문영역을 개척해 나가는 선두자리를 확보했지만, 이들이 희망했던 만큼 지지기반이 구축되지 않았다. 초기에 법과 사회를 주도했던 학자들은 세 측면에서의 지지기반을 예상하였다. 그것은 사회과학대학, 법과대학 그리고 정부였다. 법과 사회학자들은 공공정책을 가이드할 수 있는 이론을 개발하려고 노력하였으며, 정부는 학계로부터 도움을 요청하였다. 법과대학들은 사회과학이론과 경험적 연구의 필요성을 인식하고 사회과학대학과 긴밀한 관계를 발전시켜 나갔다. 그러나 트루벡 교수가 진단한 것처럼 법과 사회운동을 지탱할 수 있는 세 축 중 어떠한 부문도 초창기의 설립자들이 원했던 만큼 발전하지 못하였다. 법과 사회학자들은 사회과학대학에서 자리를 잡을 수 있었지만, 이들은 자신들이 속한 학과나 대학에서 주변적 위치에 있음을 깨닫게 되었다. 법과대학들도 경험적

탐구의 필요성을 인식하기 시작했지만, 그 움직임은 매우 느리고 산발적이었다. 그리고 이러한 흐름을 수용한 법과대학들조차도 단지 한두 명의 사회과학자를 채용하는 것으로 충분하다고 생각하였다.[17)]

그리고 법과 사회운동은 1970년대부터 미국법학계에서 새롭게 등장한 다른 학문적 움직임들의 급속한 성장으로 인하여 위협을 받는 실정이다. 예를 들어, 법과 경제학파는 대부분의 법과대학 교수들에 의해서 훨씬 따뜻한 환영을 받았으며, 법연구에 사회과학적 방법을 수용하려는 법과대학들에 새로운 대안으로 받아들여졌다. 더욱이 페미니스트 법이론과 비판법학은 '진부한' 사회과학에 대해서 이의를 제기하기 시작하였으며, 법학의 영역에서 법과 사회가 차지하던 선구적 위치를 대체할 수 있는 강력한 라이벌로 성장하였다.

법에 대한 정책적 탐구를 위한 지원도 기대했던 것만큼 순조롭게 성장하지 못하였으며, 정책과 학문적 탐구과제가 점차 분열되는 경향이 높아졌다. 법과 사회운동 초기에 연구를 지원했던 대부분의 정책적 과제는 이미 정치적 의미를 상실한 의제들과 연결되어 있었다. 결과적으로 정책적 탐구는 그 영역이 보다 협소해졌으며, 분명한 안건을 지닌 정책결정자들에 의해서 보다 엄격하게 기금이 통제되었다.

법과 사회학자들 사이에서 이루어지는 내부적 토론은 이러한 문제들이나 도전적 상황들과 관련되어 있다. 따라서 비판법사회학의 촉구는 바로 법과 사회운동의 장래에 대한 하나의 선택일 수 있다고 트루벡 교수는 지적한다. 그것은 지적으로 탁월성을 유지하려는 노력으로 파악될 수 있으며, 법과 사회를 법학과 사회과학의 선구적 사고와 연계시키고, 정치와의 관계를 재정립하려는 노력으로 간주될 수 있다는 것이다.

17) White (1986) 참조.

3. 비판적 경험론의 구성

1) 암허스트 세미나그룹의 형성

비판법사회학을 촉구하는 그룹은 1982년 이래 매사추세츠 주의 암허스트대학을 중심으로 형성된 일련의 사회과학자들로 구성되었다. 이들은 주로 암허스트 주위에 살거나 그 곳에서 직장을 가지고 있던 사회과학자들로서 자신들이 탐구하는 법사회학적 연구를 토론하며 법과 사회연구의 대안적 실천을 발전시켰다. 이들의 작업은 새롭게 등장하는 비판법사회학의 프로젝트를 조명하고 있으며, 동시에 그러한 작업이 안고 있는 딜레마를 드러내기도 한다.

암허스트 그룹은 비공식적이긴 하지만, 제도적 응집력을 갖고 있었다. 참석자들은 정기적으로 모임을 갖고, 법과 사회의 지도자들(예를 들어, 마크 갈란터), 유럽의 저명한 법사회학자들, 그리고 유럽의 비판법학운동에 참여하는 학자들(예를 들어, 앨런 헌트, 보아벤투라 산토스, 모린 케인, 피터 피츠패트릭, 이브즈 데잘레이)을 초청하였다. 그리고 거의 세미나 구성원들이 쓴 논문들로 구성된 법학포럼(*Legal Studies Forum*)의 특별호를 편집하기도 하며,[18] 법과 사회리뷰의 특별호를 공동으로 편집하기도 하였다.[19] 분명히 이들은 사회학적 법연구에 새로운 접근을 시도하고 있다. 실베이(Susan Silbey)는 법을 사회적 실천으로 탐구해야 할 법사회학을 제의하였으며,[20] 새럿(Austin Sarat)은 실제 속의 법에 대한 경험적 탐구를 위한 방향전환적 전략을 제시하였

---

18) *Legal Studies Forum*, Vol. 2, No. 1(1985) 참조.

19) Special Issue : "Law and Ideology", *Law & Society Review* vol. 22, no. 4(1988) 참조.

20) S. Silbey, "Ideals and Practices in the Study of the Law", *Legal Studies Forum* vol. 9(1985).

다.[21] 그리고 존 브리갬(John Brigham)은 해석적 사회과학의 틀 속에서 효과의 연구를 재조명하고자 시도하였다.[22]

세미나의 작업은 다양하며, 참석자들은 다양한 학문분과로부터 나왔다. 예를 들어, 브리갬, 해링턴(Harrington), 핍킨(Pipkin), 마더(Mather), 빌모어(Villmoare)는 정치학자들이며, 메리(Merry), 메식(Messick), 잉비슨(Yngvesson)은 인류학자들이며, 실베이와 어윅(Ewick)은 사회학자이며, 새럿은 정치학자인 동시에 법률가이다. 이들은 경험적 탐구, 법개념과 법운동에 대한 분석, 이론적 논의, 프로그램적 제안 등을 산출하였다. 이들은 사회학적 법연구의 학문적 전통을 확인하고 검토하였으며, 법기관들과 사회관계들 간의 관계를 재정립하고, 그리고 이전에는 사소한 것으로 인식되었던 대상들과 공간들을 밝혀냄으로써 새로운 연구 프로젝트를 발전시켜 나가면서 사회학적 법연구를 재구성하고자 시도하였다. 새럿과 실베이의 주장에 의하면, 사회학적 법연구에서 비판적 발판을 보존하려는 이들의 과제는 사회적 법연구의 주제를 재구성하고 다시 상상하는 것이다.[23] 이것은 인식론과 이해에 대한 관심을 요구한다. 즉 우리들이 어떻게 안다고 주장할 수 있는가 그리고 안다고 주장할 수 있는 것이 무엇을 의미하는가에 대한 관심이다. 새럿과 실베이는 이러한 문제제기가 자신들만의 주장이 아니며 암허스트에서 지난 수년 동안 밀도 있게 진행되어온 토론의 산물임을 밝히고 있다. 이러한 노력과 협동은 '법과 사회'라고 부르는 지식과 전통을 확인하고 검토하려는 활동의 일부이며, 그것은 법과 사

---

21) A. Sarat, "Legal Effectiveness and Social Studies of Law: On the Unfortunate Persistence of a Research Tradition", *Legal Studies Forum* vol. 9(1985).

22) J. Brigham, "Judicial Impact upon Social Problems: A Perspective on Ideology", *Legal Studies Forum* vol. 9(1985).

23) Sarat & Silbey(1987), p. 166.

회의 관계를 재인식하기 위해서 이전에 고려되지 않았던 사회환경 내의 장소와 공간으로 우리의 탐구활동을 이동시켜야 할 때임을 제시하고 있다는 것이다.[24]

2) 비판적 경험론의 구성과 내용

(1) 법과 사회연구의 인식론

법과 사회연구가 안고 있는 내적 딜레마의 철학적, 실천적 측면을 분석하기 위해서 트루벡 교수는 법과 사회연구의 인식론을 재구성하고 있다.[25] 그는 초기 법과 사회연구가 전제했던 세 가지 기본이념을 결정론(*determinism*), 보편적 과학주의(*universal scientism*) 그리고 점진적 개혁주의(*untroubled reformism*)로 규정한다. 결정론은 사회세계의 본질에 대한 이해로서, 위성의 회전을 지배하는 법칙과 유사한 규칙에 의해서 사회적 행위가 지배되는 것으로 파악한다. 이러한 법칙들은 우리의 의지와는 관계없이 존재하며, 사회적 행위를 분석하고 이해하는 데 심층적 논리를 제공한다.

보편적 과학주의는 지식의 본질과 그 구성에 대한 이해로서, 대상과 행위의 외적 세계와 의식의 내적 세계 간의 엄격한 구분을 전제한다. 의식 내에서 사실의 진술은 대상과 행위의 외적 세계의 개별적 요소들을 정확하게 기술하도록 구성될 수 있다는 것이다. 과학적 지식은 일련의 사실에 대한 진술이며, 이러한 사실적 진술들이 상호연계되는 방식에 관한 진술이다. 그리고 과학적 지식의 최종적 결정요소는 외적 세계에서 발생하는 사건들이거나 존재하는 대상들이다. 지식은 우리들이 사례로서 입증할 수 있는 것에 대해서 사실의 진술들을 테스트하는 반복적 과정을 통해서 발전한다. 경험적 탐구방법은 우리들로 하여

24) Sarat & Silbey(1987).

25) Trubek & Esser(1989), pp. 10~11.

금 가설로 정립된 지식이 과연 외적 세계를 적합하게 기술하였는가를 판단하도록 해준다. 우리들은 사실적 탐구(이론)에 의해서 오류로 판명되는 것을 허용하는 방식으로 과학적 진술들을 정립해야 하며, 이론에 의해서 정립된 관계들에 대해서 사실들을 측정하는 방식(방법)을 갖고 있어야 한다.

법과 사회연구가 지향하는 정치적 입장을 트루벡 교수는 점진적 개혁주의로 규정하는데, 그것은 사회과학적 지식이 어떻게 사용되는가에 대한 인식이며, 사회과학의 성과, 절차, 프로젝트 등이 법체계에 기여하는 도구로 사용되는 방식을 전제한다. 이러한 관점을 받아들이는 법사회학자들은 자신들의 연구성과가 어떠한 목적으로 사용되는가에 대해서 큰 어려움을 느끼지 않는다는 것이다. 왜냐하면 이들은 법에 내재되어 있는 목적과 가치를 수용하거나, 혹은 법이 전제하는 목적을 규정하는 것은 사회과학의 역할이 아니라고 믿기 때문이다.

(2) 법과 사회연구의 전통에 대한 비판

위와 같은 전제 위에서 발전해온 법과 사회연구의 전통에 대해서 암허스트 그룹은 이의를 제기하기 시작하였다. 특히 실베이는 법과 사회연구가 법과 사회와의 관계를 인식해온 전통적 방식에 대해서 세 가지를 비판하고 있다.[26] 첫째, 법과 사회연구는 개별적 법원리들과 그 원리들이 구성되고 적용되는 구체적 상황들을 추상적이고 보편적인 범주로 다루었다는 것이다. 둘째, 법과 사회연구는 법이념 그 자체를 문제시하는 데 실패했다는 것이다. 법의 경계는 현존하는 법원리와 제도들로 한정되었다. 셋째, 법과 사회연구는 그 연구과제를 법적 효과의

---

26) S. Silbey, "Law and the Ordering of Our Life Together : A Sociological Interpretation of the Relationship Between Law and Society", in Neuhaus(ed.), *Law and the Ordering of our Life Together*(William B. Eerdmans Pub., 1989).

문제에 제한함으로써 그 탐구영역을 문제가 있는 사안들로 한정시켰다는 것이다. 법이 비효과적으로 나타나는 사안들에만 초점을 맞춤으로써 법체계가 지닌 사회적 의미를 왜곡되게 표상했다는 것이다. 다시 말해서 법과 사회연구는 법체계를 마치 사회질서를 영구적으로 장악하기 위한 투쟁으로 채색했다는 것이다. 그 결과 엄청난 합법성의 실체를 희석시켰으며, 현존하는 사회관계와 실천들을 재생산하고 유지하는 데 기여하는 법의 역할을 연구 프로젝트로부터 배제하였다.

이러한 법/사회 분리에 대한 비판이 함축하는 바는 바로 도구적 행위론에 대한 비판이다. 이러한 비판으로부터 우리들은 이른바 해석적 이론이라는 대안적 행위관을 볼 수 있다.[27] 이 이론은 사회적 행위에 대한 도구적 접근이 갖는 주요특징들을 거부한다.

첫째, 도구주의는 개인적 주체들이 자율적이고 자기구성적이라고 그릇 전제한다. 해석론의 입장에서 보면, 행위자들의 주관성에 구체화되어 있는 가치, 지식, 평가적 기준은 개인적으로 담지된 의미의 결합체라기보다는 오히려 집단적으로 담지된 사회관계의 구조물의 실마리이거나 흔적이다. 개인은 의식적 가치선택이나 현존하는 지식의 습득을 통해서 이러한 사회구조물을 평가하지 않는다. 오히려 어떤 점에서 보면 그 구조물이 개인을 평가한다. 따라서 자기의식적 성찰이 없는 행위자는 사회적 조직을 이루는 목적을 의욕하고 그러한 관점을 사용하고, 그 속에서 형성된 합리성을 적용한다. 암허스트 그룹의 저술들 속에는 이러한 사회적 의미의 망이 이데올로기로 지칭되었다.

둘째, 도구주의는 사회적 의미와 사회적 행위의 관계를 잘못 이해하고 있다는 것이다. 도구주의는 이념과 행위를 엄격하게 구분하고, 행위를 외적 제재, 즉 법적이건 다른 것이건, 이러한 제재에 대한 대응으로 인식한다. 해석적 이론은 이념과 행위의 분리를 거부하고 행위를

---

27) Trubek & Esser(1989), pp. 16~19.

행위와 사회적 의미의 합성체로 인식한다. 그것은 사회적 행위를 대응, 성향, 혹은 습관 등의 함축적 체계를 창출하는 세계에 대한 지각과 관심을 결합하는 실천으로서 파악한다. 이 새로운 모델에서는 이념의 변화가 행위의 변화를 야기하지 않으며, 행위의 변화가 이념의 변화를 야기하지 않는다. 오히려 사회적 행위자들은 성향이나 행위의 의미 있는 패턴을 변화하는 사태에 적용한다. 내재적 원리들이나 체계들은 독립된 외적 원리로 구성되지 않으면서 행위자들로 하여금 이 체계들이 변화하는 사태의 무한한 배치에 대응하여 매우 다양한 실천들을 창출하도록 한다.

이러한 성향들이 개인들의 대응을 구성한다. 이것들은 발생할 수 있는 활동의 범위를 제한하는 초기의 제약으로 기여한다. 그러나 성향들이 적응에 개방되어 있고 그것들이 다소 새로운 상황을 다루는 데 적합하도록 변화되기 때문에, 최종적으로 나타나는 상호작용은 행위자 습관의 변화를 수용한다. 따라서 성향들은 삶의 활동의 초기적 구조화를 제공하지만, 이것들은 변화에 복종하는 것이다.

이러한 구조화와 변화의 원리들은 둘 혹은 그 이상의 행위체계가 충돌하는 사회적 상호행위에서 분명하게 나타난다. 다수의 행위자들이 각자 자신의 성향적 행위체계를 규정하고자 할 때 나타나는 혼동은 그 경쟁적 체계들 중 일부를 변형시킨다. 암허스트 구성원들은 이러한 의미를 지닌 행위와 상호관계의 관념을 전달하기 위해서 '과정'이나 '실천'이라는 용어를 사용한다.

'이데올로기'나 '실천' 혹은 '과정' 등의 개념들을 사용하는 해석적 행위론은 사회학적 법연구의 새로운 관념을 산출한다. 첫째, 법과 사회 전통은 법을 너무 협소하게 정의하였지만, 이데올로기는 어떤 의미에서 주체들을 구성하는 가치, 관점, 평가적 기준들로 구성된 포괄적 망(網)이다. 우리 사회에 존재하는 이데올로기들 가운데에는 법 속에 그리고 그것에 관한 일련의 규범과 관점들이 있다. 이러한 법이데올로기들은 법원리와 법제도의 핵심적 영역에서 가장 분명하게 작용한다. 그러나 이러한 법이데올로기들은 어디에서든 발생하는 사회적 실천들 속에서 발견되기도 한다. 만일 그러한 실천들이 사회학적 법연구의 영역 내에 포함되어 있지 않다면, 본질적인 무엇인가가 빠져 있는 것이다. 암허스트 그룹은 법과 사회연구가 '법'의 개념을 원리와 법제도에 한정시킴으로써 법이 어떻게 현실의 사회적 구성에 참여하는가에 대한 중대한 요소를 간과했다고 비판하였다.

둘째, 해석적 행위론은 법의 비효과적 측면으로부터 효과적 측면으로의 전환을 요구한다. 사회관계들을 구성하는 이데올로기로 법을 파악할 때, 우리들은 지배적 법규범과 이념들이 문제시되지 않고 받아들여지는 정상적 상황에 관심을 갖는다.

셋째, 해석적 행위론은 법과 사회전통이 중시해온 보편주의로부터 법의 역사성으로의 전환을 촉구한다. 법체계 밖에 놓여 있는 법이데올로기의 존재에 대한 또 하나의 설명은 법의 바깥에서 발생한 이데올로기가 그 속으로 수용되었음을 의미하는 것이다. 이러한 가능성은 법이데올로기의 역사성을 분명하게 보여준다. 법원리의 내용들은 이데올로기들이 구성되거나 전달되는 구체적인 역사적 과정들 속에서 발생한다. 그러므로 법원리가 형성되는 원천뿐만 아니라 그 원리체계의 내용을 결정짓는 것은 오직 경험적으로만 대답될 수 있는 역사적 물음들이다. 따라서 해석적 행위론의 관점에서 보면, 이러한 범주들을 보편화하려는 법과 사회의 경향은 잘못된 것이다.

(3) 분쟁 패러다임의 전환

암허스트 그룹이 이데올로기와 과정에 관심을 갖게 된 계기는 법인류학적 탐구로부터 나왔다. 보편적 과학과 결정론의 명제와 관련해서 초기의 법과 사회연구는 인류학적 방법들이 잘 적용될 수 있는 문제들을 제기하였다. 모든 사회에서 작용하는 중심적이고 자율적인 법의 역할에 대해서 중립적이고 권위적인 기술을 제공하기 위해서, 사회학적 법학은 법 혹은 이와 유사한 제도들을 요구하는 모든 사회의 기능적 필요성을 확인해야만 하였다. 다양한 사회들에서 나타나는 법현상들의 비교를 통해서 법의 보편적인 기능적 필요성을 확인하기에 인류학적 방법이 가장 적합하였다.

인류학자들은 처음에는 결정론과 보편적 과학주의라고 하는 법과 사회의 테마를 발전시키는 데 전혀 문제점을 발견하지 못했다. 그러나 이들은 곧 점진적 개혁주의가 지닌 문제점들을 발견하기 시작하였다. 초기에 법과 사회학자들은 현존하는 법제도들의 가치와 권위를 자명한 것으로 받아들이는 경향이 강하였다. 그러나 여러 문화들의 법제도에 대한 비교연구는 곧 미국의 법과 사회연구에 나타난 '법'의 일반적 개념들이 인종중심주의적이라는 사실을 폭로하였다. 인류학자들은 법과 사회연구 초기에 미국의 사법적 제도들의 가치를 무비판적으로 받아들이고 있던 당시의 흐름에 대해서 비판을 가하였다. 이들은 다른 사회들에서는 미국사회에서 이루어지는 '법적 기능들'이 비공식적이고 비사법적인 제도들에 의해서 수행되었다는 점을 지적하였다. 그리고 이들은 법의 일반적 기능들을 분석하기 위해선 사회학적 법연구에 보다 광범하고 일반적인 틀이 필요하다고 주장하였다. 이들은 법과 사회연구를 분쟁과 그 해결제도에 관한 연구로 대체하기 시작하였다.

법제도의 의미가 확장됨으로써 확립된 '분쟁패러다임'은 현존하는 미국의 법제도들을 비판할 수 있는 계기를 제공하였다. 예를 들어, 법인류학의 비교문화적 관찰은 공식적 사법제도가 어떤 분쟁에 대해서는 대단히 비효율적이며 분쟁을 해결하기보다는 오히려 악화시키기도 하며, 어떤 경우에는 사법정의(司法正義)에 대한 접근을 부정한다는 논증의 근거를 마련하였다.

그러나 초기에 정립된 분쟁패러다임은 기존의 결정론이나 보편적 과학주의의 명제를 그대로 받아들였다. 모든 사회들은 분쟁을 해결하는 기능을 수행하는 제도들을 필요로 하며, 특정형태의 분쟁해결제도가 일정한 종류의 분쟁을 다루는 데 가장 적합하다고 전제하였다. 법과 사회연구자들의 전제는 경험적 사회과학이 보편적 형태의 분쟁제도를 발견할 수 있으며, 현대사회에서 발생하는 분쟁에 대한 조심스런 기술과 비교를 통해서 분쟁과 제도의 이상적 형태를 규정하는 원리들을 구체화할 수 있다는 것이었다.

암허스트 세미나를 구성하는 학자들은 초기의 분쟁패러다임과 그것을 이끌어 낸 인류학적 사고에 의해 영향을 받았다. 그러나 몇몇은 이러한 패러다임에 내재하는 결정론에 대해서 강력하게 반박하였다. 암허스트의 학자들은 '분쟁'과 '분쟁해결' 등을 개념화하는 결정론과 그 의미에 대해서 비판적으로 대응하기 시작하였으며, '실천'이나 '이데올로기'와 같이 현재 개발 중인 개념들에 의해서 새로운 분쟁패러다임을 재정립하려고 시도하였다. 이러한 움직임은 이들이 분쟁해결이론에서 '형식주의'에 가한 비판에서 엿볼 수 있는데, 새럿은 최근의 분쟁이론의 대부분이 '형식주의'에 근거한다고 비판하였다.[28] 분쟁연구에 대한 기존의 접근은 비역사적이며, 그릇된 사회적 행위모델에 근거하고 있다는 것이다. 사회적 행위의 보편적 법칙이 분쟁과 분쟁해결제도들의 저변에 전제되어 있을 때, 분쟁들은 모든 사회에서 발생하는 '정적' 대상으로 이해된다는 것이다. 즉 '분쟁'은 사회 그리고 그것이 발생하는 사회적 맥락에 의해서 결정되지 않는 본질적 형태나 실체를 갖고 있다는 것이다. 따라서 이러한 의미의 분쟁은 사회세계로부터 단절되어 있는 어떤 것이다. 그리고 형식주의적 입장에 따르면, 분쟁에 관련되는 개인들이 문제의 관계들로부터 이탈하기 위해서 가장 효율적인 재판정을 선택하고자 합리적으로 행동하는 것으로 잘못 전제되고 있다는 것이다.

28) A. Sarat, "The 'New Formalism' in Disputing and Dispute Processing", *Law & Society Review* vol. 21 (1988).

이러한 형식주의적 분쟁패러다임과는 달리 암허스트 그룹에 참여하는 인류학자들과 다른 학자들은 분쟁연구에 해석적 행위론을 적용하면 분쟁연구에 중요한 역사적 차원을 수용할 수 있다고 주장한다. 분쟁과 분쟁해결제도를 사회적으로 주어진 것으로 인식하기보다는 분쟁이 발생하고 시대에 따라 변화하는 방식에 문제를 제기할 수 있는 새로운 분쟁패러다임이 구성될 수 있다는 것이다.

> 우리의 접근에서 근본적 전제는 분쟁이란 단지 '발생하는' 정적 사건이 아니라 분쟁, 다툼 그리고 공격의 구조는 시대에 따른 변화나 변형을 포함한다는 것이다. 변형이 일어나는 것은 분쟁과정에 참여하는 자들이 분쟁에 대해서 상이한 이해관계와 관점을 갖고 있기 때문이다. 참여자들은 분쟁의 목적을 규정하고 형성하는 바로 그 과정 속에서 이러한 이해관계와 관점들을 개진한다. 분쟁이 무엇에 관한 것인가, 그것이 과연 분쟁인가, 그리고 그것이 과연 법적 분쟁이라고 할 수 있는가 등의 문제들이 분쟁과정 속에서 협상을 위한 중심적 문제들이다. 분쟁의 변형이라는 말로서 의미하고자 하는 바는 분쟁과정에 참여하는 다른 사람들의 상호관계와 가담의 결과로 나타나는 형식이나 내용의 변화이다. 근본적 단계에서 분쟁의 변형은 재구성(*rephrasing*)의 과정, 즉 일종의 공적 담론으로의 재공식화를 수반한다.[29]

이 인용문에서 우리는 몇 가지의 특징을 발견할 수 있다. 첫째, 분쟁과정에 관련된 당사자들의 지각이 분쟁으로서의 사회관계의 일부를 구성하는 요소라는 점이다. 당사자들의 인식의 변화가 분쟁의 형식과 내용의 변화를 가져온다. 둘째, '지각'은 동기(목적과 가치)와 인지(상

29) L. Mather & B. Yngvesson, "Language, Audience, and the Transformation of Disputes", *Law & Society Review* vol. 15(1980~81), pp. 776~777.

황적 사실에 대한)를 포함한다. 셋째, 지각은 '사회적' 측면(당사자들)과 '법적' 측면(제삼자의 간섭)으로부터 분쟁의 과정으로 유입된다. 마지막으로 지각은 상호작용을 통해서 새로운 형태의 공유된 지각, 즉 '공적 담론'을 형성한다.

암허스트 그룹이 구성한 분쟁패러다임에서는 이데올로기뿐만 아니라 '과정'이라는 개념도 중요한 역할을 한다. 분쟁과정은 관련된 사람들의 인식을 변화시키고 새로운 담론을 창출하는 과정과 연계된다. 다시 말해서 당사자들이 처음 '분쟁과정'에 들어올 때 가지고 있었던 것과는 다른 이해관계와 지각을 가지고 떠나게 되는 것을 의미한다. 이러한 통찰을 조금만 더 확장하면, 우리들은 분쟁과정의 변형적 결과가 당사자에 의해서 사회로 그리고 제삼자에 의해서 법으로 되돌아가게 되는 것을 기대할 수 있다. 이 패러다임에 의하면 분쟁을 다룬다는 것은 분쟁 그 자체뿐만 아니라 법체계와 공동체를 모두 변형시키는 변증법적 과정을 의미하게 된다고 트루벡 교수는 지적한다.[30] 분쟁과정은 단지 문제된 사회적 관계의 형식과 내용을 변화시킬 뿐만 아니라, 법과 법의식을 변화시킬 수도 있다. '과정'은 사회적 변화와 법적 변화를 관련시킨다. 다시 말해서 '과정'(혹은 '실천')은 법과 사회 사이의 어딘가에 위치하며, 법적 의미가 흘러나오고 공동체적 의미의 일부로 통합되는 공간을 제공하는 것이다.

(4) 법과 사회연구의 새로운 연구방향

암허스트 그룹은 해석적 행위론을 수용하여 초기의 분쟁패러다임을 수정함으로써 법과 사회연구의 새로운 전략과 과제를 제시하였다. 이들이 수행한 실지조사의 상당한 연구들은 이러한 전략을 반영했으며, 그 과제들을 발전시켰다. 이들의 연구는 법체계와 공동체 내에서 발생

30) Trubek & Esser(1989), p. 20.

한 의미들이 하위의 사법제도들 내에서 상호접촉하고, 사소한 분쟁과정에서 결합되고 새로운 형태로 법체계와 공동체로 되돌아가는 과정들을 검토한다. 법과 사회연구의 전통적 관점에서 볼 때, 이러한 과정들은 공동체에서 발생한 의미가 법체계로 흘러들어가 그것의 일부가 되며, 혹은 그와 반대의 과정을 밟는 것으로 인식되었다. 그러나 해석적 설명은 더욱 복잡하다. 분쟁의 과정은 변증법적이며, 그 과정 속에서 의미의 새로운 패턴들이 법체계와 공동체를 위해서 과거에서 나온 흔적으로부터 구성된다. 이러한 새로운 형태의 의미들은 단지 법과 공동체의 이데올로기의 내용을 재규정하는 것 이상의 의미를 갖는다. 이것들은 또한 법적, 사회적 제도들의 경계와 이들의 관계를 재규정한다.

하위법원들과 이에 부속되어 있는 중재 프로그램들에 대한 연구,[31] 시민사법센터에 대한 연구,[32] 하급형사법원에서 이루어지는 범죄자들의 심리과정에 대한 연구,[33] 그리고 변호사와 소송의뢰인 간의 회합에 관한 관찰,[34] 일상의 이웃생활에서 나타난 법의 역할에 대한 탐구[35] 등에서 위와 같은 접근방향이 잘 나타나 있다.

트루벡 교수는 이러한 연구들이 갖는 특징들을 다음과 같이 설명한다.[36] 첫째, 이들은 사법제도의 체계에서 하위에 속하는 제도에서 일

31) S. E. Merry, "Concepts of Law and Justice Among Working-Class Americans: Ideology as Culture", *Legal Studies Forum* vol. 9 (1985).

32) C. Harrington, *Shadow Justice: The Ideology and Institutionalization of Alternatives to Courts* (Greenwood Press, 1985).

33) B. Yngvesson, "Legal ideology and Community Justice in the Clerk's Office", *Legal Studies Forum* vol. 9 (1985).

34) A. Sarat & W. Felstiner, "Law and Strategy in the Divorce Lawyer's Office", *Law & Society Review* vol. 20 (1986).

35) S. E. Merry, "Crowding, Conflict, and Neighborhood Regulation", in I. Altman & A. Wandersman, eds., *Neighborhood and Community Environments* (Plenum Press, 1987).

36) Trubek & Esser (1989), p. 24.

어나는 '정상적' 분쟁들에 초점을 맞추었다. 이러한 분쟁들은 법원관리들에 의해서 '사소한' 것으로 인식되고 있지만, 소액소송법원과 같이 사소한 분쟁을 처리하도록 고안된 제도들과 관계된다. 둘째, 이 연구들은 참여자의 주관성(지각, 가치, 판단기준)이 관계를 분쟁으로 규정하는 데에서 작용하는 역할을 강조한다. 셋째, 참여자의 지각을 파악하기 위해 이들은 법원리로부터 이끌어낸 세계관들에 관심을 집중하며, 또한 공동체와 법정관리들의 경험으로부터 이끌어낸 의미들을 사용하여 전개되는 이야기들을 검토한다. 그리고 이들은 변호사와 관리들이 참여자의 지각을 다루고 변화시키는 방식에 관심을 갖는다.

'경계영역에서 발생하는 분쟁'에 대한 이들의 연구들과 법과 사회의 고전전인 '갭연구'(*gap study*)를 비교함으로써 우리는 암허스트 그룹이 법과 사회전통의 핵심적 명제들 중 어떤 것에는 이의를 제기하고 어떤 것들은 유지하는지를 알 수 있다. '갭연구'는 법전 속의 법과 실제 속의 법을 비교하며, 규범과 행위 간의 거리를 측정한다. 그러나 새럿이 지적하는 바와 같이, 고전적 갭연구는 법의 중심성과 자율성을 확증하며, 다른 한편으로는 법의 영향력의 한계를 지적한다.[37] 갭연구는 법을 바람직한 것으로 받아들이며, 갭의 보충을 정당한 목표로 전제하였다. 경계영역에서의 분쟁에 대한 암허스트의 연구들은 법원리가 다른 담론이 작용하는 환경에서 전개될 수 있음을 인정한다. 그러나 갭연구와는 대조적으로 경계에서 발생하는 분쟁에 대한 암허스트그룹의 연구들은 법과 법원리를 보편적이고 합의적이며 반드시 합리적이거나, 행위를 구성하는 데 있어서 중심적인 것으로 다루지 않는다. 오히려 이들의 연구에서는 공식적 원리로부터 이끌어낸 개념들이 과정들, 당사자들, 변호인들, 법원관리들 그리고 판사들 사이에서 일어나는 상호

---

37) A. Sarat, "Legal Effectiveness and Social Studies of Law: On the Unfortunate Persistence of a Research Tradition", *Legal Studies Forum* vol. 9(1985).

작용 속에서 다른 담론들과 함께 전개된다. 법원리는 그 상호작용을 통해서 주관성을 구성하고 법과 사회의 경계를 규정하는 이데올로기적 실천들 중의 하나일 뿐이다.

트루벡 교수는 경계에서 발생하는 분쟁에 대한 탐구작업이 사회적 지식에 대한 법과 사회의 초기적 접근을 변형시키는 것으로 파악하였다.[38] 과학에 대한 법과 사회의 언명은 보편주의, 결정론, 그리고 객관주의의 이념들을 포함하였다. 암허스트 연구들은 초기 인식의 처음 두 측면을 거부하면서 세 번째에 대해서는 여전히 확고하게 유지한다고 트루벡 교수는 평가하였다. 따라서 이들은 법제도들이 필요하고도 보편적 기능들을 수행하지 않고 있음을 인정한다. 그리고 법적 작용들이 우연적이며, 법이데올로기가 형성되고 전이되는 실천으로부터 나타나는 변형에 종속되는 사실을 인정한다.

그러나 암허스트 연구자들은 법원리의 보편성을 거부하지만, 법의 사회학적 탐구의 보편성, 즉 학문적 권위는 여전히 유지한다. 이들의 전제에 의하면, 사회과학자들은 새로운 패러다임이 확증하는 역사적이고 우연적 실천들에 대한 타당한 기술들을 제공하기 위해서 표준적인 사회과학적 방법을 사용할 수 있다는 것이다. 더욱이 역사성과 우연성이 새롭게 발견됨으로써 '사회과학'이 법의 인식 그 자체를 더욱 중요시하게 될 것이라는 것이다. 법의 진정한 의미와 영향력은 대단히 파악하기 힘든 복합적이고 우연적 실천들 속에 놓여 있기 때문에, 사회과학자들의 작업, 특히 인류학적 방법과 절차들을 이용할 수 있는 연구자들의 작업이 실제로 법에서 무엇이 일어나는가를 이해하는 데 핵심적이라는 것이다.

38) Trubek & Esser(1989), pp. 35~38.

4. 맺음말

앞에서 우리는 간략하게 최근 미국의 법과 사회 내에서 일어나는 변화에 대해서 간략하게 살펴보았다. 그렇다면 과연 이러한 흐름이 어떠한 방향으로 전개될 것이고, 현재 안고 있는 문제점이 무엇인가에 대해서 간략하게 살펴볼 필요가 있을 것이다.

트루벡 교수는 암허스트의 프로젝트가 갖는 의미를 다음과 같이 평가하였다.[39] 첫째, 이들의 연구가 이데올로기나 과정과 같은 개념들을 밝히고 분쟁패러다임을 재구성함으로써 법과 사회의 전통에 결정적 전환점을 마련했다는 것이다. 둘째, 이러한 전환은 그 전통이 확립되었던 본래의 명제 중 두 가지, 즉 도구주의와 결정론에 이의를 제기하게 되었다는 것이다. 셋째, 비록 초기 법과 사회인식의 중심축이었던 두 명제에 대해서 기꺼이 도전하고 있지만, 암허스트 참여자들은 여전히 사회과학이 세계에 대한 권위적 기술을 제공할 수 있다는 믿음을 보유하고 있다는 것이다. 이러한 믿음은 이들로 하여금 보편적 과학주의의 명제에 대해서 이의를 제기하는 것을 저지하게 하고 있으며, 그러한 신념은 암허스트 그룹이 발전시킨 해석적 행위모델의 요소들과 상충된다는 것이다. 그리고 그것은 참여자들이 주장하는 비판적 경험론의 성격에 심각한 물음을 제기하는 것이다.

트루벡 교수는 과연 암허스트의 작업이 '비판'과 '경험'을 병렬시킴으로써 나타나는 패러독스를 해결하고 있는가 하는 인식론의 핵심적 문제를 제기한다.[40] 암허스트 구성원들이 사용하는 '비판적 경험론'은 여전히 패러독스적이라는 것이다. 이들의 저술들에는 객관주의와 사회비판간의 근본적 반목이 전반적으로 반영되어 있다는 것이다. 이들은 여전

---

39) Trubek & Esser(1989).

40) Trubek & Esser(1989), pp. 45~47.

히 과학이 세계에 대한 권위적 기술이거나 재현(*re-presentation*)을 제공한다는 관념을 포기하지 않고 있다는 것이다. 바로 이 점 때문에 암허스트 그룹의 작업은 비판법학이나 페미니스트 아니면 법질서에 대한 비판에 참여하는 다른 학자들의 작업에서 볼 수 있는 것처럼 정치적 참여의 의미나 도덕적 비판의 풍부함을 결핍했다고 지적한다. 하지만 주변적 목소리들을 수용하고 희생자들에게 가치를 부여하려는 암허스트 연구자들의 조심스런 노력들은 정치적으로 자기의식적 지식형성의 시작을 의미한다는 것이다.

나아가서 트루벡 교수는 암허스트 그룹이 사회학적 법연구를, 개체와 구조 그리고 규제와 비결정성을 인식하고, 미시적 영역뿐만 아니라 거시적 영역을 탐구하고, 지식의 정치적 성격을 수용할 수 있는 변증법적 종합으로 이끌어갈 수 있는 가능성이 있음을 지적하였다. 물론 이러한 트루벡 교수의 진단과 전망은 법과 사회의 인식론적, 실천적 차원에 대한 심층적 분석에서 나오는 것이라고 할 수 있다.

암허스트 그룹이 한국의 법문화를 연구하는 데 주는 교훈은 법의 미시적 과정 속에서 이루어지는 세부적 움직임들에 대한 지식이 우리의 경직된 법지식과 인식을 전환시킬 수 있는 가능성을 제시하고 있다는 데 있다. 또한 이 그룹의 학자들이 제시하는 분쟁에 대한 인식의 전환은 한국사회에서 일어나는 법문화의 변화를 이해하는 데 새로운 시각을 제시할 것이다.

제 5 장

근대의 심리구조와 규범체계, 그 딜레마의 원천

1. 머리말

지난 50여 년 동안 우리 사회를 이끌어 온 두 수레바퀴는 경제발전과 민주화였다. 경제발전을 이루기 위해서 우리 사회는 물적 자원과 인적 자원을 효율적으로 이용하는 기술을 극대화해왔다. 이를 통해 우리는 수단을 최대한 활용할 수 있는 기술을 축적했으며, 가능한 한 최대의 부를 획득하기 위한 전략과 전술을 연마하였다. 이러한 과정 속에서 우리 사회의 구성원들은 목적으로서의 인간이기보다는 수단으로서의 인간이어야 했으며, 욕구의 충족을 위해서 옳고 그름의 판단은 항상 뒷전으로 밀려나야 했다. 민주화과정 역시 그것은 자유로운 시민의 삶의 일부이기보다는 억압으로부터의 해방과정이었으며, 민주주의 이념은 쟁취의 대상이었다. 그 과정 속에서 우리는 자유로운 개인이기보다는 권력에 맞서는 대항세력의 일원이어야 했다.

이러한 거대한 역사의 과정을 거친 지금, 우리 사회의 거의 모든 영역, 가정, 직장, 정치, 교육 등에서는 부의 활용보다 부의 축적이, 욕구의 절제보다 욕구의 성취가, 인간의 됨됨이보다 인간의 능력이 그리고 삶의 질보다는 삶의 양이 항상 앞선 위치를 차지하였다. 이제 우리는 지난 세월 속에서 경험하고 쌓아온 것들을 성찰하고, 과연 스스로 어떠한 인간을 만들어 왔는지, 그리고 그것이 진정 우리들이 추구해야 할 인간의 모습인가에 대해서 심사숙고해볼 필요가 있다.

이 장에서는 한국의 규범체계와 심리구조와의 관계를 중심으로 이러한 근본적 문제에 접근해보고자 한다. 현재 한국인이 직면하는 심리적 곤경은 이중적 딜레마이다. 무엇보다도 우리 사회의 고유한 전통문화와 산업화·근대화의 과정을 겪으면서 수용하게 된 서구문화 혹은 제도와의 갈등에서 나타나는 딜레마이다. 우리 사회를 지배해온 전통적 윤리관은 대체로 위계적 사회질서의 전제 위에서 사회구성원들의 의식을 형성해왔으며, 그들에게 행위의 지침을 제시해왔다. 동시에 전통적 질서의식은 사회구성원들에게 자신들의 정서를 의존하게 하고, 심리적 안정감을 제공하는 역할을 하였다. 그런데 이러한 전통적 질서의식은 산업화, 근대화에 의해서 요구되는 자유와 평등의 이념들이나 새로운 형태의 위계질서 형성기준, 예를 들어, 성별이나 나이의 차이에 근거하기보다는 실력에 의한 승진 등에 의해서 붕괴되기 시작하였다.

전통문화/근대문화의 대립은 사람들로 하여금 이중적 심리구조를 갖게 한다. 첫째, 한편으로는 전통문화의 해체에 대한 두려움을 갖게 하며, 다른 한편으로는 전통문화가 갖고 있는 위계적이고 비합리적인 요소들을 해체해야 할 필요성에 직면하게 한다. 이러한 심리적 갈등은 외형적인 것이기보다는 의식의 심층적 단계에서 이루어지고 있다. 둘째, 최근 서구학자들이 제기한 바와 같이, 서구의 근대성 자체가 안고 있는 딜레마로서 서구의 제도와 사유방식을 수용한 우리 사회 역시 이들과 유사한 딜레마에 직면할 수밖에 없다. 근대성에 내재해 있는 개인과 공동체의 분열·대립이라고 하는 갈등구조가 정치제도, 법제도, 경제제도 등에 그대로 담지되어 있으며, 이러한 근대성 자체는 한계의 프로젝트로서 그 모습을 드러내고 있는 것이다. 규범의 영역에서 볼 때, 한편으로는 자아의 욕구를 충족하기 위해서 선택하는 행위들 그리고 이러한 행위들을 정당화해주는 개인주의적 규범의 원리가 있으며, 다른 한편으로는 사회구성원들에게 끊임없이 이웃에 대해서 배려할 것을 요구하는 공동체주의적 규범과 법원리들이 공존하고 있다. 최근 서구학자들 사이에서는 이러한 모순적이고 갈등적인 근대사회의 규범체계를 대체할 수 있는 제도나 의식체계가 끊임없이 모색되고 있다.[1)]

여기에서는 앞에서 지적한 이중의 딜레마 중에서 서구 근대사회의 딜레마와 규범체계의 구조를 먼저 분석한 뒤에 이를 토대로 한국인의 심리적 딜레마와 규범체계 간의 관계를 밝혀보고자 한다. 첫째, 서구의 근대성에 나타난 딜레마의 분석으로서, 로베르토 웅거가 밝히는 서구 근대사회의 이원적 심리구조를 살피고, 그러한 이원적 심리구조 위에서 형성된 근대도덕론의 딜레마를 분석하고자 한다. 둘째, 실질과 형식의 차원에서 자유주의 법체계의 이원적 구조를 분석한 던컨 케네디의 작업을 살펴보고자 한다. 셋째, 서구의 근대사회에 대한 논의를 토대로 현대 한국인의 심리구조와 규범체계의 관계를 분석하고자 한다.

---

1) 이러한 학문적 움직임의 대표적 예가 바로 1970년대 후반 미국의 법학계에서 일어난 비판법학운동이라고 할 수 있다. 이에 대해서는 김정오, “미국 비판법학의 흐름과 동향”, 《법과 사회》 제 10호(1994) 참조.

2. 근대인의 심리구조

2차대전 이후 서구의 지성계에 나타난 담론의 줄기들 중 하나는 근대성에 대한 자기성찰적 비판이라고 할 수 있다. 지난 300여 년 동안 서구사회를 지배해온 사유체계에 대한 총체적 비판을 통해서 이들은 현재 서구사회가 안고 있는 병리적 현상에 대해 그 원천을 밝히고 치유책을 강구하고 있다. 이들이 자신들에게 던지는 근본적 물음들은 첫째, 왜 우리는 지금과 같이 행동하는가, 둘째, 우리는 무엇을 해야만 하는가, 셋째, 우리는 이러한 물음들에 대해서 어떻게 알 수 있는가 등이다. 물론 이러한 물음들은 비판적 담론에 가담한 학자들에게만 의미 있는 것이 아니라, 현재를 사는 모든 사람들에게 제기되는 물음들이다.

로베르토 웅거는 근대사회에서 서구인들의 의식체계와 행동을 지배해온 철학적·윤리적 체계를 자유주의(*liberalism*)로 명명하면서 이러한 자유주의체계 내에서 경험하는 일상의 심리구조를 재구성하고 있다.[2] 특히 그는 자연과 인간의 관계로부터 정치의 영역에 이르기까지 나타나는 분열상의 원천을 파악하기 위해서 근대 서구인들이 형성한 인간관을 추적하고 있으며, 분열된 인간상이 도덕의 차원에서 어떠한 결과를 가져오는지를 명쾌하게 보여주고 있다.

1) 이성과 욕구의 분열

웅거는 근대 심리구조의 핵심이 이성과 욕구의 분열에 있는 것으로 파악한다. 이러한 이원론적 인간관이 서구의 근대문화를 지배해온 가장 중요한 전제였으며, 나아가서 정치이론의 전제들과 심층적으로 연계되어 있다는 것이다. 웅거는 분열적인 근대의 심리구조를 다음의 세

---

2) R. Unger, *Knowledge and Politics* (Free Press, 1975) 제1장 참조.

원리에 의해서 설명한다. 첫째, 이성과 욕구는 분리되어 있다. 둘째, 욕구는 자의적이다. 셋째, 인식은 감각과 이념의 결합에 의해서 획득된다. 다시 말해서 인식의 획득에 있어서 전체는 부분들의 총합에 불과하다는 것이다.

첫 번째 원리인 이성과 욕구의 원리는 다음과 같이 설명된다.[3] 자아(*self*)는 오성(*understanding*)과 욕구(*desire*)로 구성되어 있고, 오성과 욕구는 서로 구별된다. 욕구는 능동적이고 추동적인, 즉 자아의 근원적 부분이다. 그러나 욕구는 오성의 도움 없이는 아무것도 알 수 없기 때문에 욕구 혼자서는 아무 것도 원하지 못한다. 자아는 이성이나 오성을 통하여 세계가 어떠한지 결정한다. 오성과 인식(*knowledge*)이라는 용어도 또한 이성에 의하여 만들어지는 세계 내의 사물에 대한 상을 의미한다. 자아는 욕구 또는 의지를 통하여 자신이 좋아하는 대상과 싫어하는 대상을 결정한다. 좋아한다는 것 자체도 역시 욕구를 의미한다. 여기에서 선택이란 여러 행위과정들 중에서 욕구를 보다 잘 충족시킬 수 있는 행위를 결정하는 것이다. 그리고 성향(*inclination*)이란 특정한 형태의 욕구들을 향한 경향성이나 이러한 욕구들을 충족시킬 수 있는 사물이나 상황을 향한 경향성을 의미한다.[4]

이와 같이 개별적 능력을 부여받은 인간의 속성들은 항상 상호관계 속에서 작용하는 특징을 갖는다. 이성은 욕구의 도구이다. 정신이 인식을 추구할 때 그것은 마치 그 자체의 동기에 따라 움직이는 것처럼 보일지도 모른다. 그러나 실제로 진리의 추구는 욕구를 보다 효과적으로 충족시킬 수 있게 해주는, 즉 의지가 이미 선택한 목표를 보다 손쉽게 달성할 수 있도록 해주는 도구에 불과한 것이다. 다른 목적과 마찬

---

3) 여기에서 주의할 것은 웅거는 이성(*reason*), 오성(*understanding*), 인식(*knowledge*)을 비슷한 개념으로 또한 욕구(*desire*), 의지(*will*), 좋아함(*appetite*)을 비슷한 개념으로 본다는 점이다.

4) Unger(1975), p. 39.

가지로 인식의 향상은 오성의 복종을 명령하기 위하여 먼저 욕구되어야 하는 목적이다. 웅거는 욕구의 원리가 정치적 차원에서 갖는 의미에 대해서 다음과 같이 설명한다. 사람들이 서로 다른 것은 이들이 세계를 다르게 이해하기 때문이 아니라 다른 것을 욕구하기 때문이다. 개인적 정체성의 기초는 사람들이 취하는 선택, 즉 선택하는 목적들이다. 따라서 욕구의 영역은 다른 어떤 것보다도 민주주의에 더욱 가깝다.[5]

두 번째 원리는 자의적 욕구의 원리이다. 욕구가 자의적이라는 말은 사실에 대한 이해를 넓히는 것만으로는 우리가 무엇을 원한다고 결정할 수 없다는 의미이다. 즉 우리가 모든 사물이 어떠하다는 것을 이해하게 된다고 하더라도 우리는 어떻게 행동할 것인지 여전히 선택해야만 한다. 과학은 그러한 선택을 정당화하는 데 무력하다. 욕구는 오성으로 환원될 수 없다. 욕구의 자의성은 이성이 그 내용을 정당화할 수 없는 영역에 놓여 있는 것이다.

그런데 웅거는 자유주의 심리구조에 자의적 욕구의 원리를 공식화하는 데에 두 가지 제한조건이 있음을 지적한다.[6] 첫 번째 조건은 욕구들 그 자체가 인식의 대상이 될 수 있다는 점이다. 이성은 욕구를 다른 사실들과 마찬가지로 인과관계를 지닌 사실로서 다룰 수 있다. 이것이 바로 과학적 심리학이 우리의 욕구를 다루는 방식이다. 그러나 욕구가 그저 사실일 수만은 없다. 욕구는 바로 우리들을 개별적 인간들로 구성해주는 요소이기 때문이다. 한편으로 욕구들은 인과적으로 설명될 수 있는 정신작용이지만, 다른 한편으로 이것들은 대단히 우연적 요소를 지닌 것으로 경험된다. 바로 이러한 욕구의 측면이 인과적 설명으로 충분히 해명될 수 없는 부분이다. 여기에서 웅거는 우리들의 선택과 성향의 우연성이 갖는 두 측면을 통해서 자유의지의 특성을 설

5) Unger(1975), pp. 39~40.

6) Unger(1975), p. 42.

명한다. 선택이란 우리가 취하지 않을 수도 있는 행위이다. 반면 성향이란 우리들이 조장하지 않는 경향성이다. 바로 이것이 자유의지라고 하는 것이다. 욕구의 우연성이 갖는 두 번째 특징에 대해서는 이성이 방어하거나 공격할 수 없다. 다시 말해서 자유의지가 없는 한, 욕구를 비판하거나 정당화하는 문제는 발생하지 않는다.

자의적 욕구의 원리를 제한하는 두 번째 조건은 선택을 정당화하고 비판하는 데 이성이 맡는 부차적 역할이다. 이것이 바로 인식의 도구적 사용인데, 인식의 도구적 사용은 목적들이 정의되고 질서 지워지는 과정에 이성을 개입시킨다. 그러나 그것이 이성과 욕구의 관계를 근본적으로 변화시키지는 않는다. 인간에게 이성은 보편적 요소이면 욕구는 개별적 요소이다. 따라서 이성만을 칭송하고 욕구를 부정하는 것은 개인성을 침식하게 된다.

이러한 이성과 욕구의 이분법이 현대사회의 다른 이원적 구조와 밀접한 관계에 있음을 웅거는 설득력 있게 제시한다. 우선, 수단과 목적의 대립은 객관적 인식과 자의적 욕구 간의 대립을 전제한다. 세상의 모든 것은 잠재적으로 좋아함과 싫어함의 대상이다. 하지만 개인이 목적으로서 추구하거나 느끼지 않는 것들은 단지 가능한 수단으로서의 의미밖에 갖지 못한다. 목적을 위한 수단의 선택은 이성의 활동이며 그 자체가 객관적이다. 반면 목적의 선택은 욕구의 작용이며 따라서 자의적이다. 다음으로 들 수 있는 예가 형식과 실질의 이원론이다. 이성이 과학적 진리의 발전에서 형식적인 것처럼 도덕적 책임의 실천에 있어서도 형식적이다. 반면 실질적 목적은 자의적 의지의 대상이며, 이것은 마치 자연현상의 실체가 우리들의 일상적 감각의 영역에 주어지는 것과 같다. 뿐만 아니라 공적 영역과 사적 영역의 구분도 이성과 욕구의 분리로 설명될 수 있다. 이성적 사고를 할 때, 사람들은 공적 세계에 속한다. 왜냐하면 인식은 사람들 사이에서 다르지 않기 때문이다. 그렇지만 욕구할 때, 인간은 사적 존재이다. 왜냐하면 인간들은 사유의 공적 언어를 통해서는 자신들의 목적을 단편적으로밖에는 정당화하지 못하기 때문이다. 따라서 이성의 대상인 수단과 형식은 공적이며, 욕구의 대상인 목적과 실질은 사적이다.

2) 이성의 도덕론과 욕구의 도덕론

웅거는 근대의 분열된 인간관을 근대서구의 대립적 도덕론들의 원천으로 파악하고 있으며, 이러한 도덕론들이 이성과 욕구의 분열에 어떻게 연계되어 있으며, 인간관에 근거한 두 도덕론이 어떠한 딜레마를 갖는가를 검토하고 있다.[7]

우선 웅거는 행위기준에 대한 우리의 신념이 인간성의 관념에 의존하고 있음을 전제한다. 근대의 심리구조는 자아를 구성하는 두 요소들을 단일화하기 때문에, 도덕문제에 관하여도 상이한 해답을 갖고 있다는 것이다. 그것이 바로 욕구의 도덕론과 이성의 도덕론이다.

욕구의 도덕론은 욕구의 만족을 선으로 규정한다. 즉 좋아함과 싫어함이 인도하는 목적을 달성하는 것이 선이다. 만족이란 모든 욕구가 충족되는 상상적 상태이다. 이러한 관점에서 윤리의 임무는 우리가 만족하기 위해서 삶을 어떻게 조직할 것인지를 가르쳐 주는 것이다. 욕구의 도덕론자들은 이러한 지속적 과정을 행복이라고 한다. 행복을 위한 노력의 일환으로 사람들은 먼저 충족시켜야 할 욕구를 선택하는데, 그 이유는 선택된 욕구가 훨씬 그 만족도가 크거나 아니면 이러한 충족이 다른 욕구충족의 전제조건이 되기 때문이다.

반면 이성의 도덕론에 따르면 이성이 바른 행위의 기준을 설정한다. 웅거는 근대이성의 도덕론은 고대인들이 갖고 있었던 실천이성과는 다르다고 지적한다. 이성이 확립할 수 있는 도덕이란 사람들의 개별적이

7) Unger(1975), pp. 49~55.

고 변덕스러운 목적에 관계없이 이들을 구속할 수 있는 것이어야 한다. 합리적 도덕성이 제시하는 보편적 기준의 필수불가결한 특징은 어느 특정인의 목적을 선호해서는 안 되는 것이다. 웅거는 이성의 도덕론이 자유의 목적 이외에 어떤 실질적 목적을 향상시키는 데 기여할 수 없음을 지적한다. 이성의 도덕론에 의하면, 우리의 생생한 욕구의 요구를 넘어서 선과 악을 판단하기 위해 우리가 받아들여야 하는 특정한 규범들이 존재한다는 것이다. 그러나 우리들이 그러한 판단을 하지 않는 한, 타인들 혹은 우리 자신들을 위해서 우리의 욕구들 중 어떤 것을 충족시키는 것이 정당한지 알 수 있는 길이 없을 것이다. 따라서 우리들은 '도덕적 인간'이라는 관념에 내포되는 모든 것을 복종시켜야 한다. 도덕적 인간은 옳고 그름을 논증할 수 있기 때문에 경험을 평가할 수 있을 뿐만 아니라 그것을 견디어낼 수 있는 그러한 사람이다. 이성이 보편규범들을 진술할 때, 그것은 다만 우리들이 도덕적 비판에 참여하기 위해서는 어떠한 원칙들을 받아들여야 하는가를 말해줄 뿐이다. 그러나 이성 그 자체만으로는 우리 자신이나 타인의 욕구를 어떻게 정당화할 수 있는지 납득시킬 수 없다.

웅거는 이러한 두 대립적 도덕의 형태가 바로 근대윤리학의 역사에 나타난 전통과 거의 일치한다고 지적한다. 첫 번째 전통은 가치가 욕망의 반영이라고 하는 홉스의 가치관념에서 시작하여 도덕감정의 논리를 추구했던 스코틀랜드 도덕론자들에게 이어졌으며, 벤담에 의해서 공리주의로 재구성되었다. 두 번째 전통은 17세기 합리주의자들에게서 그 형태를 취하기 시작하였으며, 칸트와 그의 제자들에 의해서 완성되었다. 칸트의 윤리론이 바로 이성의 도덕론의 가장 순수한 예이다. "너희가 보편적인 법이 되도록 의지하는 그러한 격률에 따라서 행동하라"는 칸트의 정언명령은 가장 일반적 형태로 그러한 도덕에 속해 있는 규칙이 어떤 형태의 것인지 혹은 모든 명제들이 일치해야 하는 입헌적 기준을 잘 나타냈다는 것이다. 또한 칸트의 의지개념은 보편적

이성의 형식적 규범에 완전히 복종하는 그러한 욕구라는 것이다.

웅거는 이들 각 도덕은 상당한 취약점을 갖고 있으며 상대방으로부터 조건 지워져야 할 필요성이 있지만, 이 둘의 통합이 근대의 심리구조 내에서는 가능하지 않음을 지적한다. 욕망의 도덕에 대한 첫 번째 반론은 그것이 행위의 기술(記述)로부터 평가로 전환될 수 없으며, 어떠한 정당화의 기준도 입안할 수 없다는 점이다. 두 번째 반론은 이 도덕론이 전제하는 바인 욕망은 주어진 세계의 이해에 따라 변화한다는 전제에 대한 것이다. 따라서 우리들은 우리의 선택들과 성향들 사이에 질서, 즉 이성이 의지에 대해서 발견하거나 부과하는 질서가 존재한다고 전제할 권한이 없다는 것이다.

욕구의 도덕론은 어떤 욕구들을 다른 욕구들보다 우선해야 할 어떠한 기준도 마련하지 못하기 때문에, 그것은 선택의 정당화나 비판의 토대로서 기여하지 못한다. 다시 말하면 그것은 자유주의 심리체계 내에서 이성의 도덕적 불가능성을 확증하는 것이며, 절대적인 도덕적 회의주의에 도달할 수밖에 없다는 것이다. 또한 웅거는 선택의 기준으로서 경쟁적 욕구들이 갖는 상대적 만족도에 호소하는 것은 단지 문제를 또 다른 단계로 이전하는 것에 불과하다고 지적한다. 과연 강도의 척도가 이루어질 수 있는지 의심스러우며, 왜 그러한 척도가 만들어져야 하는지도 불분명하다는 것이다. 더욱이 어떤 사람이 느끼는 욕망의 강도는 그것의 가치에 대한 개인적 판단에 의존하기 때문이다.

그러므로 욕구의 도덕론은 전혀 윤리적이지 않은 윤리라고 비난받는다. 그것은 단지 부적합한 기술의 심리학에 불과한 것이다. 어떻게 선택이 이루어지는가를 기술하는 토대로서 그것의 주된 결점은 사실상 우리들이 어떻게 칭찬하고 비난하는지 그리고 도덕적 판단의 실천이 우리의 좋아함과 싫어함의 발전과 어떻게 연계되어 있는가를 설명하지 못한다. 웅거는 욕구의 도덕성에 대해 제기되는 첫 번째 반론은 그것이 도덕원리로서 기여하는 능력과 관련되어 있으며, 두 번째 반론은 그것이 제시하는 생활형태의 부적합성에 대한 것이라고 설명한다.

욕구의 도덕론이 가지고 있는 패러독스에 대해서, 웅거는 그것이 만족을 선으로 규정하고 만족을 욕구의 충족으로 규정하지만, 우리들이 우리의 목적들을 판단하고 질서 지우는 기준을 결핍하고 있는 한, 만족은 성취될 수 없다고 지적한다. 욕구가 충족될 때, 또 다른 욕구가 그 자리를 차지하는 것은 너무나도 당연하다. 왜냐하면 자유주의 심리학에 따르면, 우리들은 살아있는 한 끊임없이 갈망하는 존재이기 때문이다. 만족되지 않은 욕구들의 양이나 대상의 숫자가 시간이 지남에 따라 감소될 것이라고 믿을 근거가 없다는 것이다.

이성의 도덕론에 대해서 웅거는 욕구의 도덕론에 대해 지적한 결함과 유사한 지적을 한다. 첫 번째 반론은 이성의 도덕론이 어떤 종류의 도덕적 판단을 위한 토대로서 기여할 수 있는 능력이 있는가 하는 것이다. 그리고 그의 두 번째 논거는 이성의 도덕론자들이 도덕생활을 인식하는 방식의 부적합함에 관련된 것이다. 이러한 두 비판은 이성의 도덕론의 딜레마를 구성한다. 이성의 도덕론은 실현가능하지만 비일관되거나, 아니면 일관되지만 실현불가능하다. 다시 말해서 그것은 일관됨과 동시에 실현가능할 수가 없다는 것이다. 그것은 항상 일관되기에는 너무 많은 것을 말하고 있으며, 실현가능하기에는 너무 적은 것을 말한다는 것이다.

일관성이 요구하는 바는 이성의 도덕론의 보편적 원리들이 황금률과 같이 구체적 개인들의 목적에 대해서 중립적이어야 한다는 것이다. 자의적 욕구를 전제할 때 어떤 목적을 다른 목적에 우선시켜야 할 근거가 없다. 그러나 이러한 형식적 중립성이 엄격하게 유지되는 한, 그것이 산출하는 기준들은 황금률과 같을 것이다. 즉 텅 빈 껍데기에 불과할 것이다. 껍데기가 보다 구체적 원리들에 의해서 채워질 때까지 이것들은 거의 어떠한 형태의 행위도 포용할 수 있지만, 특정한 선택의 상황에서는 명령되어야 하는 것이나 금지되어야 하는 것을 분명하게 결정할 수 없다. "너희가 대접을 받기를 원하는 대로 남에게도 대접하라." 그러나 우리들은 그들이 우리에게 무엇을 해주기를 원해야 하는가는 여전히 대답되지 않은 채 남아 있다.

이러한 반론을 통해서 웅거는 두 도덕론의 한계를 지적하면서 이들의 패러독스적 관계에 대해서 다음과 같이 지적한다. 이성의 도덕론은 사람들을 서로 동등한 영역에서 다룬다. 그러나 이성의 법칙이 상이한 개인의 목적추구를 허용할 정도로 비결정적일 때, 욕구의 도덕론의 문제들이 다시 등장한다. 욕구를 질서 지우기 위해서 우리들은 이성에 호소해야만 한다.

그러나 자유주의 심리학체계의 한계 내에서는 이성이 어떠한 것도 평가할 수 없다. 이성이 확립하는 형식적 원리들에 내용을 부과하기 위해서 우리들은 개인의 욕구들 사이에서 그리고 상이한 개인들의 욕구들 사이에서 중립적 입장을 포기해야만 한다. 한편으론 욕구의 도덕론의 결함을 치유하기 위해서 이성이 수행할 수 있는 규범적 역할을 정당화할 수 있는 길이 없으며, 다른 한편으로는 조리 있는 이성의 도덕론이 요구하는 구체적 필요들을 질서 지우는 토대가 없다. 이처럼 근대의 도덕론들의 근본적 한계의 원천은 바로 이성과 욕구 간의 분열 위에서 구성된 근대적 심리구조에 놓여 있는 것이다.

3. 근대의 규범체계

우리 사회에서는 대체로 자유주의를 자유와 평등의 이념과 등식화하고 물질주의와 이기주의는 자본주의와 등식화하려는 경향이 매우 높다. 그러나 대다수의 사람들은 자유주의체제 내에서 구체적으로 자유와 평등이 얼마만큼 실현될 수 있는지 그리고 그러한 이념이 과연 얼마만큼 가능한 것인지에 대해서는 의문을 제기하지 않는다. 여기에서는 근대적 규범체계인 자유주의 법체계의 내적 구조를 분석함으로써 현대사회에서 어떻게 그러한 행위들이 가능한가에 대해 살펴보고자 한다.

하버드 법대교수인 던컨 케네디는 자신의 논문에서 자유주의 법체계에 내포되어 있는 모순적 가치관과 법규범을 형식과 실질의 차원에서 분석하면서 이러한 법체계 내에서 사람들이 어떻게 행위하는가를 체계적으로 밝힌다.[8)]

케네디는 자유주의 법체계의 실질의 차원에는 다음과 같은 네 가지의 행위양식이 대립한다고 지적하였다. 극단적 개인주의 양식으로서의 철저한 이기주의(*pure egotism*), 개인주의(*individualism*), 이타주의(*altruism*) 그리고 극단적 이타주의 양식으로서의 헌신(*selflessness*). 이 중에서 개인주의와 이타주의가 주요한 양식이라고 할 수 있다. 개인주의는 자기의 이익과 타인의 이익을 엄격하게 구분하려는 의지와 법률을 존중하고자 하는 의지로 구성되어 있다. 케네디에 의하면, 전자는 개인주의적 사회규범과 인간관계에 정당성을 제시하는 적극적 측면이며, 후자는 분리된 사람들이 함께 살아갈 수 있는 사회규범을 가능케 하는 소극적 측면이다. 법을 존중하고자 하는 의지는 개인주의를 철저

---

8) D. Kennedy, "Form and Substance in Private Law Adjudication", *Harvard Law Review* vol. 89(1976), p. 1685 이하.

한 이기주의로부터 구별해준다. 철저한 이기주의는 자기이익에 대해서 어떠한 제약도 가해지는 것을 꺼려하지만, 개인주의는 타언의 권리를 존중해야 한다는 요구에 대해 긍정적인 도덕적 내용을 지니고 있다. 이것이 바로 개인주의적 양식으로 하여금 자기중심적인 타인들과 공존할 수 있는 최소한의 도덕적 기초를 제공한다.[9] 개인주의에 결합되어 있는 행위형태는 자기의존적(*self-reliance*)이다. 이것은 타인들로부터의 도움 없이 목표를 설정하고 성취하려는 성향을 의미한다. 즉 타인에 의존하지 않으며, 또한 그들의 희생을 요구하지도 않는다. 또한 개인주의는 자신들의 획득이나 손해를 타인들과 공유하지 않으려는 태도이다. 다시 말해서 자기의 노력의 결과를 타인들의 이해와 공유하거나 희생할 의무를 부담하지 않으면서 그 결실을 누릴 특권이 있다는 확고한 신념이다.[10]

개인주의자들에게 있어서 법은 자기이익의 추구에 제한을 가하는 권리들을 정의하고 강제하는 기능을 한다. 개인주의자는 힘의 사용을 제약하는 법률들을 적극적으로 지지한다. 왜냐하면 이러한 법률들은 자기의존의 이념과 일치하고 개인의 노력을 위한 안전성의 확보라는 경제적 목적과 자유의지, 자율, 자연적 권리라는 정치적 수사들에 일치하기 때문이다. 폭력을 금지하는 규범들은 혼돈에 대한 단순한 방파제라기보다는 개인주의가 지향하는 프로그램들을 실현하는 공간을 제공한다.[11] 대체적으로 형법, 재산법, 불법행위법, 계약법 등의 법체계는 이러한 개인주의적 양식에 근거한다.

한편, 케네디는 이타주의를 타인의 이익에 대하여 한 개인의 이익을 지나치게 우선시하지 않는 것이라고 정의한다. 이타주의는 어떤 이로 하여금 희생하고, 공유하고, 자비로울 것을 촉구한다. 이타적 공유와

9) Kennedy(1976), pp. 1713~1716.

10) Kennedy(1976).

11) Kennedy(1976), p. 1715.

희생은 개인주의적 교환양식과 대립한다. 케네디는 여기에서 공유와 희생을 행위자의 적극적 역할을 요구하는 정도에 따라 구분한다. 공유는 정적 개념으로서 공유자들이 재배치하는 재화의 분배를 의미한다. 이것은 어떤 이가 스스로 생산하거나 우연한 행운에 의해서 얻게 된 부나 획득물을 타자에게 양도하는 것을 의미한다. 반면 희생은 행동을 요구하는 동적 관념으로서 타인의 상실을 최소화하거나 그의 획득을 최대화하고자 자신이 대가를 지불하는 행위라는 것이다.[12] 예를 들어, 사회보장, 최저임금제 또는 '식품 및 의약품에 관한 법률'들은 타인들의 이익을 보호하려는 권력이 사람들에게 의무를 부과하는 이타주의적 제도라고 볼 수 있다. 그러나 자유주의 법체계에서 이러한 제도들은 개인주의적 양식을 근거로 확립된 이미 존재하는 법제도들에 대한 사후적 조정에 불과한 것이다. 실제세계에서 보면 이타주의적 제도는 독자적으로 존립하기보다는 개인주의적 제도들에 의해 발생하는 사회의 병리적 현상들을 치유하기 위해 형성된 것이라고 볼 수 있다.

개인주의가 철저한 이기주의에 대해서 갖는 관계는 이타주의가 헌신(*selfness*)이나 거룩함(*saintliness*)에 대해서 가지는 관계와 유사하다. 개인주의자가 자신을 철저한 이기주의자와 구별하기 위하여 자기이해에 대한 최소한의 제약을 정당화해야 하는 것과 마찬가지로 이타주의자는 자신이 완전한 거룩함을 이루지 못하는 것을 정당화해야 한다.

이와 같이 자유주의 법체계는 실질의 차원에서 개인주의와 이타주의를 모두 내포하고 있으며, 그러한 행위유형은 상호대립, 모순적 관계에 놓여 있다. 그런데 자유주의 법체계는 이러한 실질의 차원에서 대립적 요소를 갖고 있을 뿐만 아니라, 형식의 차원에서도 대립적 요소들을 갖고 있다. 형식의 차원에서의 대립은 법을 사용하는 방식에서 그리고 법의 존재양식에서의 상이한 형식을 말한다. 케네디에 의하면

12) Kennedy(1976), p. 1717.

자유주의 법체계에서 규범의 형식은 엄격한 규범(*rigid rules*)과 기준(*standards*)의 대립을 의미한다. 엄격한 규범이란 공적 관리에 대한 명령으로서 그로 하여금 어떤 상황에서도 손쉽게 판별할 수 있는 목록에 따라 행동할 것을 요구한다. 반면 기준들은 판사들로 하여금 개별사안의 구체적 사실들을 발견하고, 이러한 사실들을 그 기준들에 담겨 있는 사회적 가치나 목적에 따라 평가할 것을 요구하는 규범의 형식이다.[13] 형식과 실질 간의 관계에 대해서 케네디는 이타주의적 입장은 법의 집행에 있어서 기꺼이 기준들에 의존하려는 성향을 나타내며, 개인주의는 엄격한 규범들에 의존하려는 성향이 강하다고 설명한다.[14]

개인주의자들이 사법적 판단에 있어 기준들보다 엄격한 규범을 선호하는 근본적 이유는 공적 관리들의 자의적 행동을 제한하고 확실성을 증진시키고자 하는 데 있다. 다시 말해서 엄격한 규범은 공적 관리들이 법의 저변에 흐르는 목적들에 부적합한 결정기준을 은밀히 사용하는 자의적 행위들을 제약하는 데 기여한다. 엄격한 규범은 공적 관리들의 자의적 권력행사나 결정을 제어할 수 있을 뿐만 아니라, 시민들이나 공적 관리 모두의 행위에서 확실성을 확보할 수 있는 이점이 있다. 즉, 국가의 관점에서 볼 때, 엄격한 규범의 확실성은 시민들로 하여금 유사한 행위를 하게 할 수 있는 가능성이 높다. 또한, 시민들의 관점에서 확실성은 한 개인의 획득이 불규칙한 법적 간섭에 의존할 때 발생하는 불안정성을 제거할 수 있다.

그러나 이러한 이익들은 개인주의적 사회규범의 목적이나 가치들에 대한 논의를 배제하는 대가로 얻어지는 것이다. 생산이나 소비의 영역에서 어떤 두 사람은 서로를 상호의존적인 도덕적 존재로 인식하지 못하고 대단히 복합적 상호의존의 관계를 맺을 수 있다. 이러한 방식으

---

13) Kennedy(1976), pp. 1687~1688.

14) Kennedy(1976), p. 1685. 여기에서 엄격한 규범이란 명백하게 정의되고, 손쉽게 집행할 수 있는 일반적 규범을 말한다.

로 만들어지는 규범은 가치들이 본래적으로 자의적이고 주관적이라는 전제 위에서만 완전한 의미를 가질 수 있다. 만약 우리가 자유를 자의적 목적들 중에서 스스로 선택하는 능력이라고 정의한다면, 개인주의적 규범이야말로 자유를 최대한으로 증대시키는 것으로 인식될 것이다.[15)]

케네디는 개인주의적 사회규범이 근거하는 기본적 행동유형을 다음과 같이 기술하였다. 첫째, A는 마치 B가 존재하지 않는 것처럼 B를 무시하고 자신의 고유영역에서 행동하는 것이 허용된다. 둘째, A와 B는 사적 계약당사자로서 또는 공적 입법자로서 원하는 결과들에 대해 자신들의 관점에 따라 협상한다. 셋째, A와 B는 각자가 그들의 협력행위를 규제하는 규범들을 따르는 한, 서로를 무시하는 것이 허용된다. 개인주의자들에게 있어서 규범의 창출은 가치들이 본래적으로 자의적이고 주관적이라는 전제 위에 근거한다. 가치의 주관성이란 어떤 목적을 경험한 사람의 진술을 직접 검증하는 것이 불가능하다는 것을 의미한다. 가치의 자의성이라고 하는 가정은 가치에 대해서 논의할 근거가 없다는 것을 의미한다. 가치들이란 모든 행위의 원천으로서 정신 속에 존재할 뿐이다. 그리고 우리는 왜 그리고 어떻게 가치들이 거기에 존재하는지를 설명할 수 없기 때문에, 그들이 무엇이어야 하는가에 관하여 지적으로 대화하는 것을 기대할 수 없다. 또한 불간섭이란 자유주의적 전제와 일치한다. 왜냐하면 이것은 자기이익을 추구하는 모든 동등한 개인들의 상충하는 비전들에 대하여 이타주의적 의무를 강요하는 국가의 개입을 거부하는 것을 의미하기 때문이다. 이와 같이 가치에 대한 개인주의적 관점은 사인들의 이익을 극대화하는 데 필수적인 규범의 확실성과 국가권력의 자의적 사용을 배제하고자 하는 데 있다. 이들은 다른 목적이나 가치들을 희생하는 대가로 특정한 목적이

15) Kennedy(1976), p. 1768.

나 가치들을 확장하는 것이다. 결국 엄격한 규범의 확실성과 자의적 권력의 제한은 권력, 혜택, 가치들의 불평등한 분배를 가져올 수밖에 없다. 케네디는 이러한 측면이 바로 개인주의적 사회규범이 불안정할 수밖에 없는 이유라고 지적한다.

개인주의와 달리 이타주의는 우리들 자신의 그리고 타인들의 목적이나 목표가 형제애라고 하는 보편적 이념에 따라 진화·진보 또는 후퇴하는 상태에 있다. 케네디는 가치에 대한 이타주의적 관점을 다음과 같이 설명한다. 이타주의는 가치의 주관성을 거부한다. 우리는 기술자가 기계를 조작하고 법규범이 시민들을 통제하는 식으로 우리들 자신의 도덕적 발전을 통제하는 것이 아니라, 그러한 규범의 형성에 참여하는 것이다. 우리는 가치들에 관하여 의미 있게 말할 수 있으며, 이것이 최고의 담론형태인 것이다. 국가에 관하여 이타주의자들은 이를 단지 이미 존재하는 시민들의 목적들에 대한 수단으로 생각하지 않는다. 목적들은 집단적이며, 발전과정에 있는 것이다. 형식적 결정의 근거를 형성하는 목적들은 개인들의 것이 아니라, 사회 속에 있는 인간들의 것이다. 법의 집행은 이러한 전체의 목적에 대한 수단 이상의 것이다. 즉 법의 집행은 이 전체의 일부이다. 또한 이타주의는 확실성, 효율성, 자유에 대한 정의를 제공하기도 한다. "법은 악한 사람이 아닌 선한 사람이 다음과 같은 기대를 확보할 때 확실성을 지닌다. 만일 그가 신의·성실을 지니고 자기자신뿐만 아니라 이웃의 이해에 대하여 의무감을 갖고서 탐욕의 유혹에 대해 의심의 눈을 지니고 나아간다면 법이 배반하는 일은 없을 것이다."[16] 판사들에 대한 우리들의 상이한 견해들은 이러한 근본적 차이로부터 나온다. 개인주의자들은 사법적 소극주의(*judicial passivity*)를 선호하지만 이타주의자들은 공동체적 간섭주의와 규제적 기준들을 실현하는 책임감을 받아들이는 적극적

16) Kennedy(1976), p. 1773.

인 판사들을 선호하는 것이다.

그러나 현대사회에는 형식과 실질의 대립적이고 모순적인 구성요소들이(개인주의-엄격한 규범, 이타주의-기준) 서로 뒤엉켜서 존재한다. 이것이 바로 던컨 케네디의 핵심적 지적이다. 첫째, 이타주의자와 개인주의자 모두는 이 요소들이 대단히 모순적임에도 불구하고 그 모든 전제들을 확고하게 믿고 있다. 둘째, 양 대립자들간에 서로 결합하는 계기들이 존재한다. 예를 들어 자연상태로 나아가려는 개인주의자가 급격하게 자신을 돌이켜 이타주의로 전환하는 계기들이 있으며, 이타주의자가 전체적 집단주의나 무정부주의로 퇴락하기보다는 개인주의적 규범과 자기의존성을 옹호하게 되는 계기들이 있다. "국가가 개인주의적 윤리보다 더 많은 것을 요구하는 윤리를 입법하고자 하는 순간, 국가는 극복할 수 없는 두 중요한 문제들에 직면한다. 하나는 인간의 본성을 바꿀 수 없는 법체계의 상대적 무능력이며, 다른 하나는 도덕성이라는 연막 뒤로 전제정치를 부과하고자 하는 관리들의 성향이다. 그러므로 법의 비도덕성은 법을 도덕적으로 만들려는 시도로부터 나타날 수 있는 보다 더 큰 비도덕성을 회피하기 위한 필연적 대가인 것이다."[17] 이것이 바로 자유주의적 법체계에 내재하는 중대한 딜레마인 것이다. 개인주의는 주관과 객관의 분열을 극복하지 못하고 또한 공동체적 유대감을 확대할 수 있는 규범을 저지하지만, 이타주의 역시 정의로운 사회규범을 만들어내지 못한다.

17) Kennedy(1976), p. 1716.

4. 현대 한국인의 심리구조와 규범체계

앞에서 살펴본 바와 같이 웅거는 서구의 근대사회를 지탱해온 두 대립적 도덕론이 내포하는 한계와 그러한 한계의 근본원인이 바로 총체적 존재로서의 인간이 아닌 분열된 인간상에 근거하고 있음을 설득력 있게 밝힌다. 또한 던컨 케네디는 근대법체계의 핵심이라고 할 수 있는 자유주의 법체계의 이중적 구조를 분석해내고 있다.

그렇다면 우리들의 윤리적 상황과 사회규범의 구조, 그리고 그러한 규범체계가 사회구성원들의 정서와 어떠한 관계를 갖고 있는가? 서두에서 밝힌 바와 같이 우리 사회의 규범체계는 한국의 전통적 윤리규범과 서구의 근대적 자유주의 규범체계가 복합적으로 결합되어 있으며, 이러한 복합적 규범체계가 한국사회의 구성원들에게 끊임없이 모순된 감정을 생산·재생산해내고 있다.

기존 연구들에서도 두 대립적 규범체계에 대해서 상반된 견해들이 상존하였다. 한편에서는 전통적 규범체계가 현대 산업사회에서 요구되는 행위의 지침들로서 또는 판단근거로서 부적합하며, 그것은 점차적으로 자유주의 규범체계에 의해서 대체되어야 한다는 주장[18]과, 다른 한편에서는 한국의 고유한 정체성 그리고 이미 그 한계를 노출하고 있는 서구의 근대적 규범체계가 우리 사회를 지도해줄 완벽한 대안이 될 수 없으며, 앞으로 동양의 전통적 가치관, 윤리규범의 재해석과 재구성을 통해서 현대사회에 적합한 규범체계로 재창조되어야 한다는 주장[19]이 대립되고 있다. 또한 이러한 대립적 관점과는 달리 절충적 입

---

18) 황경식, "도덕적 성장과 개방된 사회", 《현대인의 시민윤리: 나와, 우리》(고려원, 1992), pp. 233~326.

19) 함재봉, "근대사상의 해체와 통일한국의 정치이상", 《삼국통일과 한국통일(下)》(통나무, 1994), pp. 407~475.

장에서는 전통적 윤리규범이 내포하는 것 중 현대사회에도 여전히 유효한 것들을 보다 발전시키고 자유주의 규범체계에서 보장되어온 중요한 가치들을 존속·유지하면서, 두 규범체계의 조화와 융합을 주장하고 있다.[20] 또한 최근에 활발하게 진행되는 한국인의 도덕성에 관한 연구들 또한 이러한 견해들 중 한 입장을 택하고 있다.[21]

여기에서는 한국인의 규범체계에 대한 논의에 앞서 몇 가지를 전제하고자 한다. 첫째, 현재 우리 사회의 규범현실을 분석하는 데 있어서 전통적 윤리규범과 자유주의적 규범체계는 양자택일적 관계에 있는 것이 아니라고 하는 점이다. 이미 자유주의 규범체계는 우리 사회구성원들의 일상적 삶 속에 깊숙이 침투해 있으며, 이들의 의식과 정서에 깊이 뿌리내렸다는 점이다. 다시 말해서 자유주의 규범체계는 이제 더 이상 서구인들의 독점물이 아니다. 둘째, 전통적 규범체계 역시 여전히 우리들의 삶 속에서 행위를 지도하는 원리로서 유효하게 그 효력을 발휘하고 있으며, 지난 30여 년간 우리 사회의 근대화에 상당한 공헌을 해왔다는 점이다. 바로 여기에서 우리는 전통적 윤리규범은 곧 전근대적이고 비합리적이라는 도식에 대해서 경계해야 할 필요가 있다.

개항 이후 우리 사회에 수용되기 시작한 자유주의 규범체계와 전통적 규범체계는 서로 충돌, 갈등, 변혁의 과정을 거쳐서 현재의 규범체계를 이루었으며, 전통적 규범체계 역시 상당한 변화를 겪어 지금의 모습을 지니게 되었다. 다시 말해서 전통적 규범체계가 더 이상 조선시대의 지배원리로 정착, 유지되었던 형태를 고수하고 있지 않다고 하는 것이다. 바로 이러한 관점에서 현재 우리 사회의 규범현실을 탐구할 때, 비로소 규범과 심리구조와의 관계를 정확하게 파악할 수 있으며 그 방향을 가늠할 수 있을 것이다. 특히 비공식적 윤리규범과 공식

---

20) 김태길, 《한국윤리의 재정립》(철학과 현실사, 1995).

21) 한국정신문화연구원, 《한국인의 윤리의식연구》(한국정신문화연구원, 1992); 배해수 외, 《한국인의 도덕성 연구》(아산사회복지사업재단, 1994).

적 법규범을 총칭해서 사회규범이라고 정의할 때, 사회규범이 심리구조와 갖는 관계를 다음과 같이 구분해볼 수 있을 것이다. 첫째, 개인의 행위와 규범의 관계로서, 그가 욕구하는 바를 추구하고자 하는 행위가 사회규범에 의해서 허용되는가 아니면 금지되는가에 따라 그는 좌절, 분노, 혹은 평온의 심리상태를 갖는다. 둘째, 타인의 행위와 규범의 관계로서, 한 구성원이 타인이 행한 행위를 수용하는가 거부하는가 하는 것은 사회규범과 밀접한 관계를 갖고 있다. 타인의 행위를 인용하거나 거부하는 데 사회규범이 중요한 역할을 수행하는데, 어떤 이의 행위에 대해서 사회구성원들이 표출하는 분노의 정도는 그가 위반한 사회규범이 구성원들의 심리에서 얼마만큼 중요성을 지니는가에 따라서 달라진다고 할 수 있다. 예를 들어, 아무리 고상하고 귀중한 가치라 하더라도 그것이 사람들의 정서에서 차지하는 비중이 작을 경우에, 사람들이 나타내는 분노의 정도에는 상당한 차이가 있을 것이다. 이것은 각 사회에서 일어나는 사회변화의 규모나 속도를 이해하는 중요한 변수인지도 모른다.

여기에서는 전통적 윤리규범과 자유주의적 규범체계가 어떻게 결합되었으며, 이러한 규범체계가 한국인들의 심리에 어떠한 영향을 미치는가를 살펴보고자 한다. 우선 전통윤리 규범체계와 자유주의 규범체계가 어떠한 구조를 갖고 있는지를 살펴보고, 두 이질적 규범체계가 지난 50여 년 동안 우리 사회에서 어떠한 방식으로 결합, 변화되어 왔는가를 살펴보고자 한다.

1) 한국사회의 전통적 규범체계

전통적 규범체계는 여전히 이상적 도덕의 형태로 받아들여지고 있으며, 현대사회에서 일어나는 사회병리적 현상들 역시 전통적 윤리규범의 규범력의 약화로 인식되기도 한다. 물론 여기에서 우리들은 전통적 윤리규범체계가 우리의 일상적 삶을 지배하는 중요한 행위규범이라는 점을 부인하기는 어렵다. 그러나 그것이 전적으로 우리의 모든 행위를 규율하지는 않는다. 전통적 규범체계를 논의하는 데 있어 가장 커다란 난점은 그것이 과거 우리 사회의 통치근간으로 활용되었던 규범체계의 형태로 존속하고 있지 않으며, 다만 사회구성원들의 의식 속에서 존재한다는 점이다. 이러한 현실은 전통적 규범이 우리들의 삶에 얼마만큼의 영향력을 어떠한 방식으로 행사하는지를 객관적으로 측정하는 일을 거의 불가능하게 한다. 여기에서는 이러한 전통규범을 앞에서 다룬 서구의 근대적 규범체계와의 비교를 통해서 그 특성을 간략하게 살펴보고자 한다.

먼저 웅거가 제시하는 근대 서구사회의 심리구조나 도덕론의 토대라고 할 수 있는 이성/욕구의 구분에 의한 분석이 과연 우리의 전통적 규범체계의 분석에 얼마만큼 적용될 수 있겠는가 하는 점이다. 이것은 바로 전통규범체계의 특성을 파악하는 데 중요한 비교점이 될 수 있을 것으로 보인다. 전통규범의 원형이라고 할 수 있는 《삼강오륜》의 실질적 덕목인 인(仁)·의(義)·예(禮)·지(知)·신(信)을 볼 때, 전통적 규범이 이성이나 욕구로 구분되는 인간의 두 대립적 속성의 한 요소에만 근거한다고 보기는 매우 어렵다. 우선 우리가 가장 손쉽게 파악할 수 있는 특성은 전통규범이 인간의 욕구에 대해서 대단히 부정적이었다는 사실이다. 이러한 사실은 최근 한국인의 도덕성연구에서 진단하는 현대 한국사회의 병리적 현상에 대한 분석 및 이에 대한 처방책과 조선조 초기에 국가의 기강을 위해서 상소한 사헌부의 상소문의 내용과 상당히 유사하다는 점에서 발견할 수 있다.[22] 이처럼 500여 년

22) 상소문의 내용을 보면, 국가의 기강, 상벌의 명백, 안일과 탐욕의 경계, 절약과 검소 등의 덕목을 담고 있는데, 최근 우리사회 각계에서 지적되는 문제점으로서, 근로정신의 쇠퇴, 배금주의, 허례허식, 공직자부패, 향락주의, 책임감부족, 준법정신의 약화 등을 들고 있다. 한국정신문화연구원,

이라는 시간적 간격을 뛰어 넘는 가치판단의 유사성에서 우리들은 전통규범의 존재를 인식할 수 있는 동시에 그 실질적 내용을 확인할 수 있는 것이다.

전통규범체계를 이성의 도덕론과 비교하면, 두 규범이론이 모두 보편적 규범성을 전제한다는 데에서 공통점을 발견할 수 있다. 그러나 근대이성의 도덕론이 형식적 보편성을 추구하면서 결국 관념적 개념으로 전환한 데 비해서, 전통적 규범체계는 자연질서와의 유비라고 하는 실질적 보편성에 근거하고 있고, 풍부한 규범의 내용을 갖추고 있었다는 점에서 그 차이를 발견할 수 있다. 이러한 차이에 비추어 볼 때, 전통적 규범체계는 이성과 욕구의 속성보다는 인간이 갖는 제3의 속성인 감성이나 정서에 뿌리를 두는 것이라고 할 수 있다. 일반적으로 그러한 규범체계는 유대의 감정, 즉 공동체주의적 규범체계의 특징을 갖는다. 웅거는 이러한 유대감에 근거한 행위의 형식에 대해서 다음과 같이 설명한다. "유대감에서 우러나 행동하는 권력담당자는 어떤 구체적 상황에서 자신의 권력행사가 다른 사람들의 짐을 나누어 지려는 목적과 일치하는지를 항상 자기자신에게 물어야 할 것이다. 이 물음에 대해서 미리 내릴 수 있는 일반적 해답이 결코 있을 수 없다. 모든 것은 타인이 구체적 관계 속에서 그릇되게 행동하는 정도나 권력행사로부터 결과하게 될 손실을 감당할 수 있는 그의 능력 등에 의존할 것이다. 이러한 것들은 규범들의 기반을 이룰 수 있는 요소들이 아니다. 대신 이것들은 현재의 규범들에 의해서 할당된 권리들을 사용하는 방법에 영향을 미치는 결정요소들이다."[23]

이러한 공동체주의적 특징은 단지 가족제도뿐만 아니라, 정부와 국

《韓國倫理思想史》(한국정신문화연구원, 1987), pp. 140~147 ; 한국정신문화연구원(1992), pp. 19~24.

23) 로베르토 웅거, 김정오 역, 《근대사회에서의 법》(삼영사, 1994), pp. 246~247.

민 간의 관계라고 할 수 있는 군신(君臣)의 관계에서도 찾아볼 수 있다. 예를 들어, 태조 이성계가 왕위에 오른 지 나흘 만에 사헌부에서 올린 상소문의 제7조를 보면, "원컨대 하우나 한문의 검덕을 본받아 모든 복식이며 기용, 향, 상탕 등을 한결같이 검소하게 하고 불신에 대한 불급한 비용은 아울러 혁거하며 사치에 흐르는 일이 없으면 백성들도 감화를 받아 그 덕이 후하게 될 것이다"[24] 라고 적고 있다. 이러한 주장에서 우리는 군신간(君臣間)의 유대적 관계의 일면을 볼 수 있다. 군(君)이 검소하게 절제해야 하는 근거는 백성의 존재에 있으며, 또한 백성을 감화시키기 위한 본보기로서, 즉 윤리적 모범을 실천하는 데 있다. 이러한 행위는 군신일체(君臣一體)의 이념을 담는 윤리적 실천이라고 할 수 있다. 따라서 삼강오륜으로 대변되는 전통규범은 인애(仁愛)라고 하는 실질적 덕목과 위계성이라고 하는 형식적 규범성을 동시에 갖는 것으로 볼 수 있다. 물론 여기에서 실질과 형식이 분리될 때, 전통적 규범체계는 매우 경직된 상명하복의 위계적이고 권위적인 관계로 전환될 수 있는 가능성을 내포한다.

그렇다면 던컨 케네디의 실질과 형식의 구분에 의한 자유주의 법체계의 분석에 비추어볼 때, 우리의 전통적 규범체계는 어떠한 특성을 가지고 있는가? 우선 우리의 전통적 규범체계는 공동체주의를 지향했다는 점에서 개인주의보다는 이타주의적 요소를 훨씬 더 많이 갖고 있었다고 할 수 있다. 특히 전통적 유교의 윤리강령인 삼강오륜에 근거한 가족주의적 전통은 개인주의적 행동양식과는 배치되는 것이라고 할 수 있다. 어떤 개인이든 자신의 고유한 행위영역을 확보하고서 타인의 존재를 전적으로 무시하는 행동방식이 허용되지 않는다. 전통규범체계의 장에서는 모든 개인이 항상 타자의 존재를 의식해야 하며, 자신의 행위가 타자에게 미치는 외면적 결과뿐만 아니라 그것에 대한 내면적

24) 한국정신문화연구원(1987), p. 142.

평가에 대해서도 늘 염두에 두어야 한다. 따라서 비록 자신의 희생이나 헌신의 행위를 강요받지는 않는다고 하더라도, 자신의 욕구를 충족시키기 위해서 타인의 존재를 도외시하는 행위는 허용되지 않는다.

형식의 차원에서 전통적 규범체계는 엄격한 규범의 형식보다는 기준의 형식을 취한다. 예를 들어, 부모에 대한 효도를 요구하는 윤리규범은 구체적이고 세세한 규칙들로 구성되어 있는 것이 아니라, 포괄적 기준의 형식으로 구성되어 있다고 하는 점이다. 다시 말해서 효에 대한 판단이나 평가는 정도의 문제이지, 규범의 위반이나 침해의 문제로 파악될 수 없다. 아무리 효를 위한 상세한 세칙을 만들어 놓는다고 해도 그 규범들을 엄격하게 적용하기란 거의 불가능하다. 왜냐하면 효에 대한 판단은 외적 행위로만 판단되는 것이 아니고 항상 그 내면적 효성에 대한 판단을 수반하기 때문이다.

규범형식의 차원에 대한 논의에서 한 가지 짚고 넘어가야 할 중요한 대목이 있다. 전통규범의 체계가 기준의 형식을 갖추고 있다고 해서 조선시대가 그러한 기준만을 가지고 있었던 것은 아니다. 당시 규범의 존재양식은 현대 한국인들의 규범관과 밀접한 관련성이 있다. 조선시대는 현재 우리들이 전통규범이라고 하는 윤리적 기준을 통치의 중심으로 삼았으며, 이러한 기준을 엄격하게 유지하기 위한 수단으로서 엄격한 규범을 사용하였다. 그런데 당시 상이한 규범양식들 사이의 관계가 자유주의 규범체계와는 대조적인 상태에 있었다. 자유주의 규범체계에서는 자유와 평등이라는 이념을 보장하기 위해서 공식적인 엄격한 규범이 중심을 이루고 있고, 사회구성원들이 갖고 있는 도덕성이나 윤리규범에 의해서 공식적 규범이 유지되고 지탱되어 왔다. 이러한 점은 미셸 푸코의 저서에서도 거의 유사한 지적을 발견할 수 있다.[25] 법치주의가 지배하는 서구의 근대사회에서는 규율체계가 법체계를 유지하는 중대

---

25) 미셸 푸코, 오생근 역, 《감시와 처벌 : 감옥의 탄생》(나남출판, 2003).

한 역할을 해왔다는 것이다. 이러한 규범의 형식적 차원에서의 대조는 우리 사회의 구성원들이 가진 규범관에 대한 이해를 더욱 깊게 해준다. 즉 전통규범체계하에서 법은 그 사회가 추구하는 이념들, 자유나 평등을 보장하고 개인의 권리를 보호하는 방파제이기보다는 통치의 수단이라고 하는 도구주의적 법관념이 지배적일 수밖에 없는 것이다. 바로 이러한 전통규범체계의 특성은 바로 우리나라 사람들이 왜 법을 긍정적이기보다는 부정적으로 인식하고 있는지를 설명해 주기도 한다.

기준으로서의 전통규범이 안고 있는 딜레마는 자유주의 법체계의 기준이 갖고 있는 것과 거의 일맥상통한다고 할 수 있다. 예를 들어, 충과 효의 실행을 어떤 기준으로 판단할 것인가 하는 물음에 대해서 그 답변은 항상 모호성을 내포할 수밖에 없다. 객관적 구성요건에 의해 판단해야 한다는 현대법의 사법판단과는 달리 전통규범체계는 상황에 따른 판단에 의거할 수밖에 없다고 하는 점이다. 이러한 전통규범체계는, 케네디가 지적한 바와 같이, 이타주의가 구체적 규범을 구성할 수 없는 한계를 내포한다고 할 수 있다. 즉, 그것은 규범의 위반인가 아니면 합법인가의 문제가 아니라 항상 정도의 문제라고 하는 점이다. 그리고 전통규범은 추상적이고 일반적인 규칙들로서 이루어지는 것이 아니라 예화를 통해서 사람들에게 훈시하는 방식으로 이루어진다고 하는 점이다. 다시 말해, 전통규범을 일반화하는 것은 대단히 어려운 문제이다. 이것은 전통규범이 분쟁을 해결하거나 상대의 행위를 판단하고 척결하는 데 있어서 항상 이견의 소지를 남기는 이유이기도 하다. 따라서 전통규범체계 내에는 분쟁의 해결이 최종적 종지부를 찍기보다는 끊임없는 분쟁의 연속으로 이어질 가능성을 내포하는 것이다.

2) 복합적 규범체계와 심리구조

우리 사회의 규범체계는 전통적 규범체계와 자유주의 규범체계가 복합적으로 혼합되어 있는 양상을 보인다. 두 규범체계는 공적 영역이건 사적 영역이건 거의 모든 영역에서 상호대립 혹은 혼합되면서 우리들의 행위를 규율하고 제한한다. 예를 들어, 상속법에 의하면 남녀 불문하고 모든 자녀에게 동등한 상속분을 규정하고 있으나, 부모를 봉양하는 경우에는 1/2을 더 주도록 규정한 것은 전통적 가치관이나 규범체계를 자유주의 법체계의 이념인 평등주의와 혼합시킨 것이라고 할 수 있다. 이처럼 우리나라의 공식적 법규범에는 두 규범체계의 이질적 내용들이 혼재되어 있다.

그런데 두 규범체계가 상존함으로써 부정적 현상들이 나타난다. 첫째, 우리 사회구성원들의 상당수가 두 규범체계 사이를 오가면서 교묘하게 사회규범을 회피하는 현상이 나타나고 있다. 이러한 현상은 유사한 상황에 다른 규범의 논리가 적용될 수 있고, 상이한 상황에 동일한 규범의 논리가 적용될 수 있는 가능성으로 인하여 나타나는 것이라고 할 수 있다. 다시 말해서 어떤 상황에는 전통적 규범체계가 적용되고 어떤 경우에는 자유주의 규범체계가 적용되어야 하는가를 판단할 수 있는 제3의 규범체계가 부재하기 때문에 자신들의 필요에 따라 유리한 규범을 원용하는 것이 가능한 것이다. 둘째, 전통규범과 자유주의 규범이 요구하는 상이한 행위양식으로 인하여 사회구성원들이 이중의 부담을 갖는다. 자유주의 규범체계에 의해서 허용되는 동료간의 대등한 관계와 전통규범체계에 의해서 요구되는 윗사람에 대한 공경 간의 충돌처럼 매우 다양한 사태에서 다양한 형태로 갈등이 빚어진다. 이와 같이 상이한 가치와 행위의 요구는 사회구성원들에게 이중의 짐을 지우는 결과를 가져오며, 사회구성원들이 삶의 쾌적함보다는 삶의 중압감을 느끼는 원천이 되기도 한다.

경제발전 과정에서도 두 규범체계의 상이한 적용에 의해서 사회구성원들의 정서에 부정적으로 미치는 영향을 지적해볼 수 있다. 1960・70년대 경제발전의 중추라고 할 수 있는 정부, 기업, 근로자는 전통적 규범체계의 토대인 공동체주의적 에토스를 발휘하여 급속한 경제성장을 이루어냈다. 그러나 자유주의 규범체계의 핵심인 사적 소유의 원칙에 의해 소수의 재벌가문들이 그 공동체주의적 노력의 결실을 차지하게 되는 결과를 가져왔다. 경제발전의 원동력을 이루는 에토스를 발휘하여 적극적으로 참여했던 사회구성원들 모두에게 획득의 결과가 공유되지 않았기 때문에 이들의 정서에 부정적 효과를 가져왔다. 이처럼 원인과 결과의 괴리가 발생하는 것은 공동체주의적 덕목에 근거하는 전통규범체계를 공식화할 수 없기 때문이기도 하지만, 다른 한편에서는 자유주의 법체계가 정상적으로 작동하지 않았기 때문이라고도 할 수 있다.

사적 영역에서도 우리들은 두 규범체계의 상호갈등적 관계를 파악할 수 있다. 자유주의사회에서는 기회의 평등원리에 의거하여 능력에 따라 부와 사회적 지위를 분배함으로써 위계질서를 확립한다. 그러나 우리 사회는 외관상으로는 능력주의에 입각한 경쟁의 원리에 의해서 부와 사회적 지위의 배치가 이루어지는 것처럼 보이지만, 내면적으로는 여전히 학연・지연・혈연이라는 공동체주의적 요소에 근거한 정실주의가 위력을 발휘하고 있다. 이러한 갈등적 구조는 우리 사회의 각 부문에서 나타나는 분쟁과 불신의 주요원천이 되고 있으며, 구성원들의 정서에 직접적으로 부정적 영향을 미친다고 할 수 있다. 그러나 아직까지 우리 사회는 사회조직들을 구성하는 데 있어서 자유주의적 경쟁의 원리와 공동체주의 원리 간의 타협점을 찾지 못하는 실정이다.

제6장

전통적 규범공동체의 원형과 해체

1. 머리말

우리 사회에서는 전통적으로 분쟁을 법에 의해서 해결하기보다는 상호간의 감정해소나 양보를 통해서 해결하는 것이 일반적이었다. 권리주장을 통해서 자신의 이익을 보호하려는 행동은 다른 사람들의 관점에서 볼 때 대단히 개인주의적이고 비인간적인 행위로 치부되기가 십상이었다. 또한 한국인들이 법을 경시하는 풍조는 서구의 자유주의적 권리의식이 약하기 때문이라는 지적이 주류를 이루었다. 그러나 우리 사회의 분쟁상황은 일반인들이 피부로 느끼거나 학자들이 생각하는 것보다 훨씬 빠른 속도로 확산되고 있을 뿐만 아니라, 소송폭발의 사회로 진입하는 과정에 있다. 이제 분쟁은 더 이상 우리 사회의 일부계층이나 집단에게만 일어나는 일이 아니며, 특별한 개인적 성향을 지닌 사람들이나 사회성이 부족한 사람들에게만 일어나는 것도 아니다. 분쟁에 연루되고 이를 드러내는 것이 이제는 더 이상 비정상적이고 비도덕적인 것도 아니다. 그것은 이미 우리들의 일상생활에서 빼놓을 수 없는 구성부분이 되고 있는 것이다. 그렇다면 우리 사회에서 왜 이렇게 빠른 속도로 분쟁이 발생하고 있으며, 특히 그러한 분쟁을 개인간에 자발적으로 해결하지 못하고 국가기관인 법원에까지 가져가고 있는 것일까?

그 원인은 바로 우리 사회공동체의 구조적 변화와 사회구성원들의 정서와 의식의 변화에 있다고 할 수 있다. 이 장에서는 우리 사회공동체의 구조적 변화 및 그러한 변화가 의식의 변화에 미치는 영향, 그리고 의식 그 자체의 변화를 중심으로 분쟁의 문제를 살펴보고자 한다. 물론 지금의 시점에서 우리 사회에서 발생하는 분쟁의 양상이나 변화들이 전통적 사회구조나 물적 조건하에서 발생하기보다는 산업화와 변화된 생활환경에서 발생한다. 그렇다고 해서 그러한 분쟁현상이 반드시 외적 상황에 의해서만 발생한다고 할 수는 없을 것이다. 이러한 분쟁의 상황은 어떻게 보면 우리들의 전통적 규범행위나 규범질서와도 밀접한 관계를 갖고 있을 것이다. 여기에서는 우리의 전통적 규범공동체에서는 분쟁이 어떠한 방식으로 해결되었는가를 재구성해보고, 그러한 규범공동체의 장점과 한계가 무엇이었는가를 밝혀보고자 한다. 그리고 나서 가족공동체의 변화된 모습을 통해서 전통적 규범공동체가 어떻게 변화되었는가를 살펴보고자 한다. 다시 말해서 전통적 규범공동체의 핵심단위인 가족공동체가 변화하는 양상을 살펴봄으로써 전통적 규범공동체의 해체과정을 추적해보고자 한다.

2. 전통적 규범공동체와 분쟁해결

1970년대 중반 한국의 전통적 농촌사회의 규범문화를 법사회학적 관점에서 탐구한 최대권 교수의 연구는 우리 사회의 전통적 규범공동체의 전형을 잘 보여준다.[1] 최대권 교수는 자신의 연구에서 농촌 규범문화의 특징을 다음과 같이 기술하고 있다.

> 마을은 하나의 분쟁해결의 단위를 형성하는데, 집안의 싸움은 담 밖으로 나가지 않게 하고 한 동네 싸움은 마을 밖으로 나가지 않게 하는 것이 전래의 규범인 것이다. 마을 안에서도 음주폭행, 절도와 같은 형사사건이 일어나지 않는 것은 아니지만 거의 마을 안에서 피해보상, 사죄, 화해, 양보 등의 과정을 거쳐 해결이 되며, 이러한 사건이 경찰지서에 계류되는 일이란 드물며, 지서에 입건되더라도, 본서에 넘겨지기 전에, 지서경찰관의 주도에 의하든 마을사람들의 주도에 의하든, 해결되는 것이 보통이다.[2]

이러한 형태의 분쟁해결 방식이 어떻게 보면 우리 사회의 전통적 규범문화의 특성이라고 할 수 있다. 그런데 이러한 규범행위는 당시 농촌사회의 사회구조, 농촌구성원의 인간관계 및 이들의 가치관과 밀접한 관계를 갖는다. 최대권 교수가 지적하는 당시 농촌의 구조적 특징을 살펴보면, 경제적으로는 농촌마을의 거의 모든 경제활동이 그 마을 안에서 해결되는 자족적 경제단위를 형성하는 특징을 갖고 있었다. 물론 이들의 경제활동이 마을 안에서 자급자족적으로 이루어진다고 해서, 그 내부에서 모든 생활필수품을 생산하는 체제를 갖추었던 것은

1) 최대권, 《법사회학》(서울대출판부, 1983).
2) 최대권(1983), p. 158.

아니다. 그리고 자급자족을 위한 분업이 철저하게 이루어진 것도 아니었다. 오히려 당시의 농촌에서는 분업의 정도가 낮으며, 거의 모든 생산활동은, 예를 들어 보축조 및 관리작업에서 벼를 심고 베는 작업에 이르기까지, 마을구성원들의 협동이나 협업적 노동력공급에 의존한다. 그 대표적 예가 장례 때에 마을사람들에 의한 운구, 모심기나 벼베기 때의 두레나 품앗이, 그리고 상부상조나 저축, 또는 재원조달의 수단으로서의 계조직이다. 이와 같이 마을구성원의 협업적 노동력공급에 의한 것은 생산활동뿐만 아니라 마을 내의 거의 모든 활동에서도 관찰할 수 있다.

이처럼 전통적 공동체는 문화적 혹은 사회적 기초단위이기 이전에 경제적 기초단위였다. 경제적 기초단위로서 마을은 상호간에 긴밀한 협력체계나 조직을 구성했을 때에만 비로소 생산활동의 기초단위로서 기능할 수 있었다. 이러한 형태의 사회조직은 동·서를 막론하고 아마도 농업을 위주로 했던 산업화 이전의 사회들에서 나타나는 공통된 특징이었다고도 할 수 있다. 아무튼 우리 사회의 전통적 사회구조는 마을공동체가 주류를 이루고 있었으며, 이러한 공동체에서 형성된 규범질서와 규범문화가 바로 우리의 행위를 통제하고 제한하는 전통을 형성하였다. 농촌마을에서 분쟁이 해결되는 과정에 대해서 최대권 교수는 다음과 같이 기술하고 있다.

> 농촌마을에서 흔히 발생하는 분쟁사건인 음주폭행사건의 경우, 폭행 자체가 준친고죄이기도 하지만 준친고죄가 아니더라도 그리고 상해까지 동반된 경우라도 치명적인데 이르지 않는 한, 그리고 원수 집안 사이가 아닌 한, 치료비를 물어주고 경우에 따라서는 손이 발이 되도록 빌어야 하지만 운수소관으로 돌리고 화해하는 것으로 마을 안에서 그치는 것이 보통이고, 경찰지서에 형사입건되는 일이란 아주 드물다. 이러한 화해에 이웃 사람, 친척, 형제, 부모의 중간역할이 크다는 점은 재언을 요치 않는다. 가령 피해자가 억울해

서 지서에 신고하러 나서더라도 미처 지서에 도착하기도 전에 이웃 사람의, 또는 가해자의 부모나 형제, 또는 친구의 권고, 만류에 따라 도중에 발걸음을 멈춰 버리고, 대개 친구의 권유에 이끌려 주막집에서 화해술을 먹는 것으로 끝나는 일이 많다. 다른 마을사람이 개입된 경우에는 양상이 좀더 심각해지기는 하나, 이웃이나 부모형제, 친척, 친구의 중개로 역시 화해로 끝나는 것이 보통이다.3)

이처럼 우리의 전통적 공동체에서는 적어도 규범적 측면에서는 상당한 정도로 자율성을 유지했다고 할 수 있다. 자신들의 마을에서 발생한 분쟁이나 일탈행위를 외부인이나 기관에 맡기는 것보다는 스스로 해결할 수 있는 규범적 자율성을 갖추고 있었다. 다시 말해서 형식적 법체계나 전혀 낯선 제 3자인 법원의 판사에 맡기는 것이 아니라, 피해자건 가해자건 모두를 잘 아는 마을의 이웃이나 집안의 어른들에 의해 분쟁이 해결되는 것이었다. 이러한 분쟁해결방식은 지금의 분쟁해결방식과는 완전히 상이한 것이다. 이러한 현상은 위에서 지적한 생산공동체로서의 마을동료들이 갖고 있는 이해관계에 의한 것이라기보다는 그 공동체에서 형성된 문화적 특성에 더 큰 뿌리를 둔 것이라고 할 수 있다.

농촌마을에서 형성되는 인간관계는 상호간에 긴밀한 위계질서에 의해서 또는 동료애로서 이루어지는 것이다. 한 동네 마을사람들은 모두 '우리'를 형성하며, 아버지, 어머니 세대에 속하는 사람들은 모두 친아버지나 어머니와 다름없고, 자기 아들, 딸의 세대에 속하는 사람들은 자기 친아들이나 딸과 다름없다고 최대권 교수는 지적한다. 최 교수는 농촌에서의 사회화과정의 하나로 오줌 싼 아이에게 키를 씌워 이웃으로부터 소금을 얻으러 보내는 관행을 예로 들고 있다. 그것은 이웃이 공동으로 아이의 오줌 싸는 버릇을 고치게 하는 기능을 갖고 있다는 것이다. 이러한 방식으로 마을에서의 한 사람의 인격형성은 그 부모만

3) 최대권(1983), pp. 170~171.

의 책임이 아니고 마을 공동의 교육을 통해 이루어진다는 것이다.

이와 같이 전통적 공동체의 사회구조에서는 긴밀한 인간관계와 그러한 인간관계를 질서 지우는 체계적 위계질서에 의해서 견고한 사회조직으로 짜여져 있었다. 따라서 전통적 공동체사회에서는 분쟁의 소지가 매우 적으며, 설령 분쟁이 발생했다고 하더라도 견고한 관계망에 의해서 곧 해소되는 것이다. 또한 현재 우리 사회 전반에서 일어나는 무수한 민사분쟁과 관련된 사인간의 거래도 전통공동체에서는 상이한 방식으로 이루어지고 있다. 농촌에서 논밭을 사고 팔 경우, 가까운 마을사람들이 어느 사랑방에 모여 흥정이 붙여지고 흥정이 끝나면 계약서를 주고받지도 않고 권리증을 넘겨주고 술 한 잔 나누는 것으로 거래가 끝나는 것이 보통이라는 것이다. 따라서 마을사람끼리의 거래에는 등기까지 마치는 경우가 거의 없어 당시에도 일본이름이 기재된 권리증을 가진 농민이 많았다고 한다. 물론 이러한 거래방식은 30여 년이 지난 지금에는 거의 찾아보기 힘든 관행이라고 할 수 있다. 만일 요즘에 이러한 거래가 있다면, 그것은 곧 분쟁의 원천이 될 것이다.

최대권 교수의 조사에 의하면, 전통적 농촌의 경우 한 동네에 사는 사람들 사이에는 법보다는 관습이나 체면 등에 의해서 분쟁이나 갈등이 통제되고 해소되는 데 반해서 마을간에는 이러한 규범이 적용되지 않는다는 점이다.[4] 예를 들어 종종 마을간에 발생하는 물싸움의 경우, 마을 내에서는 비록 모내기철에 싸움이 일어났다 하더라도 모내기철이 끝나면 서로 화해하거나 평온을 되찾는 것이 보통이다. 그러나 이 물싸움이 마을의 경계를 넘어섰을 때에는 그렇게 쉽게 화해되거나 해결되지 않는다. 이러한 경우는 마을의 사회구조 속에 내재하는 자체 분쟁해결의 메커니즘을 초월하는 것이기 때문에 군수나 좀더 멀리 있는 법원이 개입하게 된다는 것이다. 이러한 현상은 우리의 전통적 규

4) 최대권(1983).

법체계가 갖는 규범력의 한계를 잘 보여주고 있는 예라고 할 수 있다. 우리의 전통적 규범체계는 인간적 관계가 탄탄하게 짜여진 공동체 내에서 가능한 것이었으나, 이러한 공동체의 경계를 넘어섰을 때에는 대단히 배타적 성격을 갖게 되는 한계를 갖고 있었던 것이다. 이 점이 바로 우리 사회의 규범문화가 보편성을 갖고 성장할 수 없었던 가장 커다란 장애였다고 할 수 있다.[5)]

5) 로베르토 웅거, 김정오 역, 《근대사회에서의 법》(삼영사, 1994).

3. 전통적 규범양식의 해체와 분쟁의 새로운 양상

앞에서 살펴본 30여 년 전의 농촌의 생활세계는 우리의 전형적인 공동체적 규범문화를 잘 보여준다. 그러나 그동안 우리 사회에서 일어난 급속한 변화에 비추어볼 때, 이러한 형태의 공동체적 사회를 유지하는 농촌마을이 과연 얼마나 되는지 의심스럽다. 급속한 인구이동, 산업구조의 변화, 그리고 산업화와 기계화로 인한 생활방식의 변화 등은 도시뿐만 아니라 농촌에서도 엄청난 변화를 가져왔다. 협업적 노동을 기계화된 농기계들이 대체하게 되었으며, 농촌일손의 부족으로 농번기에는 도시로부터 일손을 사와야 하는 일이 이제는 흔하게 되었다. 어떻게 보면 이제 우리의 농촌구성원들은 자신의 농사일을 돌보는 데도 빠듯한 형편이 된 실정이다. 이러한 사회환경과 조건의 변화로 인하여 더 이상 전통적 규범공동체가 유지되기 힘들게 되었으며, 이러한 변화가 우리 사회의 규범문화와 규범질서를 급격하게 변화시키는 결과를 야기하였다고 할 수 있을 것이다.

여기에서 우리들은 전통적 규범공동체가 갖고 있던 한계와 그 의미에 대해서 간략하게 짚어볼 필요가 있다. 우선 전통적 공동체가 갖고 있었던 장점은 그 규범의 근거를 인간적 유대에 뿌리를 두고 있었다는 데 있다. 최대권 교수도 비록 농촌마을이 경제적으로 대단히 낙후되어 있는 것은 사실이지만, 그렇다고 해서 그 공동체가 향유했던 높은 도덕심에 기인한 행위규범과 공동체적 유대관계는 현대사회의 어떠한 집단보다도 훨씬 앞서 있었다고 평가하고 있다. 그것은 바로 공동체의 형성과 유지가 인간의 상호성과 유대성에 깊이 뿌리를 두고 있었음을 의미하는 것이다. 이러한 사실을 통해서 우리들은 인간의 도덕성과 문명의 발달과는 함수관계에 있지 않다는 사실을 알 수 있으며, 지난 40여 년 동안 우리 사회가 상실한 귀중한 유산이 바로 이러한 전통이었다.

그러나 전통적 규범공동체가 반드시 장점만을 갖고 있었던 것은 아니다. 우리들은 보다 엄밀하게 그 한계를 짚어볼 필요가 있는데, 이것은 단지 우리의 전통을 무시해서가 아니라 그러한 한계를 보다 분명히 함으로써 앞으로 우리 사회가 추구해야 할 건강한 법의식과 규범질서의 방향을 설정하는 데 나름대로 실마리를 찾을 수 있기 때문이다. 전통적 규범공동체가 갖고 있었던 한계로서, 첫째, 그 공동체 안에서 살고 있는 구성원들 개개인의 자율성이 상당한 정도로 제약되었다는 점을 들 수 있다. 그것은 그 공동체가 갖고 있는 행위규범뿐만 아니라 가치관까지도 동질성을 요구하기 때문에 자신의 동료들과 다른 행위를 하거나 이질적 가치관을 갖는 것이 쉽게 허용되지 않았다는 점이다. 둘째, 공동체적 규범의 규범력이 제한적이라는 점이다. 전통공동체가 형성해온 규범은 그 공동체의 일원이 된 사람에게만 적용되는 것이지, 다른 공동체에 속한 사람에게까지 적용되지 않는다는 점이다. 이것은 공동체규범이 이중적 척도를 내포하는 것이라고 할 수 있다. 예를 들어 마을사람들의 비행이나 규범의 위반에 대해서는 쉽게 관용을 베풀지만, 외지사람들이나 낯선 이방인들이 그러한 관용을 기대하기란 쉽지 않다. 이러한 현상은 공동체와 공동체 간의 이해충돌이 발생했을 때, 이를 해결할 수 있는 제 3의 해결책을 마련하는 일을 매우 힘들게 한다.

최근 우리 사회에서 나타나는 분쟁상황에서도 이와 유사한 현상들을 발견할 수 있다. 환경문제, 물싸움, 쓰레기싸움은 근린관계의 변화를 나타내주는 사례들이다. 하지만 이러한 근린관계는 우리 사회가 전통적으로 안고 있는 규범문화와 밀접한 관계를 갖고 있다. 앞에서도 살펴본 바와 같이 전통적 공동체문화는 작은 규모의 공동체를 중심으로 규범질서와 규범문화를 형성해왔다. 그러나 이러한 규범적 틀은 그 공동체의 울타리를 벗어나면 또 다른 공동체의 규범적 틀과 충돌하게 되며, 이러할 때 이웃간에는 치열한 다툼이 일어난다. 한 예로 '보'를 놓고 목숨을 건 싸움까지 있었던 것이 과거 이웃마을간의 관계에서 흔히 있는 일이었다.[6] 따라서 공동체성이 강하면 강할수록 국가의 공적 규범이 개입할 수 있는 여지가 적어진다. 이러한 현상은 오늘날 우리 사회가 직면하는 환경문제나 다른 사회적 문제들과 연계되어 분쟁의 중요한 장을 점하고 있는 실정이다.[7] 특히 중요한 이해관계가 얽혀 있을 때에는 공권력도 거의 무력해지고, 기존의 공적 규범의 근간이 뒤흔들리는 현상까지도 초래되는 것이 우리의 실정이다.

더욱이 이러한 전통적 규범체계의 한계와 현대 법질서의 한계가 결합되면서 우리 사회에서의 집단간 분쟁은 더욱 심각한 상태에 직면해 있는 실정이다. 사회에서 발생하는 심각한 분쟁사태에 직면할 때, 법의 지배원리를 따라야 하는 현대국가가 과연 비편파적이고 중립적인 해결책을 제시할 수 있겠는가 하는 것이다. 로베르토 웅거는 현대사회의 지배원리인 '법의 지배'는 현대국가가 직면하는 이러한 문제들을 해결할 수 있는 방법을 갖고 있지 않다고 지적한다.[8] 법의 지배원리가 제시하는 분쟁해결방식은 국가로 하여금 사인간에 혹은 이해집단간에 철저한 중립적 입장을 지킬 것을 요구한다. 그러나 이해집단간의 처절한 싸움에 국가가 개입하면 할수록, 국가는 불공정과 편파의 시비에 휘말리게 되고, 결국 공정한 해결책을 제시하기가 더욱더 불가능해진다. 물론 국가가 법의 제정을 통해서 이러한 현상을 불식시킬 수도 있겠지만, 자유민주주의 사회에서는 부당한 법에 대한 저항이나 비판이 항상 개방되어 있기 때문에 궁극적 해결책을 얻기가 더욱더 힘들다고 하는 점이다. 어떻게 보면 최근 우리 사회에서 발생하는 이해집단간의 끊임없는 불화와 국가의 무능력한 대처상황은 역설적으로 우리 사회에서 법의 지배가 정착되는 과정을 보여주는 것이라고 할 수 있다. 아무

---

6) 최대권(1983), pp. 161~162.

7) 홍준형, "버려진 환경, 지켜지지 않는 약속", 《법과 사회》 제 9호(법과 사회이론연구회, 1994), p. 184 이하.

8) 웅거(1994).

튼 우리들은 자유주의 법체계에 의해서건 전통적 공동체 규범체계에의해서건 이러한 유형의 분쟁들을 해결할 수 있는 방법을 아직까지 발견하지 못하고 있는 것이다.

4. 한국인의 규범의식의 변화

앞 절에서 살펴본 전통적 규범공동체의 해체는 우리 사회에서 최근에 만연되는 분쟁현상을 설명해줄 수 있는 중요한 원인 중의 하나라고 할 수 있다. 그러나 사회구성원들의 법의식과 정서의 변화는 사회의 구조적 변화 못지않게 우리 사회의 분쟁상황의 변화를 설명해줄 수 있는 요소이다. 감정사회학자들은 단지 경제적, 정치적, 사회적 구조의 변화에서만 그 원인을 발견할 수 있는 것이 아니라, 개개인의 감정변화에서도 그에 대한 커다란 변수를 발견할 수 있다고 설명한다. 특히 이들은 동일한 경제적 부를 성취한 국가들 사이에서 나타나는 사회적 특성의 차이를 사회구조적 관점에서만 설명하는 데 한계가 있음을 지적하면서 정서와 사회구조와의 관계에 탐구의 초점을 맞추었다. 감정사회학자들이 전제하는 첫째 조건은 어떤 사회에서건 각 구성원들이 인간관계에서 느끼는 감정은 그 사회의 생활구조와 밀접한 관계를 갖고 있으며, 동시에 그러한 감정의 외부적 표출이나 내적 형성이 단지 인간의 보편적 본성에 기인하기보다는 각 사회가 갖고 있는 사회적, 문화적 조건에 의해서 제약된다는 것이다. 다시 말해서 사회의 문화적 특성은 각 성원들이 어떠한 감정을 느껴야 하고, 느껴서는 안 되는지에 관한 감정의 범위와 한계를 규정하고 있으며, 개인들의 감정경험에 영향을 준다. 감정은 사회적 요인에 의해서 영향을 받기도 하지만, 인간행동에 중요한 영향을 주기도 한다.[9] 또한 감정은 인간의 행동에 영향을 주기도 하지만, 사회를 지속, 변형시키는 중요한 기제이기도 하다. 사회성원들이 얼마만큼 감정을 공유하는가가 사회결속력의 정도에 영향을 주고, 사회제도 및 사회규범 그리고 궁극적으로는 사회구조의 안정과 변화에 영향을 줄 수 있기 때문이다.

---

9) 이성식·전신현 편역, 《감정 사회학》(한울, 1995).

여기에서는 이러한 연구의 성과를 빌어 우리 사회구성원들의 정서변화와 행위와의 관계를 살펴보고자 한다. 특히 우리 사회의 가장 기초단위라고 할 수 있는 가족관계와 정서변화와의 관계에 초점을 맞추어 현재 우리 사회구성원들이 갖고 있는 변화된 정서와 규범행위에 대해서 고찰하고자 한다.

최근 한국의 가족문제를 탐구하는 학자들은 우리 사회의 가족이 빠른 속도로 해체되고 있으며, 이러한 해체가 사회적으로 심각한 문제들을 야기하고 있음을 지적한다.[10] 과거에는 가족이 붕괴됨으로써 발생하는 자녀문제라든가 노인문제들이 사회적으로 방치되었지만, 이제는 이러한 문제들이 사회정책의 중요한 이슈가 되었으며, 나아가서 청소년문제 등과 복합적 관계를 갖는 것으로 밝혀짐에 따라 가족문제를 단순히 사적 영역이라고 방관할 수만은 없는 문제로 인식되고 있다. 특히 우리 사회에서는 가족 내에서 전통적 가치관이나 행위규범이 습득되고, 나아가서 가정 내에서 습득된 행위규범이 사회에서 그대로 표출되고 이웃이나 타인과의 관계설정에도 지대한 영향을 미친다는 점에서 가족이 지닌 중요성은 매우 크다고 할 수 있다.

사적 분쟁이 가장 급속히 증가하는 부문의 하나가 바로 가족이다. 특히 이혼소송이 주류를 이루는 가사 을, 병류사건[11]을 보면, 1965년도에는 2,394건, 1975년도에는 8,853건, 1985년도에는 31,433건이고 1995년도에는 37,407건이 법원에 제기되었다. 1965년에서 1975년까지 10년 사이에 269%가 증가하였으며, 1975년에서 1985년 사이에는 255%, 그리고 1985년에서 1995년 사이에는 19%가 증가하였다.

---

10) 한국가족학연구회 편, 《이혼과 가족문제》(하우, 1993).

11) 여기에서 가사 을, 병류사건이란 가사심판법 상의 분류로서 을류사건은 이혼, 친생자확인 등의 사건을, 병류사건은 이와 관련된 손해배상 관련 사건을 말한다(구 가사 심판법 제2조 1항). 현행법에서는 이를 나류사건, 다류사건으로 분류하고 있다(가사소송법 제2조 1항).

이러한 증가율은 다른 민사사건의 증가율을 압도하는 것이다. 특히 가사사건은 1965년에서 1995년 사이의 30년 동안 1,462%라고 하는 놀라운 증가율을 보인다. 이것은 앞에서도 지적한 바와 같이 전통적 규범공동체의 해체와 거의 같은 맥락에 있는 변화라고 할 수 있다.

이처럼 우리 사회에서 가족관계가 급속도로 변화된 요인은 전통규범의 커다란 부분을 차지하는 가정 내 규범질서의 변화와 가족구성원들의 정서 및 욕구의 변화에서 찾을 수 있을 것이다. 첫째, 이혼율의 급증은 기존의 가족구조에서 남성과 여성 간의 관계를 구성하는 사회규범과 그 규범에 대한 구성원들의 태도, 인식 및 정서가 변했다는 것을 의미한다. 기존의 남성과 여성 간의 불균형적 힘의 관계가 급격히 깨지고 있는 것이다. 이러한 현상은 구체적 현실에서도 그대로 나타난다.[12] 일례를 들어 1980년대 중반까지만 해도 재판상 이혼청구를 남자 쪽에서 하는 경우가 많았으나, 1986년부터는 여자가 청구하는 경우가 많아졌다. 재판상 이혼을 청구하는 비율에서 여자가 차지하는 비율이 1986년에는 53.4%, 1990년에는 57%, 1993년 57.2%, 1995년 54%로 남자보다 높아졌다. 이러한 현상은 전반적으로 여성의 사회적 지위향상, 경제적 자립여건이 나아졌다는 데에서 가장 큰 원인을 찾을 수 있겠지만, 다른 한편으로는 부부관계에서 여성들이 가족 내에서의 부당한 대우를 받음에도 불구하고 인내하고 가정을 유지해야 한다는 관념으로부터 벗어나기 시작했기 때문이기도 하다. 또한 이혼을 보는 사회의 인식이 과거에는 인생의 실패로만 보던 관념에서 보다 관용적이고 개방적인 관념으로 변화함에 따라 이러한 변화가 가속화되고 있다. 특히 주목할 만한 변화는 과거엔 결혼 상대방의 부정행위에 대해서 남자가 이혼소송을 제기하는 경우가 많았는데, 1990년 이후부터는 여자들이 소송을 제기하는 건수가 많아졌다.[13] 이러한 추세가 앞으로

12) 《법률신문》 1996. 10. 24.

어떻게 변화할 것인지 더 주시할 필요가 있지만, 아무튼 남성들의 부정행위에 대해서 과거 여성들이 갖고 있었던 관념이 급속히 변화하고 있음을 입증하는 것이라고 할 수 있다. 물론 아직까지는 여성들의 여건이 사회 내에서 여전히 열악하고 불리하지만, 과거와 같이 자신의 자존심을 버리면서까지 굴종하지 않는 여건이 조성되었다고 할 수 있다.

가사사건의 통계에 나타난 새로운 특징 중 하나는 재판상 이혼의 원인별 비율이 1993년 이전에는 배우자의 부정행위가 가장 많았고, 그 다음으로 악의의 유기, 본인에 대한 부당한 대우, 존속에 대한 부당한 대우, 3년 이상 생사불명 등의 순으로 나타났으나, 1993년부터는 본인에 대한 부당한 대우를 이유로 이혼을 제기하는 경우가 악의의 유기보다 많아지기 시작했다. 또한 본인에 대한 부당한 대우를 이유로 이혼을 청구한 사건에서 나타나는 특이한 변화는 1995년도 이전에는 이러한 사례 중 대부분이 여자 쪽에서 소송을 제기하는 것이 압도적이었다. 1994년도에는 남자 대 여자의 비율이 27 대 73으로 여자 쪽의 비율이 압도적이었으나, 1995년도에는 65 대 45로 남자 쪽이 앞서기 시작하였다. 물론 이러한 현상이 1995년도에 나타난 일시적 현상인지 아니면 앞으로도 계속될 현상인지는 주목할 필요가 있지만, 아무튼 이러한 현상이 보여주는 바는 이제 가족관계가 여성들만의 변화에 의해서 이루어지는 것이 아니라, 남성들의 가족관이나 가치관 그리고 정서의 변화 역시 중요한 변수로 작용한다는 점이다. 여성들이 불평등한 관계로 설정된 전통적 가족관이나 가치관을 벗어버리고 보다 동등한 관계로 전환하기 시작했다면, 남성들 역시 이제는 과거처럼 가족에 얽매이거나 아니면 가족에 대한 책임을 전적으로 져야 한다는 관념으로부터 벗어나는 현상이 동시적으로 일어나고 있는 것이다.

둘째, 전통적 가족관계가 해체되는 현상의 한 원인으로 욕구에 대한

13) 물론 이러한 현상이 한 5년 정도 유지되다가 1995년에는 다시 남자 쪽의 건수가 많아졌다.

불만이 부부관계를 해체시킬 수 있는 요인으로 등장하고 있으며, 그러한 욕구가 매우 다양해지기 시작하였다는 점을 들 수 있다. 과거에는 배우자의 부정, 폭행 등 부부관계를 파경으로 몰고 가는 극단적 요인들이 주류를 이루었으나, 요즘에는 배우자의 경제권독점, 낭비벽 등 경제문제와 성에 대한 불만, 배우자모욕 등 그 요인들이 다양해지기 시작하였다.[14] 사회가 점차 다변화되면서 사회구성원들의 욕구도 다양해지고 다양한 욕구의 표현이나 표출이 보다 자유로워졌다. 이러한 변화들은 이미 선진국가들이 겪는 현상이며, 이와 마찬가지로 우리 사회에서도 가족의 유대를 위협하는 커다란 원천이 되고 있는 것이다.

셋째, 여성들의 가정에 대한 인식이나 사회적 위상 그리고 사회적 활동의 가능성과도 밀접한 관계를 갖는다. 특히 1990년을 전후해서 여성들의 이혼청구가 급속도로 증가하기 시작한 것은 다른 요인도 있지만, 개정된 가족법에서 여성들의 재산분할권 등 부부간에 동등한 재산권을 인정한 것도 간접적 원인이라고 할 수 있다. 이러한 변화는 무엇보다도 여성들의 사회적 위치 그리고 가정에서의 위치를 개선하는 결과를 가져왔다. 따라서 이러한 위상의 변화는 가족 내에서의 남성과 여성의 관계를 재편하는 결과를 가져오게 되는 것이다.

---

14) 《동아일보》 1996. 11. 23.

5. 새로운 규범질서의 요청

지금까지 우리들은 전통적 규범공동체와 최근의 분쟁상황을 비교해 봄으로써 우리 사회의 구조적 변화를 살펴보았다. 특히 사회구성원들의 의식변화를 가족관계 중심으로 살펴보았다. 이러한 분석을 통해서 우리들이 파악할 수 있었던 것은 우리 사회가 더 이상 분쟁의 안전지대가 아니며, 그러한 현상은 서구 어느 나라 못지않게 급속하게 일어나고 있다는 점이다. 이처럼 우리 사회에서 분쟁이 급증하는 것은 기존의 전통적 규범공동체의 해체와 사회구성원들의 정서 및 의식의 변화에 가장 커다란 원인이 있다고 할 수 있다.

이 장의 연구결과는 우리 사회구성원들이 규범의 이중성으로 인해서 삶의 중압감을 받는다는 제 4장의 결론을 다시 생각하게 한다. 적어도 사적 영역에서 우리 사회구성원들은 행위의 기준으로서 전통적 규범체계보다는 자유주의 규범체계에 의거해 행동하는 경향이 높아진 것으로 판단된다. 이러한 현상은 우리들이 생각하는 것보다 일반시민들이 훨씬 빠른 속도로 전통의 가치관이나 규범질서의 틀로부터 벗어나고 있음을 잘 보여준다. 이제 우리 성원들은 자신들의 권리를 주장하고 요구하는 데 전통적 규범체계보다는 자유주의적 규범체계에 의존하는 경향이 높으며, 매우 적극적으로 되어가고 있다. 많은 연구들에서 한국인들이 여전히 전통적 가치관을 상당할 정도로 신봉한다는 사실이 지적되었지만, 실제행동에 있어서는 그와 다르게 행동한다고 추정할 수 있다. 따라서 실제생활에서는 전통적 가치관이 규범으로서 행동을 통제하는 기능을 상당할 정도로 상실했다고 할 수 있다. 이러한 현상을 통해서 우리들이 추론할 수 있는 바는 현재 우리 사회성원들이 맺는 관계가 과거처럼 그렇게 두터운 유대관계에 근거하지 않으며, 오히려 이웃의 관계가 점점 얄팍해졌다는 것이다.

앞에서 살펴본 바와 같이 우리 사회에서 발생하는 이해집단간의 심각한 분쟁에 대해서는 전통주의적 규범체계건 자유주의적 규범체계건 그 해결의 방법을 뚜렷하게 보여주지 못하였다. 물론 이러한 딜레마가 점점 만연되는 것이 자유주의적 규범체계의 한계에 기인하는 것이기도 하지만, 우리의 전통적 공동체성에 기인한다는 점을 염두에 둘 필요가 있다. 이러한 딜레마를 해결하기 위해서 우리들은 보다 포괄적이고 보편적인 공동체적 규범체계를 형성해야 할 과제를 안고 있다.

전통적 규범체계와 자유주의 규범체계의 관계를 볼 때, 이제 우리 사회에서는 자유주의 규범체계를 활용하는 빈도 수가 점점 높아지고 있으며, 이러한 현상은 전통적 규범체계의 무용론을 정당화할 수도 있다. 물론 자유주의 법체계가 분쟁들을 해결할 수 있는 보다 세련된 제도적 장치를 갖고 있는 것은 틀림없는 사실이다. 그러나 우리들은 자유주의 법체계 그 자체가 분쟁의 원천이 되기도 한다는 점을 간과해서는 안 된다. 자유주의 법체계하에서는 생활세계에서 발생하는 충돌이나 이해관계들이 어떠한 것이든 권리로 전환될 수 있다. 또한 권리간의 충돌은 곧 법적 분쟁을 의미한다. 과거에는 인간적 유대관계를 통해 해결될 수 있었던 분쟁이 이제는 권리간의 충돌로 전환되고 있으며, 이러한 분쟁과정에는 인간적 화해나 해결이 개입될 수 있는 여지가 점차 좁아진다. 따라서 자유주의 법체계하에서는 분쟁이 점점 더 경직되고 격하게 변화될 수 있는 가능성이 더욱 높다. 이러한 점들을 감안할 때 현재 우리의 사적 영역에서 발생하는 분쟁현상에 대해서 새로운 관점에서 접근할 필요가 있다. 그 해결책은 아마도 우리의 전통적 규범공동체가 갖고 있던 인간적 유대성을 어떻게 제도화하여 사회 구성원들의 정서에 맞는 체계로 발전시킬 것인가에 달려 있을 것이다.

그 해결점을 추구하는 데 있어서 우리들이 염두에 두어야 할 점은 바로 분쟁 그 자체에 대한 관점의 전환이다. 1970년대 미국사회를 초법률화 사회로 규정하면서 비판을 제기한 학자들이나 지식인들에 대해서 갈란터 교수는 다음과 같은 반론을 제기하였다. “만일 소송이 개인의 의사를 주장하는 것이라면, 그것은 바로 공동체의 도움과 인정을 얻기 위한 노력이다. 만일 어떤 사람이 소송을 통해서 기존의 관행에 도전한다면, 그것은 현재 공감대의 성격을 테스트하는 도구인 것이다. 그것은 사회적 이슈들을 일방적 권력의 영역으로부터 대중의 해명을 요구하는 영역으로 이동시키는 데 필요한 여론의 광장을 제공한다. 낡은 관행들에 도전하고 새로운 실천들이 테스트받고 사회체제에 통합될 때, 그러한 이의제기는 안정된 공동체적 삶을 확립하기 위한 새로운 패러다임을 창조해내는 데 일익을 담당하는 것이다. 만일 우리들이 공동체를 불변적이고 모든 것을 포괄하는 게마인샤프트(*Gemeinschaft*)라는 관념을 던져버리고, 현재 우리의 도시생활에서 경험하는 다양하고, 국부적이며, 끊임없이 새로워지는 공동체를 지지한다면, 소송을 공동체에 적대적인 것으로 여길 필요가 없다.”[15)]

갈란터 교수의 주장처럼 우리 사회에서도 역시 분쟁과 사회의 관계를 재정립할 필요가 있으며, 우리들의 의식 속에 남아 있는 분쟁의 관념 자체를 새롭게 변화시킬 필요가 있는 것이다.

---

15) M. Galanter, “Reading the Landscape of Disputes: What We Know and Don't Know (and Think We Know) About our Allegedly Contentious and Litigious Society”, *UCLA Law Review* vol. 31 (1983), p. 70.

제 7 장

사적 영역에서의 분쟁의 양상, 그 변화와 원인들

1. 머리말

분쟁의 현상 속에는 그 사회의 구성원들이 맺는 인간관계의 특징과 이들이 갖고 있는 의식의 형태가 깊이 내재되어 있다고 할 수 있다. 이 장에서는 이러한 전제 위에서 법정소송에 대해서 다각도로 분석하고자 한다. 과연 우리 사회에서 분쟁이 어느 정도로 발생하고 있으며, 그것이 지난 50여 년 동안 얼마나 빠른 속도로 증가했는가를 중점적으로 다루고자 한다. 물론 법정소송을 중심으로 우리 사회의 분쟁양상을 파악하는 것이 나름의 문제점을 갖는 것은 사실이다. 일례로 우리 사회에서 발생하는 전체 분쟁들 중 몇 퍼센트가 공식적 법정소송을 통해서 해결되는지를 통계화하기란 거의 불가능하기 때문에 사법통계만 가지고 우리 사회에서 발생하는 분쟁의 현상 전체를 설명하는 데 상당한 위험이 있는 것은 사실이다.

그러나 위에서 전제한 바와 같이 사법적 통계에 나타난 분쟁의 실태는 우리 사회구성원들의 법의식과 행위의 관계를 밝히는 데 중요한 실마리를 제공할 것으로 보인다. 공시적 차원에서 볼 때 한 시대의 사회규범은 사회구성원들의 의식과 행위를 통제하는 기능을 하며, 이들 사이에 발생하는 분쟁을 해결하는 기능과 동시에 그러한 분쟁의 원천이 되기도 한다. 예를 들어 거래당사자 사이에 이견이 있을 경우 이들이 자신들의 행위의 정당성을 주장하는 근거는 사회적 관행이나 그 거래를 규정하는 법규범이다. 따라서 분쟁당사자들은 서로 자신들의 행위가 보다 법적 타당성을 갖는다고 주장하는 것이다. 물론 대부분의 법사회학자들은 법규범이 사회구성원의 행위나 사회변화를 주도하는 기능에 대해서 그 중요성을 높게 평가하지는 않는다. 그럼에도 불구하고 이들은 대부분 법규범이 사회에서 지니고 있는 중요성이 간과되어서는 안 된다는 입장을 견지한다. 통시적 차원에서 볼 때에도 사회구성원들이 사회규범에 대해서 갖는 태도의 변화에 대한 설명이 필요한데, 기존의 규범에 대한 저항이 크거나 규범적 요구를 의무로 받아들이는 의식이 약화될 때, 그 규범의 규범력이 약화되고 사회구성원들의 행위를 제어하는 역할을 상실한다. 이러한 현상을 개개의 법규범에 적용하기보다 우리나라의 전통규범과 근대적 법규범 간의 관계에 적용할 때, 우리 사회구성원들이 갖고 있는 법에 대한 태도의 변화가 두 규범체계의 위상에 엄청난 영향을 미친다고 할 수 있다.

그렇다면 왜 우리 사회에서는 이렇게 빠른 속도로 전통규범체계가 무너지고 있는가? 이에 대해서 우리들은 지난 50여 년 동안 우리 사회에서 일어난 사회적 변화들을 그 근거로 제시할 수 있을 것이다. 예를 들어 엄청난 규모와 속도로 이루어진 인구이동, 경제체계의 변화, 시장구조의 변화, 생활환경의 변화, 가족구성의 변화 등을 들 수 있다. 물론 이러한 외형적인 사회적 조건의 변화가 우리 사회구성원들의 규범의식이나 질서의식 그리고 구체적 행동이나 정서에 엄청난 변화를 가져왔다는 사실을 부인할 수는 없다. 그러나 그러한 외적 조건의 변화가 사회구성원 개개인의 내적 상태를 어느 정도 변화시켰는지는 아직까지 구체적으로 알 수는 없다. 다음에서는 과연 우리 사회구성원들의 법적 행위나 태도가 얼마만큼, 얼마나 빠른 속도로, 그리고 어떠한 양상으로 변화하는가에 초점을 맞추고자 한다.

1990년대 중반에 실시된 국민 법의식조사에 의하면, 우리나라 국민들의 법의식에 상당한 변화가 이루어진 것으로 추정된다. 특히 여기에서 괄목할 만한 변화는 근대적 법의식이 크게 신장되었다는 점이다. 1960·70년대 법의식 조사에서 공통적으로 지적되는 점이 우리 국민들의 권리의식이나 근대적 법의식이 대단히 낮다는 것이었는데,[1] 1994년도 조사결과에 의하면 오히려 권리의식이 지나칠 정도로 높아진 것으로 나타났다.[2]

1994년도 조사에 따르면, 우리 사회구성원들 사이에 법에 대한 긍정적 인식이 확산되고, 권리의식이 신장된 반면 준법정신의 부재현상이 두드러지며, 법제정이나 법집행기관에 대한 부정적 인식이 심화되었다. 조사자들은 이러한 법의식의 특징이 건전한 규범문화와 질서의 형성에 긍정적 측면과 부정적 측면을 모두 갖고 있음을 지적한다. 우선 국민들이 법에 대해 긍정적 인식을 갖게 됨으로써 법치주의 실현에 순기능적 역할을 하게 되고 권리의식의 신장이 건전한 시민정신으로 이어질 때, 사회의 탈, 위법행위에 대한 비판으로 집결되어 법치주의의 정착에 큰 기여를 하게 될 것으로 기대된다는 것이다. 반면, 사회구성원들의 준법정신의 결여와 국가기관에 대한 불신은 국민법의식 제고에 장애요인으로 작용할 소지가 다분하며, 이러한 태도가 후기산업사회의 부정적 측면인 법경시풍조와 기존제도 및 질서에 대한 부정일변도

1) 양승두, "한국인의 법의식", 《한국사회과학논집》 제 9집(1968) ; 임희섭, "한국인의 법의식", 《한국법률문화》(국제문화재단, 1975) ; 양승두, "우리나라 전통적 법의식과 그 변화에 관한 연구", 《법률연구》 제 2집(연세대학교, 1982) ; 차용석 외 2인, "한국인의 법의식에 관한 조사연구 및 준법의식의 제고방안", 《법학논총》 제 6집(한양대학교 법학연구소, 1989).

2) 박상철 외 2인, 《1994 국민법의식조사연구》(한국법제연구원, 1994).

현상과 맞물릴 경우 사회혼란은 증폭되고 법치국가 실현은 요원해지고 말 것이라고 진단한다.[3] 이러한 진단과 함께 조사자들은 우리 국민들의 법에 대한 정서와 의식의 변화로 인하여 유사한 경제발전을 이룬 다른 동양사회, 특히 일본의 경우보다 우리 사회에서 분쟁으로 인한 법정소송의 잠재력이 훨씬 높을 것으로 판단한다. 그렇다면 과연 우리 사회의 법정소송의 잠재력은 어느 정도일까? 시민들 사이에 발생하는 갈등과 분쟁은 어느 정도인가? 그리고 이러한 갈등과 분쟁이 사회구성원들 사이에서 자발적으로 해결되고 있는가, 아니면 제 3자인 국가의 재판기관에 의존하고 있는가? 그 비율은 얼마나 되는가?

3) 박상철 외(1994), pp. 13~19.

2. 소송 폭발의 사회로 가는 길목

1970년대부터 미국의 법조인들이나 일반시민들 사이에서는 미국사회가 '소송폭발'(*litigation explosion*), '법적 오염'(*legal pollution*), 혹은 '제국주의적 사법제도'(*imperial judiciary*)에 사로 잡혔다는 비판과 함께 미국의 법제도에 대한 회의가 팽배하기 시작하였다.[4] 이들은 미국사회의 소송현상에 대해서 대대적 탐구에 착수하였으며, 미국사회의 '법적 건강성'(*legal health*)에 대한 관심이 고조되기 시작하였다. 정부는 법을 이용해서 시민들의 세세한 생활사태까지 규제하고 있으며, 너무나 많은 것을 규제한다고 비판받았다. 또한 소송의 홍수로 압도된 법원은 신속하고 저렴하며 효율적인 구제를 제공하지 못하며, 자신들의 능력과 권한을 넘어선 영역까지도 영향력을 확대한다는 비판이 높아지기 시작하였다. 1978년 12월 4일자 《유에스 뉴스 앤드 월드 리포트》(*U.S. News & World Report*) 지는 이러한 소송폭발의 현상을 다음과 같이 묘사하였다.

> 각계각층의 미국인들은 소송의 눈사태에 파묻히게 되었다. 환자들은 의사들을, 소송의뢰인들은 변호사들을 소송하고 있다: 선생들은 학생들로부터 소송당하고 있으며, 상인들과 제조업자들 그리고 각 단계의 정부기관들은 — 워싱턴의 연방정부로부터 지방의 하수처리위원회에 이르기까지 — 온갖 종류의 사람들로부터 소송을 당하는 실정이다. 어느 배심원이 지적한 바와 같이, 미국의 가족은 대단히 민감한 소송의 풍토병에 전염되어 있다. 어린이들은 그들의 부모를 법정으로 내모는 한편, 남편과 아내 간에, 형제들간에, 그리고 친

4) M. Galanter, "Reading the Landscape of Disputes: What We Know and Don't Know (and Think We Know) About our Allegedly Contentious and Litigious Society", *UCLA Law Review* vol. 31 (1983), p. 4 이하.

구들간에 서로 소송을 제기하고 있다.[5)]

미국인들은 이러한 현상을 '초법률화'(*hyperlexis*) 신드롬으로 규정하였다. 그렇다면 과연 우리 사회는 법정소송의 폭발이라고 하는 현상으로부터 안전한가? 우리 사회는 법적 소송의 홍수로부터 안전한가? 초법률화의 사회로 일컬어지는 미국사회와 얼마만큼 거리가 있는가? 아래에서 상세하게 검토하겠지만, 우리 사회의 분쟁현황은 법률전문가나 일반인들이 생각하는 것보다 그렇게 안전한 상태가 아니다.

그동안 우리 사회에서는 분쟁이나 법정소송을 1950·60년대의 사법적 상황이나 전통적 규범관에 근거해서 다루어온 것이 대체적 경향이다. 분쟁에 대한 이러한 태도는 분쟁이 사회에서 어떠한 역할을 하고 있으며, 사회구성원들에게 어떠한 영향을 미치고 있으며, 그리고 왜 그러한 분쟁이 발생하는가에 대한 정밀한 분석이나 탐구보다는 '분쟁' 그 자체를 사회적 악으로 규정하고, 그러한 현상을 단순히 전통적 규범공동체나 가치관의 해체를 가속화하고 동시에 그러한 해체의 결과로 나타나는 현상이라고 단순하게 판단해버리는 오류를 범하게 된다. 따라서 사회에서 발생하는 분쟁에 대해서 그 구체적 내용이나 시시비비에 앞서, 분쟁을 해결하는 과정이나 제도에 대한 구체적 탐구보다는 분쟁당사자들에 대해서 도덕적 판단을 내리고 막연히 분쟁이 일어나지 않는 사회가 곧 좋은 사회라고 하는 전근대적 분쟁관념에 빠지게 된다. 여기서는 이러한 분쟁의 관념을 일단 배제하고서, 보다 객관적 관점에서 우리 사회에서 발생하는 분쟁의 현주소를 밝히고자 한다. 이러한 노력을 통해서 우리들은 분쟁에 대해서 보다 새로운 관점이 요구된다는 사실을 알게 될 것이며, 이러한 분쟁관념이 왜 필요한가를 인식하게 될 것이다.

---

5) "Why Everybody Is Suing Everybody", *U.S. News & World Report* 1978. 12. 4, p. 50.

이를 위해 이 장에서는 지난 50여 년 동안 우리 사회에서 발생한 민사소송의 변화추세를 중점적으로 살펴볼 것이다. 민사소송은 사적 영역에서 발생하는 분쟁이 주류를 이루고 있으며, 특히 이들 사건에는 사회의 환경이나 구조에 의해서 사인들간에 맺는 인간관계의 특성이 그대로 반영된다는 점에서 이 장의 탐구대상인 사적 영역에 나타난 한국인의 규범질서를 밝히기에 매우 적합한 영역이라고 할 수 있다. 물론 민사소송의 변화추세가 법정에서 해결된 분쟁들이기 때문에 실제 우리 사회에서 발생하는 분쟁의 전체적 양상을 충분히 반영하지 못하는 단점을 안고 있는 것이 사실이다. 예를 들어, 1987년도 대한의학협회에서 개원의들을 대상으로 조사한 통계를 보면, 의료사고가 발생했을 때 법원에서 해결하는 경우가 6.0%에 불과하고 자체적으로 해결하는 경우는 62.4%에 이른다. 물론 우리 사회에서 의료과오로 인한 법정소송이 차지하는 비율이 대단히 저조한 여건을 감안한다 하더라도, 사인간에 발생하는 무수한 분쟁들 가운데 실제 법원에서 해결되는 건수는 극히 일부분에 지나지 않는다는 사실을 염두에 둘 필요가 있다. 그러나 이러한 현상은 비단 우리나라에만 해당되는 것이 아니라, 미국의 경우에도 마찬가지이다. 마크 갈란터 교수에 의하면 미국에서 실제분쟁이 법정소송으로 비화하는 경우는 극히 일부에 불과하다는 것이다.[6)]

우리 사회에서 발생하는 다양한 분쟁들이 여전히 법정소송을 통하지 않고 사적 영역에서 해결되고 있다고 할 수 있다. 하지만 이러한 분쟁이나 다툼은 거의 통계화될 수 없기 때문에 여기에서는 사법소송을 중심으로 분쟁의 변화를 다루고자 한다. 이처럼 통계화된 사인간의 분쟁을 분석함으로써 우리 사회에서 개인들간의 관계가 어떻게 변화하고 있으며, 이들의 관계가 어떠한 성격으로 변모하는지를 가늠할 수 있을

---

6) Galanter(1983), pp. 24~25.

것이다.

우리 사회에서 발생한 민사소송의 변화를 경제발전이 시작된 1950년대 중반부터 1995년도에 이르는 시기를 5년 단위로 구분하여 그 변화의 추이를 〈표 7-1〉로 도표화하였다. 그러나 우리 사회에서의 소송의 증가 폭만 가지고서는 그것이 어느 정도로 빠른 것인지 그리고 지금의 소송률이 과연 높은 것인지 낮은 것인지를 객관적으로 판단할 수 없기 때문에, 미국이나 다른 나라와의 비교를 통해서 검토하고자 한다. 각국과의 비교를 위해서 1천 명당 소송 수를 구하였으며, 이 수치를 중심으로 비교하였다. 특히 미국의 사법제도가 각 주마다 상이하고 각 주에서 내는 통계수치의 기준들이 다르기 때문에 이를 일일이 조사한다는 것이 거의 불가능하고, 각 국가들 역시 통계의 기준이 상이하고 이러한 통계들을 얻기가 어렵기 때문에 불가피하게 여기에서는 갈란터 교수가 조사한 통계치와 우리의 사법통계치를 비교하였다.[7]

---

7) 〈표 7-1〉에서 1955년에 가사사건 건수가 빠진 것은 그 건수가 민사본안에 포함되었기 때문이다. 1963년도부터 가정법원이 독립적으로 설치되고 그 이후부터 별도의 통계가 이루어졌다. 그리고 도표의 맨 하단의 증가율은 통계상의 정확성을 기하기 위해서 1965년의 수치와 1995년의 수치를 비교, 계산한 것이다. 다만 여기에서 1955년의 수치를 포함한 것은 대략적 비교를 위한 것이다.

이 도표와 이 장에 나오는 도표들의 통계수치는 1964년부터 발간되기 시작한 법원통계연보와 1976년 이후 명칭을 바꾸어 발간된 사법연감에서 추출한 것들이다. 1964년에 발간된 법원통계연보는 1954년부터 1963년까지의 통계를 모두 담고 있는데 상당부분이 1960년 이후부터의 통계치만을 담고 있는 경우가 많았다. 그리고 통계에 포함하는 사건들에 대한 변경이 있었는데, 이 장에서 다루는 사건이나 통계치들 중 가사사건과 즉결심판의 경우를 제외하고는 대체로 일관성이 있었다. 가사사건의 경우 1994년부터 신청사건 중 문서건명부에 등재된 사건은 포함하지 않기로 하였기 때문에 〈표 7-1〉에서 볼 수 있는 바와 같이 가사사건의 건수가 줄어들게 되었다. 이것은 뒤에서 다시 다루겠지만, 가사사건의 경우 소송건수는 계속해서 증가하고 있는 실정이며, 법원의 통계정책의 변경으로 인하여 비송사건과 조

〈표 7-1〉 제 1심 법원에 접수된 민사사건의 연도별 비교

(단위: 사건 수, %)

	인구 수	민사본안	가사사건	독촉사건	집행사건	합 계	1천명당 소송 수[1)]
1955	21,502,000	12,401	—	15,508	1,513	29,422	1.36
1965	28,377,000	62,426	8,596	129,154	18,540	218,716	7.7
1970	31,469,000	58,134	14,121	129,839	21,819	223,963	7.1
1975	34,681,000	91,723	26,332	88,610	28,553	235,218	6.78
1980	37,448,000	120,330	49,362	84,560	48,822	303,074	8.09
1985	40,806,000	297,999	82,728	165,316	175,272	721,315	17.67
1990	43,869,000	279,948	86,565	136,075	146,825	699,413	15.94
1995	45,829,000	494,421	75,960	308,269	258,124	1,136,774	24.80
증가율[2)] (%)	61	692	783	138	1,292	419	222

주 1) 1천 명당 소송 수는 인구 1천 명당 당해 연도 소송 수를 나타냄.
2) 증가율은 1965년 대비 1995년의 민사사건의 증가비를 나타냄.

〈표 7-1〉에 대한 구체적 분석에 앞서 간단하게 도표에 포함된 사건들의 내역을 살펴보면 다음과 같다. 우선 민사본안은 소액사건을 포함하여 당해연도에 제 1심법원에 접수된 사건들의 수를 산정하였다. 가사사건에는 소송사건뿐만 아니라 조정사건, 비송사건 및 신청사건을 포함하였다. 이 표에서 독촉사건은 재정상의 지급의무이행을 통보하고 일정기한까지 그 의무를 이행하지 않는 경우 강제집행할 뜻을 통지하는 것을 말한다. 그리고 집행사건은 강제경매, 담보권의 실행을 위한 경매, 채권 기타 재산권에 대한 강제집행, 강제관리, 배당절차, 기

정사건이 1995년에는 1994년보다 건수가 줄어든 것으로 나타났다.

타 강제집행에 관한 사건들을 포함한다. 따라서 독촉사건이나 집행사건은 당사자간의 법정다툼이기보다는 법원의 판결 후 혹은 판결과 관계없이 권리를 지닌 한 당사자가 법원의 권위를 빌어 그 권리를 실현하는 것이라고 할 수 있다.

〈표 7-1〉에서 인구 1천 명당 민사소송건수를 산출하는 데 가사사건, 독촉사건 그리고 집행사건을 포함한 이유는 미국의 통계치와의 비교를 위해 형평상 그렇게 하였다. 갈란터 교수는 미국에서의 소송률의 변화추세를 파악하기 위해서 주법원에 제기된 민사사건에 법정다툼이 심한 분쟁, 이혼, 채무집행, 유언검인, 채권청구, 법집행 등을 포함하는데, 여기에서 유언검인은 우리나라의 가사사건 중 비송사건에 속하는 것이라고 할 수 있고, 채무집행이나 채권청구 등은 우리의 독촉이나 집행에 해당한다고 할 수 있다. 따라서 이러한 통계수치간의 정확한 비교를 위해서는 우리의 경우도 독촉사건이나 집행사건을 포함하는 것이 타당할 것으로 보인다.

우선 인구증가율을 보면, 1965년에는 2,837만 7천 명에서 1995년도에는 4,582만 9천 명으로 61%가 증가한 것을 알 수 있다. 이에 비해 민사본안사건의 경우는 1965년에서 1995년 사이에 692%가 증가하였다. 이것은 무려 인구증가율의 11.3배에 달하는 수치이다. 그리고 민사사건 전체의 증가율은 30년 동안 419%에 이른다. 이러한 수치를 연간으로 환산하면 연간 민사소송증가율은 13%에 이르는 놀라운 증가율을 보인다. 물론 여기에서 우리들이 세심하게 관찰할 수 있는 부분은 지난 30년 동안 매 10년간의 증가율이 현격한 차이를 보인다는 점이다. 우선 민사본안의 경우, 1965년에서 1975년 사이에는 46% 증가한 데 비해, 1975년에서 1985년 사이에는 224% 증가하였다. 그리고 1985년에서 1995년 사이에는 65%만이 증가하였다. 이것은 증가율 자체가 이미 절정단계를 넘어서서 다시 떨어지는 추세를 보이며, 민사소송의 증가 폭은 안정세에 들어선 것으로 판단할 수도 있다. 그러나 이러한 증가율의 감소는 소송사건의 절대 수가 늘었기 때문으로 파악된다. 따라서 증가율이 감소한다고 하더라도 최근 10년간의 증가율이 유지된다면, 민사소송건수는 압도적으로 늘어날 것으로 전망된다.

천 명당 소송 수를 보면 1995년도 현재 거의 25건에 이른다. 또한 민사사건의 종별로 볼 때, 집행사건이 1,292%로 최고의 증가율을 보이고 있으며, 다음으로는 가사사건이 783%, 그리고 민사본안이 692%의 놀라운 증가율을 보인다. 이러한 증가율은 우리 사회의 구조적 변화뿐만 아니라, 사회구성원들의 정서 및 의식의 변화와 밀접한 관계가 있음을 간접적으로 입증하는 것이다. 〈표 7-1〉을 보면 최근 한국 가족문제를 연구하는 학자들이 지적하는 가족붕괴 현상이 잘 나타나 있다.[8] 집행사건이 최고의 증가율을 보이는 것은 채무관계가 다양한 형태로, 즉 단순 직접거래 뿐만 아니라 신용카드나 신용거래의 증가와 밀접한 관련이 있을 것으로 추정된다. 그러나 무엇보다도 주목할 수치는 민사본안의 급증이라고 할 수 있다. 이러한 현상은 이제 우리 사회구성원들이 분쟁이 발생했을 때 더 이상 법원을 기피하거나 자신의 이익을 쉽게 양보하거나 포기하지 않는다는 사실을 보여주는 것이라 할 수 있다.

이처럼 엄청난 속도로 증가하는 민사소송의 수치를 볼 때, 우리 사회는 더 이상 소송의 홍수 혹은 초법률화 신드롬으로부터 안전하지 않다는 사실을 알 수 있다. 갈란터 교수의 추산에 의하면, 미국의 경우 1975년도에는 민사소송 제기건수가 1천 명당 44건이었다. 갈란터 교수가 조사한 바에 의하면 각주의 일반관할법원(*court of general jurisdiction*)의 경우는 21.6건이었다.[9] 그런데 소액사건을 포함한 제한된 관할법원(*court of limited jurisdiction*)의 소송담당률이 당시 전체 소송의 52%에 달한다는 사실을 감안하여, 21.6건을 두 배로 계산하고, 이

8) 한국사회사연구회, 《한국 근현대 가족의 재조명》(문학과지성사, 1993).

9) Galanter(1983), pp. 51~55.

수치에 연방관할 민사사건수를 포함한 수치였다.[10] 우리나라의 경우는 1995년도 민사본안사건에서 소액사건이 차지하는 비율이 66.57%이므로,[11] 실제 변호사들이 법정대리를 하고 다툼이 심한 사건은 미국의 경우보다는 훨씬 적다고 할 수 있다. 그러나 미국의 경우 1천 명당 44건이라는 수치는 지난 200년간에 걸쳐서 증가한 수치라는 점이다. 만일 우리나라의 경우 지난 30년간의 소송증가율이 그대로 유지될 때에는 우리 사회도 초법률화가 될 날이 그리 멀지 않을 것으로 보인다.

민사소송 증가율에서 미국의 경우 세인트루이스(St. Louis)의 제1심 법원을 중심으로 한 조사에 의하면,[12] 1900년에서 1910년 사이에 평균 소송률이 인구 1천 명당 7.65건이었던 것이 1970년에서 1977년 사이의 평균소송률은 16.86으로 증가하였다. 이러한 통계수치를 그대로 산술할 경우, 세인트루이스의 연간 소송증가율은 1.71%에 불과하다. 이 수치대로라면 우리의 연간 민사소송 증가율은 7.4%로 미국의 4.3배에 달하는 것이다. 만일 주어진 1천 명당 민사소송수의 증가율을 가지고 대략적으로 계산을 하더라도 앞으로 2020년 경에는 우리 사회도 1975년도 미국의 민사소송률에 도달할 것으로 예상된다. 물론 이러한 급속한 민사분쟁의 증가는 우리나라의 급속한 경제발전의 속도에 비추어 보

---

10) 미국의 경우도 법원의 관할권에 따라 법정을 구분하는데, 여기에서 구분하는 일반관할법원은 모든 종류의 민사사건을 담당하는 각 주의 일반법원을 말하며, 제한된 관할법원은 일반법원에서 파견된 판사들이 소액사건과 같은 경미한 민사상의 분쟁을 해결하기 위해 법정을 열어 심리하는 것을 말한다. 따라서 제한된 관할법원은 우리나라의 소액심판제와 유사하다고 할 수 있다.

11) 제1심 민사본안사건의 총계는 614,946건이었는데, 이중 일반본안사건은 227,019, 소액사건은 387,927건이었다. 법원행정처, 《사법연감》, 1996.

12) W. McIntosh, *Litigation and Private Dispute Settlement in the St. Louis Circuit Court, 1820~1970: A Preliminary Analysis* (1978.8). Galanter (1983), pp.38~39에서 재인용.

면, 그렇게 빠른 속도라고 할 수 없을지도 모른다.

그러나 경제문제의 경우에는 전 사회구성원들이 지대한 관심을 쏟는 데 비해, 사법정책이나 법제도 나아가서 우리 사회의 규범질서에 대해서는 그렇게 관심이 많지 않다는 데 문제가 있다. 더욱이 우리의 사법제도는 아직까지 다른 어느 부문보다도 훨씬 낙후되어 있다는 데 더 큰 문제가 있다. 1975년을 전후하여 미국의 법학자들과 일반인들 사이에 형성되었던 초법률화에 대한 심각한 논쟁과 염려가 과연 20년 후 우리 사회에서 재연될 수 있을지는 대단히 의심스럽다.

이러한 현상은 앞에서도 지적한 바와 같이 우리 사회에 만연되어 있는 분쟁에 대한 전근대적 관념과 무관심에 기인한다고 할 수 있다. 여전히 우리 사회에서는 사회 곳곳에서 발생하는 분쟁현상이나 상황들이 방치된 상태에 놓여 있다고 할 수 있다. 이러한 현상은 뒤에서도 언급하겠지만, 우리 사회구성원들이 삶의 세계에서 쉽게 경험하는 무질서 혹은 분쟁에서 받는 스트레스 등으로 인하여 중압감을 느끼게 되는 원천 중의 하나인 것이다.

미국뿐만 아니라 다른 선진사회들의 민사소송률과 비교하더라도 이제 우리 사회의 민사소송률이 결코 선진국가들에 비해 뒤떨어지지 않는다는 것이 분명하다.

비록 〈표 7-2〉에서 조사된 각 국가들의 민사소송률의 해당연도가 다르지만, 대략적으로 비교해보면 1995년도 우리나라의 민사소송률은 20년 전 스페인, 네덜란드, 이탈리아, 일본보다는 훨씬 앞서 있으며, 노르웨이, 벨기에, 서독 등의 소송률과 엇비슷한 수준에 있음을 알 수 있다. 이러한 현상은 이제 우리 사회에서 발생하는 분쟁의 현황이 서구 선진국 수준에 도달해 있으며, 우리의 전통적 규범문화나 규범질서의 틀 내에서 그것을 해석하고 정책을 수립하기에는 거의 불가능하다는 사실을 입증해주는 것이라고 할 수 있다.

한 가지 첨언할 사항은 1995년 민사본안의 경우 소액사건이 과반수

〈표 7-2〉 세계 각국의 1천 명당 민사소송 수의 비교[13]

(단위: 소송 수)

국가	오스트레일리아	벨기에	캐나다	덴마크	영국(웨일즈)	프랑스	이탈리아	네덜란드
(조사 연도)	(1975)	(1969)	(1981)	(1970)	(1973)	(1975)	(1973)	(1970)
1천 명당 소송 수	62.06	28.3	46.58	41.0	41.1	30.67	9.66	8.25
	뉴질랜드	노르웨이	스페인	스웨덴	서독	미국	일본	한국
	(1978)	(1976)	(1970)	(1973)	(1977)	(1975)	(1978)	(1995)
	53.32	20.3	3.45	35.0	23.35	44.0	11.68	24.80

주: 괄호 안의 수는 각 나라의 민사소송 수의 조사 연도를 의미함.

이상을 차지하기 때문에, 다시 말해서 반드시 변호사를 필요로 하지 않는 소송이 절대다수를 차지하기 때문에 거의 변호사가 개입하는 미국의 법정소송과 비교하면 안 된다는 반론을 제기할 수 있지만, 사실 이러한 현상은 다른 함의를 지닌 것으로 해석될 수 있다. 소액사건이 그렇게 많은 이유는 우선 변호사를 선임하지 않고도 직접 피해자나 분쟁당사자가 법원에 소송을 제기할 수 있다는 점에서 찾을 수 있다. 그러나 소액소송이 급속히 증가하는 현상이 의미하는 바는 이제 우리 사회구성원들이 적은 액수의 손해에 대해서도 대단히 민감해졌으며, 과거처럼 손해를 감수하거나 이웃에게 양보하지 않는 성향이 높아졌다는 것이다. 이것은 바로 '우리의 것'보다는 '나의 것'에 대한 관심이 더욱 높아졌다는 것을 함축하는 것이다. 또한 이러한 함의 외에도 보다 제도적 차원의 의미를 추론해본다면, 그것은 우리나라의 변호사의 수나

13) 이 도표에서 우리나라의 경우를 뺀 다른 나라의 통계치는 갈란터 교수의 논문에서 그대로 인용한 것이다. Galanter (1983), p. 52.

변호사선임에 따른 수임료와 밀접한 관계가 있다고 할 수 있다. 만일 법적 소송을 하는 데 변호사를 이용하는 것이 현재보다 훨씬 용이하다면, 소액사건 이외의 소송이 훨씬 많아질 것이라고 예상할 수 있는 것이다.

이러한 현상은 우리 사회구성원들의 규범의식이나 권리의식의 변화에 비추어 다른 사법적 제도들이 이를 뒷받침하지 못하고 있음을 반증하는 사례라고 할 수 있다. 다시 말해서 이제는 우리 사회구성원들이 더 이상 법정에 들어서는 일에 거부감을 느끼거나 수치스럽게 여기지 않는다는 것을 의미하는 것이다. 1994년 법의식조사에서 지적한 것보다는 훨씬 빠르게 의식이 행동으로 전환되는 상황이라고 할 수 있다. 이제 권리의식은 의식으로서 존재하는 것이 아니라 구체적 행동으로 옮겨지는 것이다. 이러한 변화는 도시뿐만 아니라 농촌에서도 급속하게 이루어진다고 추정할 수 있다.

3. 분쟁 해결 과정

앞에서 살펴본 바와 같이 소액사건이나 민사사건 자체가 전체적으로 급증하는 현상은 우리 사회구성원들의 분쟁과정에 대한 태도와 밀접한 연계성이 있다. 이러한 관계는 분쟁당사자 사이에서 분쟁을 어떻게 처리하는가를 살펴봄으로써 파악할 수 있을 것이다.

사인간의 분쟁이 법원에 제출된 경우, 그 해결방법은 크게 두 가지로 나누어 볼 수 있다. 하나는 판사의 판결, 즉 원피고의 승패 혹은 사안에 대한 각하결정 등에 의한 해결과 소송진행 중 당사자의 화해, 혹은 합의에 의한 소의 취하나 판사의 중재에 의한 합의 등 판결 이외의 방법에 의한 해결로 구분할 수 있다. 그런데 〈표 7-3〉에서 볼 수 있는 바와 같이 법관의 판결에 의한 해결건수가 판결에 의하지 않은 해결건수의 증가추세보다 압도적이다. 두 통계치의 비율을 보더라도 1965년에는 60 대 32였던 것이 1995년에는 73 대 25로 법원의 판결에 의해 해결되는 건수가 압도적으로 많다.

〈표 7-3〉 제1심 민사본안사건 처리결과 누년비교

(단위: 사건 수, %)

	판결에 의한 해결	소 취하	조정, 화해, 인낙 등에 의한 해결	기 타	합 계
1955	6,514(54)	3,081(26)	2,092(18)	—	11,858
1965	36,789(60)	13,003(21)	6,457(11)	4,860	61,492
1975	60,630(67)	17,529(20)	7,765(9)	3,906	89,880
1985	207,526(71)	52,235(18)	18,333(6)	13,412	291,506
1995	344,187(73)	86,014(18)	34,034(7)	6,967	471,202

주: 괄호 안의 수치는 당해 연도의 전체 민사사건 수에서 각 처리방식의 백분율을 나타냄.

이러한 현상은 최근 미국에서의 분쟁해결 방식의 변화와는 상이한 발전방향을 보여준다. 미국의 경우 최근 조정이나 화해 등 법원의 판결을 회피하려는 경향이 높아지는 추세에 비해서 우리 사회에서는 오히려 이와 정반대의 방향으로 나아가는 실정이다. 이러한 경향은 우리나라 사람들이 분쟁이 발생할 경우 당사자간에 거의 원수지간이 되고, 서로의 주장을 굽히지 않고 끝까지 밀고 나가는 성향이 높기 때문에 이처럼 분쟁이 경직된 양상으로 전개된다고 주장할 수도 있다.

그러나 이러한 주장은 일견 설득력이 있는 것처럼 보이지만, 그러한 현상이 반드시 우리 사회에 국한된 것만은 아니라는 사실을 염두에 둘 필요가 있다. 갈란터 교수가 지적하는 바와 같이 미국사회에서도 법정에서 분쟁을 다투게 되는 경우는 서로 낯선 당사자 사이에서 일어나는 경향이 높다.[14] 예를 들어 자동차 사고소송의 경우처럼 당사자가 상호간에 지속적 이해관계를 갖지 않는 경우이거나, 혼인이나 상업적 거래, 혹은 조직상의 관계가 깨졌을 때 법정소송으로 전환되는 경향이 높다는 것이다. 즉, 법정소송이 개시되었다는 것은 분쟁당사자 사이에 더 이상 장래에 기대될 수 있는 관계가 없거나, 이미 그들의 관계가 회복될 수 없을 정도로 깨졌음을 의미한다는 것이다.

그렇다면 이러한 변화들이 우리 사회에서 의미하는 바가 무엇인가? 첫째, 우리 사회구성원들의 법에 대한 의식이 획기적으로 변화하고 있음을 의미한다. 이들의 권리의식이 대단히 높아졌으며, 그러한 의식은 과거처럼 단순히 의식으로만 머무는 것이 아니라, 이제는 구체적 행동으로 옮겨지는 것을 알 수 있다. 이러한 현상으로부터 우리들은 다음과 같은 내용을 추론할 수 있을 것이다. 이제 우리 사회구성원들은 전통적 규범체계가 요구하는 행위나 가치관에 의해서 행동하기보다는 자유주의적 규범체계가 근거하는 가치관이나 의식에 따라서 행동하는 성

---

14) Galanter (1983), pp. 24~25.

향이 높아졌다는 것이다. 이러한 현상은 앞에서도 언급했지만, 전통적 규범체계가 작동하는 공동체조직이 와해되고 새로운 생활방식이 우리 사회구성원들의 삶을 지배하는 데 큰 이유가 있다고 할 수 있다.

둘째, 이제 우리 사회구성원들은 경제발전으로 인하여 보호해야 할 사적 재산을 가지고 있으며, 자신의 재산을 침해받았을 경우 이를 용인하고 양보할 것을 요구하는 공동체적 가치규범이 이제는 더 이상 각 개인의 삶에 그렇게 커다란 영향력을 미치지 못한다는 점이다. 제6장에서 살펴본 바와 같이 전통적인 공동체적 규범생활에서는 비록 자신이 손해를 보더라도 전체 공동체를 위해서는 희생할 수 있고 또한 그래야만 공동체의 삶이 평온하게 유지될 수 있었다. 그러나 그러한 삶의 형식과는 상당히 다른 삶의 패턴이 우리 사회를 지배하고 있다.

셋째, 이러한 우리 사회구성원들의 권리의식은 단지 직접적인 물리적 침해뿐만 아니라, 간접적 침해에 대해서도 대단히 민감해지기 시작했으며, 이러한 분쟁양상은 우리 사회의 분쟁의 원천을 보다 넓고 깊게 확산시키는 효과를 가져오고 있다. 최근에 일조권이나 명예훼손 등 추상적 권리에 대한 소송이 빈번하게 제기되는 것은 이러한 점을 반영한다. 예를 들어, 얼마 전 일산 신도시에서는 주차시설을 충분히 갖추지 못한 백화점의 영업행위로 인하여 평온한 주거생활을 향유할 권리를 침해받았다는 이유로 한 주민이 소송을 제기하였고, 법원에서는 그 침해를 인정하였다. 이 사례에서 볼 수 있는 바와 같이 과거에는 이웃간에 상호용인되었던 생활의 불편함이나 침해에 대해서 이제는 그것을 나의 권리침해로 그리고 곧 물질적 손해로 인식하기 시작하였음을 알 수 있다.

4. 분쟁의 다변화

앞에서 우리들은 우리 사회의 사적 영역에서 발생하는 법적 분쟁이 얼마만한 규모로, 얼마나 빨리 증가하는지 그리고 분쟁이 얼마만큼 격렬해지는가를 살펴보았다. 이 절에서는 이러한 법적 분쟁의 변화를 보다 세분화하여 과연 어떠한 양상으로 변화가 이루어지는가를 파악하고자 한다. 사회에서 발생하는 분쟁이 얼마만큼 다양한 영역에서, 즉 분쟁의 대상이 얼마만큼 다양한가는 바로 그 사회의 분화나 산업화의 정도와 밀접한 관련을 맺는다고 할 수 있다. 이러한 분석은 우리 사회구성원들의 일상생활이나 사회생활의 다양성을 간접적으로나마 파악하는 데 도움을 줄 것이다.

갈란터 교수에 의하면, 20세기에 나타난 소송종류의 변화 중 가장 괄목할 만한 변화는 민사소송에서 형사소송으로의 전환이다. 그에 따르면, 사적 영역에서도 가사소송과 불법행위소송이 급증하고 있다.[15] 이러한 추세는 영업이나 재산소송으로부터 불법행위법, 형사법 및 행정소송으로의 변화를 의미한다. 미국 5개의 군을 비교 조사한 아더 영(Arthur Young)에 의하면 접수된 전체사건 중 가사사건이 차지하는 비율이 1903~1904년에 21.8%에서 1976~1977년에는 51.7%로 급증했음을 보여주고 있다.[16] 불법행위의 경우 1903~1904년에는 1.2%였던 것이 1976~1977년에는 12.4%로 증가하였다. 그리고 거래와 부동산 소송이 1903~1904년에는 71.7%를 차지하던 것이 1976~1977년 사이에는 32.3%로 감소하였다. 이러한 소송종류의 변화는 산업의 발달과 밀접한 관련을 맺고 있으며, 후기산업사회에 접어들면서 사회

---

15) Galanter(1983), pp. 42~43.

16) Arthur Young & Co. & Public Sector Research, Inc., *An Empirical Study of the Judicial Role in Family and Commercial Disputes*(1981).

〈표 7-4〉 제 1심 소송사건의 종별분포 누년비교[17]

(단위: 사건 수, %)

	민사사건	형사사건	가사사건	행정사건	합 계
1955	12, 401 (50)	11, 237 (45)	756 (3)	294 (1)	24, 688
1965	62, 426 (52)	54, 564 (45)	2, 394 (1)	531 (0)	119, 915
1975	91, 723 (41)	120, 772 (54)	8, 853 (3)	647 (0. 3)	221, 348
1985	316, 177 (63)	145, 960 (29)	31, 433 (6)	1, 913 (0. 4)	495, 483
1995	494, 421 (70)	165, 226 (23)	37, 407 (5)	6, 614 (0. 9)	703, 668

주: 괄호 안의 수치는 당해 연도의 전체 1심 소송사건 수에서 각 종별사건의 백분율을 나타냄.

의 복잡성이 증대하여 계약에 기인한 손해배상보다는 무과실책임에 기인한 손해배상이 증대하는 것을 알 수 있다. 우리 사회에서도 의료과오나 산업재해 또는 제조물책임에 기인한 손해배상이 점차 증대하는 것을 알 수 있다.

아래에서는 우리 사회의 소송양상에 대해서 분석해보고자 한다. 우선 전체적으로 민사소송, 형사소송, 행정소송 간의 분포를 검토하고 난 뒤에, 민사소송이 보다 구체적으로 어떠한 양상으로 변화하는가를

17) 〈표 7-4〉의 통계수치는 각 해당연도의 제 1심에 접수된 사건 수를 비교하였다. 민사사건은 소액사건수를 포함한 민사본안사건수를, 형사사건의 경우는 본안사건만을 포함하였으며, 형사본안사건에는 합의, 단독, 사회보호처분 사건을 포함하였다. 형사사건의 경우 약식명령이 어떻게 보면 민사사건의 소액사건에 해당한다고 할 수 있으나, 민사사건의 통계치에 1965년과 1975년 통계에서는 소액사건이 별도로 산정되지 않았기 때문에 민사사건의 전체적 변화를 고려하기 위해서 1985년과 1995년의 민사사건의 경우 소액사건이 포함된 수치를 그대로 사용하였다. 가사사건의 경우는 가사소송사건만을, 행정사건은 제 1심인 고등법원에 접수된 건수만을 계산하였다. 〈표 7-4〉의 괄호안의 숫자는 각 사건이 전체에서 차지하는 백분위율을 나타낸 것이다.

살펴볼 것이다.

〈표 7-4〉가 보여주는 바와 같이 우리 사회에서는 아직까지 미국의 경우처럼 그렇게 다양한 형태로 분쟁이 발생하지 않으며, 오히려 초기 산업사회에서 나타나는 소송양상을 보여준다.

〈표 7-4〉에서 볼 수 있는 바와 같이 우리 사회의 소송사건의 종별분포는 미국의 경우와는 상이한 방향으로 발전하고 있음을 알 수 있다. 1965년의 경우 민사 대 형사의 비율이 52 대 45였던 것이 1995년에는 70 대 23으로 민사사건이 전체사건에서 차지하는 비율이 압도적으로 많아졌다. 이러한 변화에서 추론할 수 있는 사실은 우리 사회에서는 법규범을 위반하거나 타인에게 해를 끼치는 형사사건보다는 사적 영역에서 발생하는 분쟁의 빈도 수가 압도적이라는 것이다. 또한 이러한 통계치는 공적 영역보다 사적 영역이 훨씬 빠르게 변화한다는 증거이기도 하다. 그러나 공적 영역 중에서 기초질서에 해당하는 영역에서는 법규범의 위반이 폭증하였다. 1985년의 경우 약식사건이 323,904건이었으나, 1995년의 경우는 720,625건으로 거의 두 배에 달하는 정도로 급증하였다. 이러한 현상은 우리 사회에서 공적 규범질서가 상당히 문란해지고 있으며, 사회성원들이 공동체의식이나 타인의 권익을 쉽게 침범하거나 존중하지 않는다는 증거이기도 하다.

그런데 전체사건 중에서 가사소송과 행정소송이 증가하는 속도가 민사본안사건이나 형사사건보다 훨씬 빠른 것을 알 수 있다. 가사사건의 경우 1965년을 기준으로 할 때 30년 동안 1,462% 증가했으며, 행정사건의 경우는 1,145% 증가하였다. 이러한 증가율은 203%의 형사사건이나 692%의 민사본안사건과 비교할 때, 엄청나게 빠른 증가율을 나타내고 있다. 이러한 현상은 우리 사회의 다른 어떠한 영역보다도 가족영역에서의 변화가 획기적이라는 것을 보여주고 있으며, 지속적 탐구와 관심이 요구되는 부문이라고 할 수 있을 것이다. 또한 행정사건이 폭발적으로 증가하는 것은 우리 사회구성원들이 그동안 갖고 있던 국

〈표 7-5〉 민사본안사건 종류별 누년 비교[18]

(단위: 사건 수)

	부동산 (토지, 건물)	선박	미곡	물품	강제집행에 관한 소송	증권
1965	28,470	39	1,178	547	—	46
1975	41,103	37	1,332	977	—	15
1985	28,475	25	1,658	1,891	3,295	284
1995	30,939	22	57	1,057	2,725	44
	회사에 관한 소송	**금전채권**	**손해배상**	**기타**		**합계**
1965	—	20,436	6,398	4,378		61,492
1975	—	33,160	6,306	7,143		90,073
1985	756	199,435	21,713	40,467		297,999
1995	2,053	70,162	28,452	29,734		165,245

가의 공권력이나 법집행에 대한 의식이 빠르게 변화하고 있음을 암시한다. 전근대적 국가관이나 사인과 국가 간의 관계에 대한 인식으로부터 보다 현대적 인식으로 전환하는 현상을 나타낸다고 할 수 있을 것이다. 이러한 변화를 볼 때, 전체 소송종별 분포가 머지 않아 미국의 유형에 접근해갈 것이며, 사회 각 분야에서 분쟁이 더욱 활발하게 발생할 것이라고 예상할 수 있을 것이다.

---

18) 〈표 7-5〉에서 1985년도의 본안사건의 총합계가 1995년도보다 훨씬 많이 나온 것은 법원의 통계정책의 변화에 기인하는 것이다. 1985년도의 경우는 소액사건을 포함한 수치인데 반해, 1995년도의 경우는 소액사건을 뺀 수치이기 때문에 이러한 통계상의 결과가 나왔다. 따라서 소액사건이 대개 금전채권이나 미곡 혹은 물품에 속하기 때문에 손해배상의 증가 폭이나 전체적 변화를 파악하는 데에는 큰 장애는 되지 않을 것으로 보인다. 그러나 보다 정확한 비교를 하지 못하는 것이 아쉽다.

그렇다면 현재 우리 사회에서는 어떠한 문제로 사인간의 분쟁이 그렇게 무수하게 발생하는가? 다시 말해서 분쟁의 원천이 과연 무엇인가 하는 것이다. 〈표 7-5〉에서는 소액사건을 제외한 제 1심 민사본안사건을 소송대상물에 따라 분류한 것이다. 〈표 7-5〉에서 금전채권에는 대여금, 물품대금, 수표 및 어음금, 그리고 전세 및 임대차 등과 관련된 민사사건을 포함하였다. 손해배상사건의 경우 1975년까지는 법원통계에 상세한 구분이 없었는데, 최근의 사법연감에서는 손해배상을 자동차사고, 산업재해, 의료과오, 공해, 지적소유권 등을 각 항목별로 구분하여 통계화하고 있다. 이러한 통계작업의 변화는 우리 사회에서도 이제는 불법행위로 인한 손해배상사건의 수가 증가하고 있으며, 그 원인에 대한 보다 상세한 분석이 요구되기 때문에 세분화되는 것이라고 할 수 있다. 하지만 〈표 7-5〉에서는 그렇게 상세한 구분이 별 의미가 없어서 손해배상의 항목으로 통합하여 계산하였다.

〈표 7-5〉에서 볼 수 있는 바와 같이 사적 영역에서 발생하는 분쟁이 다양해지기 시작했음을 알 수 있다. 1965년도를 기점으로 할 때, 부동산, 선박, 미곡, 물품 등 재산권을 둘러싼 분쟁은 완만한 증가율을 보이고 있고, 오히려 선박이나 미곡의 경우는 분쟁이 감소하는 것을 알 수 있다. 반면 회사에 관한 소송이나 금전채권을 둘러싼 소송은 큰 폭으로 증가하였다. 특히 주로 불법행위 소송에 해당하는 손해배상의 경우는 지난 30년 동안 344%의 급속한 증가율을 보였다. 1995년의 경우 전체사건의 분포도를 보면, 부동산에 관한 사건이 18.7%, 손해배상사건이 17.2%, 금전채권에 관한 소송이 42.45%를 보였다. 이러한 추세에 비추어볼 때, 앞으로 우리 사회에서도 미국의 경우와 마찬가지로 손해배상사건이 점증할 것으로 예상되며, 이러한 현상은 사회에서 발생하는 분쟁을 더욱 복잡하게 할 것으로 예상된다.

이처럼 우리 사회에서 발생하는 분쟁양상은 앞으로도 대단히 다변화할 것으로 예상되며, 우리 사회의 산업구조의 변화나 생활패턴의 변화와 밀접한 관계를 갖게 될 것으로 보인다. 또한 이러한 사회구조의 변화와 함께 사회성원들의 정서나 규범의식도 상당한 정도로 급변할 것이 충분히 예상되는 것이다. 물론 이러한 예상은 먼 장래에 일어날 것이라기보다는 지금 이 순간에도 현실로 나타난다고 할 수 있다.

5. 분쟁에 대한 관점의 전환

그렇다면 과연 이러한 소송의 급속한 증가가 우리 사회에 어떠한 결과를 가져올 것인가? 소송에 대한 전통적 견해에 의하면, 소송의 증가 현상은 곧 사회의 분열이며, 결코 바람직하지 못한 사회로 인식되었다. 물론 이러한 현상을 과거의 사회에 적용한다면 그것은 맞는 답변이 될 것이다. 만일 전통적 농경사회나 봉건사회에서 현재 우리 사회에서 발생하는 정도의 분쟁이 발생한다면, 그 사회는 더 이상 유지될 수 없을 것이다. 더욱이 우리의 전통적 규범의식이나 가치관에 비추어 보면, 이러한 현상은 곧 사회의 와해를 의미하는 것이라고 할 수 있다. 이러한 우려는 1970년대, 80년대 미국의 법지식인들 사이에 일어났던 논쟁이나 우려와 같은 맥락에 있다고 할 수 있으며, '법의 홍수'라는 말로서 상징되는 후기산업사회의 퇴행적 특징과도 일맥상통한다고 할 수 있다.

그러나 갈란터 교수는 이러한 미국의 현상에 대해서 상이한 결론을 내린다.[19] 미국사회의 분쟁과 소송에 관한 통계가 보여주는 바는 미국사회에서 발생하는 갈등과 손실 중 아주 적은 부분만이 분쟁으로 발전하며, 또한 이러한 분쟁 중 대단히 적은 양만이 법적 소송으로 전환된다는 것이다. 그리고 이러한 소송 중 대부분의 경우는 사법적 판결에까지 이르지 않고 취하되거나 해결된다는 것이다. 또한 갈란터 교수는 최근의 소송률과 과거의 소송률을 비교하면 소송률이 20세기 후반에 와서 급증했지만, 현재의 수준이 역사적으로 전혀 예상치 못한 것은 아니었다고 지적한다. 실제 미국의 1인당 소송률이 다른 산업화된 국가들보다는 높은 편이지만, 영국, 오스트레일리아, 캐나다 등과는 엇비슷한 수준이다. 미국의 경우 이들 국가보다 법정소송이 훨씬 많은

---

19) Galanter (1983), pp. 69~71.

것처럼 외부에 비쳐지는 이유는 정부의 업무활동의 변화, 법무조직의 변화, 매스미디어와 법과의 관계변화 등 다양한 사회적 변화들로 인해서 개인적으로는 직접 법정소송을 경험하는 일이 상대적으로 적은데도 불구하고 특정소송들이 드라마틱하게 과장되기 때문이다.

갈란터 교수는 오히려 최근 분쟁의 패턴은 변화하는 사회환경의 변화, 즉 손해발생 원인의 다변화(특히 의료과오나 자동차사고 등 불법행위로 인한 손해의 발생), 이러한 일들에 대한 사회구성원들의 지식 정도의 변화, 교육의 변화 등에 적응하는 과정으로 해석되어야 한다고 설명한다.[20]

특히 갈란터 교수는 당시 미국의 지식인들 사이에서 법적 소송의 홍수로부터 안전한 사회의 표본으로 빈번하게 인용된 일본사회에 대한 존 할리 교수의 평가를 인용하면서 다음과 같이 평가하고 있다.[21] 먼저 일본의 국민들이 화해를 선호하게 된 것은 과거 일본정권이 법적 소송을 제한하기 위해서 고안해낸 교묘한 술책에 기인한다. 공식적 화해를 규정하는 현행 법규정은 일본의 일반대중이 요구한 결과로 만들어진 것이 아니었다. 이러한 규정들은 1920년대와 1930년대 초반 점증하는 법정소송을 제한하기 위한 당시 지배계층의 보수주의적 대응책에 그 뿌리를 두고 있다. 즉, 법정소송이 위계적 인간관계에 근거한 일본사회의 전통적 질서를 파괴할 것을 우려한 당시 지배엘리트들의 교묘한 정략에 기인한다는 것이다. 또한 일본사회에서 다른 통치기구들과는 달리 사법부가 작은 규모로 유지되어온 이유는 일반시민들이 사법적 판결을 통해서 분쟁을 해결하고 사법적 구제를 획득하는 것을 제한하려는 정부의 정책에 있었다는 것이다. 이처럼 일본사회에서 소송률이 낮은 가장 커다란 이유는 대중의 선택에 의한 것이 아니라, 정치엘

---

20) Galanter(1983), pp. 44~47.

21) J. Haley, "The Myth of the Reluctant Litigant", *J. Japanese Study* vol. 4 (1978). Galanter(1983), pp. 58~59에서 재인용.

리트들의 교묘한 정책적 선택에 의한 것이었다.

미국사회의 소송상황 그리고 일본의 낮은 소송상황에 대한 갈란터 교수의 평가는 최근 우리 사회에서 일어나는 소송 및 분쟁상황의 변화를 해석하고 평가하는 데 시사하는 바가 매우 크다. 앞에서 언급한 바와 같이 1994년 법의식조사자들은 우리 사회에서는 일본보다 훨씬 소송이 증대할 것이라고 예상한다.[22] 그러나 그러한 현상은 이미 현실로 나타나고 있으며, 반드시 부정적 현상으로만 파악할 수 있는 것은 아니다. 그것은 바로 우리의 전통규범이 근거하고 있던 공동체적 삶의 형식이 산업화의 결과로 와해되었으며, 급격한 인구이동, 도시화, 핵가족화 등 현대적 삶의 패턴으로 인하여 나타나는 결과라고도 할 수 있다. 특히 제 6장에서 다룬 전통적인 공동체적 규범체계가 안고 있는 규범력의 한계에 비추어볼 때, 이러한 현상은 이미 예견된 것이었다. 그러나 지금 우리 사회는 새로운 삶의 패턴에 맞는 새로운 규범양식과 규범의식의 형성을 요구하고 있으며, 그것은 단순히 전통적 가치관의 부활로서는 해결될 수 없는 거대한 변화라고 할 수 있다. 특히 우리에게 요구되는 바는 분쟁에 대한 새로운 관념과 접근이다.

---

22) 박상철 외(1994).

제8장

공적 영역에 나타난 한국인의 규범질서

1. 머리말

제7장에서 살펴본 바와 같이 사적 영역에서는 한국인들 사이에 자유주의적 권리의식이 급속하게 신장하였다. 제5장에서 살펴본 바와 같이 자유주의적 규범체계에서의 전제는 비록 사회구성원들이 자신의 이익을 도모하는 데 우선적인 관심을 갖지만, 그러한 이익추구는 철저하게 법질서에 의존하는 것이다. 그렇다면 과연 이러한 권리의식에 비례해서 공적 영역에서도 사회구성원들의 규범의식과 질서의식이 형성되는가?

이 장에서는 한국사회의 공적 영역에서 나타나는 규범현상을 분석하는 데 역점을 두고자 한다. 특히 형사법이나 행정법 등 공법에 의해서 국가가 개입하는 영역에 나타난 규범현상을 중심으로 연구를 진행하고자 한다. 국가기관에 의해서 처벌되는 행위는 단지 공적 행위만을 처벌하는 것이 아니라, 사인간의 관계에서 사기나 횡령 등과 같이 재산상의 이득을 목적으로 행해지는 범죄들도 포함하기 때문에 이러한 관계가 과연 공적 영역에서 발생하는 분쟁인가 하는 의구심이 있을 수도 있다. 그러나 국가가 형벌을 통해서 사회에서 발생하는 범죄행위를 예방하고, 처벌하는 가장 중요한 이유는 그 공동체의 최소한의 질서를 유지하기 위한 것이라는 점에서 우리들은 이러한 영역을 공적 영역이라고 할 수 있다.

물론 공적 영역에서 발생하는 범죄행위, 위법행위, 일탈행위 또는 범칙행위 등만 가지고서 한 사회의 전체적 규범질서 상황을 파악하기에는 무리가 있다. 또한 사회에서 발생하는 모든 일탈행위를 형사처벌로 규제한다는 것도 불가능하다. 오히려 그러한 규제는 대단히 위험하다는 것이 인류의 경험을 통해서 입증되었다. 형법학자들 사이에서 형법의 기능이 보충적이라는 것은 이미 확고하게 받아들여지는 원칙이기도 하다. 하인쯔 찌프에 의하면, "형법의 부수적이고 예시적인 성격은 바로 형법에 의해 직접적으로 무질서한 사회질서를 정돈할 수 있다고 믿는 사람들이 착오에 빠졌다는 점을 증명한다. 또한 보충성원칙은 형법을 형성하고 적용하는 데 있어서 중요한 의미가 있다. 형사정책적 관점에서 보충성의 원칙은 여러 가지 측면을 지닌다. 형법은 모든 사회정책 및 법정책 가운데 가장 혹독한 수단이다. 그렇기 때문에 형법은 다음과 같은 경우, 즉 다른 사람과 공동생활을 하는 인간의 삶에 있어서 필수적이며 따라서 형법이 아니면 어떠한 방법으로도 보호될 수 없는 바로 그러한 법익을 보호할 경우에만 적용되어야 한다. 이미 비공식적 사회통제제도 또는 공식적 사회통제제도 내의 형법 외적인 규율방식으로 충분한 경우에는 형법규범과 형사제재가 개입할 여지는 없다."[1)]

이러한 관점에서 볼 때, 형사범죄만을 가지고 한 사회의 규범적 상황을 판단하는 것은 무리가 있을지도 모른다. 그러나 그것은 적어도 최후의 제재수단이라는 점에서 하나의 척도역할을 할 수 있을 것이다. 이 장에서는 형사재판에 의한 범죄현황뿐만 아니라 우리 사회의 기초

1) 하인쯔 찌프, 김영환 외 역, 《형사정책》(한국형사정책연구원, 1993), p. 87.

질서 상황과 직접적으로 관련되는 즉결심판사건 등을 중심으로 우리 사회에서 발생하는 규범질서의 현상을 포괄적으로 다루어 보고자 한다. 아울러 공적 관리들의 행위나 절차에 대해서 우리 사회구성원들이 갖고 있는 의식에 대해서 살펴보고자 한다.

2. 범죄발생 현황에 대한 분석

과연 우리 사회에서 발생하는 범죄는 얼마만큼 증가하며, 그 원인들이 어디에 있는가? 〈표 8-1〉은 지난 30여 년 동안 우리 사회에서 발생한 형사사건의 통계를 도표로 만든 것이며, 제7장의 민사사건의 증감률과의 비교를 위해서 기본적 틀을 유사하게 구성하였다.

〈표 8-1〉에 나타난 형사관련 사건의 증감을 분석하기에 앞서 간략하게나마 형사사건의 항목에 대해서 설명할 필요가 있다. 우선 공판사건과 약식명령은 모두 형법이나 형사특별법에 규정된 범죄를 저지른 사건들이다. 그 차이는 범죄의 정도나 고의 혹은 과실의 경중에 있으며, 양자의 재판절차 또한 다르다. 공판사건은 정식재판을 거쳐서 사안에 대한 판결이 이루어지는 사건이며, 범죄 혹은 범법행위에 대해서 정식으로 검사가 기소를 해서 형사소송절차에 따라 법원에서 판결을 내리는 사건들이다. 이에 비해 약식명령은 공판사건에 해당되는 범죄이지만, 죄질이 경미한 경우 약식절차에 의해서 벌금, 과료 또는 몰수의 재산형을 부과하는 것을 말한다. 약식명령은 공판절차를 거치지 않고 유죄를 선고하는 것이므로, 재판은 공개되지 아니하고 심리는 서면심리로 하는 것이 보통이다. 그러나 이 사건들 역시 검사의 청구가 있는 때에 약식절차에 의한 재판을 할 수 있다는 점에서 공판사건과 동일하다. 예를 들어, 같은 형사법규정에서 징역 또는 벌금형을 부과할 수 있는 사건이라 하더라도 범죄행위가 과실 또는 경미한 경우에는 약식명령에 의해서 벌금형을 부과하는 경우에 활용되는 형사재판 절차라고 할 수 있다.[2] 따라서 일반적으로 한 국가의 형사사건을 통계내거나 수치상 비교할 때에는 약식명령을 모두 포함한다.

〈표 8-1〉은 30여 년간 제1심법원에 제소된 사건 수들을 집계한 것이

2) 정영석 · 이형국, 《형사소송법》(법문사, 1994), p.526 이하.

〈표 8-1〉 형사공판 및 약식명령사건 누년비교표[3)]

(단위: 사건 수, %)

연 도	인구 수	공판사건	약식명령	합 계	1천 명당 사건 수[1)]
1965	28,377,000	52,436	89,991	142,427	5.02
1970	31,469,000	95,835	149,583	245,418	7.80
1975	34,681,000	120,772	193,834	314,606	9.07
1980	37,448,000	142,782	347,655	490,437	13.10
1985	40,806,000	145,960	323,904	469,864	11.51
1990	43,869,000	186,184	577,040	763,224	17.40
1995	45,829,000	211,670	720,625	932,295	20.34
증가율(%)[2)]	61	303	700	554	305

주 1) 1천 명당 사건 수는 인구 1천 명당 당해 연도의 사건 수를 나타냄.
2) 증가율은 1965년 대비 1995년의 형사 및 약식 명령사건의 증가비를 나타냄.

다. 여기에는 영장사건, 사회보호 처분사건은 포함하지 않았다. 즉결심판사건은 별도로 다루었다. 30여 년간 인구는 1965년 2,837만 7천 명에서 1995년에는 4,582만 9천 명으로 61%가 증가하였다. 인구증가율에 비해 형사사건 중 공판사건은 303%, 약식명령은 700%가 증가하였으며, 전체적으로는 554%가 증가하였다. 인구증가율과 비교해보면, 공판사건의 증가율은 4배, 약식명령사건은 11배나 빠르게 증가하였음을 알 수 있다. 형사사건의 증가율에서 특기할 만한 점은 공판사건보다 약식명령사건의 증가율이 훨씬 압도적이라는 것이다. 그리고 매 10년간의 각 사건별 증가 추세를 살펴보면, 공판사건의 경우는 1965년에서 1975년 사이에 131%, 1975년에서 1985년 사이에 20%, 1985년에서 1995년 사이에는 45%가 증가하였다. 약식명령의 경우는

3) 〈표 8-1〉은 당해연도 사법연감에서 추출해 만들어진 것이다. 이 표에서 증가율은 1965년과 1995년의 수치간의 증가치를 나타낸 것이다.

1965년에서 1975년 사이에 115%, 1975년에서 1985년 사이에 67%, 1985년에서 1995년 사이에는 122%가 증가하였다. 이러한 증가추세에서 가장 두드러진 점은 1985년에서 1995년 사이에 범죄가 급증하였고, 특히 약식명령에 의해서 처벌을 받는 수가 10년 사이에 2배를 넘어섰다는 것이다. 이러한 현상은 약식명령에 의한 처벌이 재산형에 해당하는 벌금, 과료, 몰수를 과하는 경미한 사건임을 감안할 때, 우리 사회에서 구성원들 사이에 타인의 권리에 대한 침해가 급속하게 증가했으며, 규범질서가 전반적으로 혼탁해지고 있는 것을 알 수 있다.

특히 1995년의 경우 1천 명당 사건 수가 20.34건인데, 이 수치는 민사소송의 건수와 비교해 볼 때에도 적지 않은 숫자라고 할 수 있다. 제7장의 조사에 의하면, 1995년에 1천 명당 민사소송건수가 24.80건이었던 데 비해서 형사사건은 20.34건으로 결코 적은 수치가 아니다. 민사소송의 경우에는 독촉사건이나 집행사건 등을 포함해서 도출된 수치인데 비해서 형사사건의 경우는 단지 공판사건과 약식명령만을 포함한 수치라는 점을 감안하면, 우리 사회에서 형사사건의 발생빈도가 상당히 높은 편이라고 할 수 있다. 만일 기초질서위반에 해당하는 즉결심판사건, 영장사건 등을 포함하면 공적 영역에서 발생하는 위법행위나 일탈행위는 상당하다. 일례로 1995년도 법원통계에 의하면, 형사사건으로 분류된 사건 수는 2,190,119건으로 소송사건 중 가장 많은 비중을 차지하고 있으며, 전체사건에서 16.3%를 그리고 소송사건에 대해서는 50.3%의 비율을 차지한다. 이 수치를 가지고 인구 1천 명당 형사사건수를 산출하면, 47.78건이라는 놀라운 수치에 이른다.

그렇다면 우리 사회에서 범죄율이 높은 이유는 어디에 있는 것인가? 이처럼 높은 범죄율의 현황을 살펴보기 위해서 다음에서는 형사범죄자의 범행동기를 분석해 보았다. 여기에서는 1996년도의 경찰청통계만을 사용하기로 한다.

〈표 8-2〉에 나타난 1996년도에 발생한 전체범죄 중 괄목할 만한 사

〈표 8-2〉 1996년 형법범죄자 범행동기비교표[4)]

(단위: 범죄 건수)

	이 욕	사행심	보 복	가정불화	호기심	유 혹
강력범	3,181	166	174	188	564	386
살 인	46	7	104	94	1	6
강 도	2,818	100	20	7	112	37
강 간	291	48	15	4	446	343
방 화	26	11	35	83	5	—
절 도	19,751	854	71	57	7,701	873
폭 력	17,012	2,232	3,910	2,955	2,183	643
지능범	68,914	4,107	60	156	1,179	486
풍속범	6,068	11,135	62	732	1.138	1,534
기타범	3,660	239	294	88	280	116
계	118,586	18,733	4,571	4,176	13,045	4,038

	우발적	현실불만	부주의	기 타	총 계
강력범	2,952	199	144	3,978	11,932
살 인	254	50	10	204	776
강 도	746	39	27	1,192	5,098
강 간	1,767	16	90	2,353	5,373
방 화	185	94	17	229	685
절 도	7,552	239	707	14,225	52,030
폭 력	187,459	9,000	7,630	103,070	336,094
지능범	2,500	230	7,046	131,326	216,004
풍속범	1,779	188	1,194	18,920	42,750
기타범	3,893	872	5,800	19,695	34,937
계	206,135	10,728	22,521	291,214	693,747

4) 〈표 8-2〉에서 범죄의 종류는 경찰청 통계연보에서 분류한 것을 그대로 사용하였다. 예를 들어 살인죄는 살인, 영아살해, 존속살해, 촉탁·승낙살인, 자살교사 및 방조, 위계·위력·촉탁·승낙살인사건을 포함한다. 그리고 강도는 다양한 형태의 강도행위를 포함하며, 지능범의 경우는 직무유기·수행거부, 특가법상의 직무유기, 직권남용, 독직폭행·가혹행위, 피

항은 폭력범죄가 가장 많은 비중을 차지한다는 점이다. 폭력범죄가 거의 절반에 가까운 48.44%를 차지하고 있다. 그 다음으로는 지능범이 216,004건으로 31.13%를 차지한다. 이러한 현상은 전체범죄의 범행동기에서도 거의 유사한 특징을 발견할 수 있는데, 우발적으로 일으키는 범행이 206,135건으로 29.71%를 차지하고, 이욕을 채우기 위한 범행이 118,586건으로 17.09%를 차지하고 있다. 따라서 우리 사회의 범죄발생은 우발적이거나 물질적 욕구를 충족시키고자 하는 데 그 특징이 있다. 특히 전체 살인사건 776건 중 우발적으로 사람을 살해한 사건수가 254건으로 32.7%를 차지하고, 가정불화로 인한 살인이 94건으로 12%에 이른다는 사실은 놀라운 일이다. 또한 폭력범죄 중에서도 전체 336,094건 중 우발적 범행건수가 187,459건으로 55.77%를 차지한다. 그리고 강간범죄의 경우 총 5,373건 중 우발적으로 범행을 저지르는 사건이 1,767건으로 전체의 32.88%를 차지하고, 호기심으로 강간범죄를 저지르는 사건이 446건에 이른다.

이러한 현상은 제5장에서 살펴본 규범체계와 심리구조와의 관계에 비추어볼 때, 우리 사회에서 발생하는 범죄는 법의식과 밀접한 관련을 갖고 있다고 분석될 수 있을 것이다. 특히 고도의 산업화과정에 진입한 우리 사회에서 이처럼 원시적 형태의 범죄가 만연하는 사실은 아직도 타인의 권리에 대한 침해를 가볍게 생각하는 풍조가 여전하며, 사회구성원들이 자신의 감정을 통제할 수 있는 능력이나 공동체의 통제력이 상실되는 데서 기인하는 현상으로 해석할 수 있다.

의사실공표, 선거방해, 뇌물수수·요구·약속, 알선수재, 뇌물, 통화위조, 사기 등의 범죄를 포함한다. 그리고 풍속범계는 간통, 혼인빙자간음, 음행매개, 공연음란, 도박 등의 범죄를 포함한다. 그리고 범행동기에서 이욕항목은 생활비, 유흥비, 도박비, 허영사치, 치부, 기타 등으로 구분되어 있는데, 이 표에서는 이를 세분하지 않고 그대로 이욕항목의 총계를 사용하였다. 《경찰청 통계연보》, 1996.

다음으로 지능범죄의 수치가 대단히 높은 것을 알 수 있는데, 이러한 지능범죄에 속한 범행 중 사기죄를 저지른 사건 수가 177,008건으로 전체 216,004건 중에서 81.94%를 차지한다. 이러한 현상은 여전히 우리 사회에서는 타인과의 거래관계나 일상적 관계에서 서로를 신뢰할 수 있는 여건이 충분히 마련되어 있지 못하다는 사실을 나타내는 것이라고 할 수 있다. 최근 공무원들의 세금포탈 사건과 은행직원들에 의한 고객예금 횡령사건들의 빈번한 발생은 이러한 현실을 그대로 반영한다. 이러한 현상은 사회에서 구성원들이 상호신뢰 속에서 경제생활이나 일상생활을 해나가는 데 상당한 장애요인이 된다. 물론 경제가 발전하면서 경제사범이 증가하는 것이 선진국가들에서도 공통된 현상이기는 하지만, 여전히 타인을 속여 자신의 욕구를 충족시키려는 범죄가 많다는 것은 우리들이 보다 신중하게 고려해볼 필요가 있다. 이것은 우리 사회에서 경제활동이 예측 가능하고 안정된 거래관행 그리고 제도적 보장에 의해서 이루어지기보다는 여전히 단기적이고 일시적인 요인에 의해서 부의 축적이 가능한 데서 나타나는 현상이라고 볼 수 있다.

앞에서 분석한 범죄현상에 대해서 간략하게 정리한다면, 우선 우리 사회에서 범죄의 증가율이 매우 빠르다는 점을 지적할 수 있을 것이다. 중죄보다는 경죄의 비율이 높아지는 것은 사회의 변화속도가 빠르기 때문에 나타나는 현상 중의 하나라고도 할 수 있지만, 타인의 권리 침해에 대한 의식이 여전히 낮기 때문에 나타나는 현상이라고도 할 수 있다. 그리고 우발적 범죄가 많다는 것은 단지 범죄자의 심리가 불안정하기 때문이라고 단정하기보다는 사회 내의 복합적 요소들을 고려해 볼 필요가 있다. 그것은 우리 사회가 전반적으로 여유가 없고, 정서의 불안정을 일으키는 사회적 요인들이나 사건들이 지나치게 많은 데서도 그 원인을 찾을 수 있다. 또한 그러한 여유의 결핍은 타인의 행위나 과실에 대한 관용의 결핍으로 인해서 나타난다. 이러한 현상은 일종의 범죄 혹은 일탈행위의 악순환의 고리라고 할 수 있을 것이다.

3. 기초질서 준수상황

한 사회에서 사회구성원들이 평온한 삶을 유지하기 위해서는 범죄로부터 안전성을 확보해야 할 뿐만 아니라, 보다 중요한 것은 구성원들이 일상생활에서 상호간에 존중해야 하는 기초적 사회질서를 확립해야 한다. 기초적 사회질서의 준수는 비록 타인의 권리에 대한 직접적 침해를 야기하지는 않지만, 사회생활을 보다 윤택하고 원만한 인간관계를 유지하는 데 필수적이다. 이러한 사회의 기초적 질서가 잘 유지될 때, 사람들이 보다 활기 있고 쾌적한 삶을 누릴 수 있을 것이다.

여기에서는 즉결심판에 의해서 처벌받는 행위를 중심으로 분석하고자 한다. 물론 이러한 유형의 처벌받는 행위는 다른 법규에 의해서도 상당히 많이 있다. 예를 들어 가벼운 행정처벌이나 탈세, 혹은 외제밀반입, 환경오염에 의한 처벌 등 즉결심판에 의해서 처벌되는 행위의 유형과 유사한 행위들이 많이 있다. 그러나 이러한 행위영역을 모두 조사하는 것은 거의 불가능하기 때문에 여기에서는 한국사회에서 나타나는 규범위반 행위의 유형과 그 특성을 밝히기 위해서 범위를 한정하고자 한다. 즉결심판은 주로 경범죄처벌법을 위반하거나 도로교통법을 위반한 사건들이 주류를 이루는데, 이러한 영역들은 사회구성원들이 일상생활에서 항상 직면하는 규범의 영역이기 때문에, 우리 사회구성원들의 규범준수 의식이나 규범행위를 파악하기에 적합한 영역이라고 할 수 있다.

우리나라에서 즉결심판은 약식명령보다 경미한 범법행위에 대해서 처벌하는 재판절차이며, 주로 사회의 기초질서 위반에 대한 가벼운 처벌을 받는 사안들을 다룬다. 즉결심판이란 즉결심판에 관한 절차법에 의해서 처벌되는 절차이며, 범증이 명백하고 죄질이 경미한 범죄사건에 대해서 통상의 형사절차에 의하지 아니하고 신속히 심리, 처리하기 위한 간략한 형사절차이다. 즉결심판법은 '10만원 이하의 벌금, 구류 또는 과료에 처할' 범죄사건에 대해서 즉결심판에 의할 것을 규정하고 있다. 즉 이 법은 10만원 이하의 벌금, 구류 또는 과료에 처할 경미한 범죄사건에 대해서만 적용되므로 주로 경범죄처벌법에 대한 절차법으로서의 의미를 가진다. 그러나 〈표 8-3〉에 나타난 바와 같이 경범죄처벌법뿐만 아니라 도로교통법이나 윤락행위방지법을 위반한 경우에도 즉결심판에 의한 처벌을 받을 수 있다. 즉결심판과 약식명령 간의 가장 커다란 차이점은 약식명령이 검사의 요구에 의해서 이루어지는 데 비해, 즉결심판은 경찰서장의 청구에 의해서 이루어진다.[5)]

〈표 8-3〉에 나타난 즉결심판을 받은 법규위반행위의 총수는 증감에 있어서 커다란 특징을 발견하기가 힘들다. 앞에서 살펴본 형사본안사건과 약식명령건수가 지속적으로 증가하고 있는 데 비해서 즉결심판건수는 일관된 증감의 현상을 보여주지 않는다. 이러한 현상은 경범죄처벌이나 다른 즉결심판 대상범죄를 단속하는 경찰행정이 사회적, 정치적 요인에 의해서 크게 영향을 받기 때문에 나타나는 것이라고 할 수 있다. 경찰의 단속 및 규제가 강화되느냐 아니냐에 따라 즉결심판의 건수가 들쭉날쭉하는 현상을 보인다. 일례로 1993년 문민정부가 새로 출범하면서 경찰이 '기초질서위반사범'에 대한 단속을 강화함으로써 즉결심판의 건수가 대폭 증가하였다. 경찰청 통계에 의하면, 1993년에는 823,589건, 1994년 1,096,585건, 1995년 1,032,789건으로 지속적 증가를 보이다가 1996년에는 832,005건으로 대폭 줄어들었다.

그런데 세부항목을 보면 몇 가지 두드러진 특징을 발견할 수 있다. 첫째, 즉결심판 처벌건수 중 경범죄처벌법 위반행위와 도로교통법 위반행위가 전체에서 차지하는 비율이 변화했다는 점이다. 1975년의 경우, 경범죄처벌법 위반건수가 전체 즉결심판 사건에서 차지하는 비율

---

5) 정영석 · 이형국(1994).

〈표 8-3〉 즉결심판처벌건수 누년비교[6)]

(단위: 처벌 건수)

	1971	1975	1980	1985	1990	1993
도박과 복표에 관한 죄	—	—	11,370	8,464	8,566	15,316
폭 행	—	28,478	3,956	21,940	21,760	20,112
사 기	—	—	7,149	5,611	2,849	1,121
손 괴	—	—	4,212	3,336	4,723	3,477
경범죄처벌법	215,306	333,204	394,289	153,145	111,231	268,267
도로교통법 및 도로법	407,829	147,835	270,397	147,943	387,958	437,679
자동차관리 및 운수사업법	—	—	28,903	52,161	3,797	1,486
식품위생법 및 공중위생법	14,173	9,773	8,827	2,906	4,320	9,498
윤락행위등방지법	23,206	11,385	4,486	3,149	1,887	7,981
철도법	4,343	8.064	—	—	—	4,621
집회 및 시위에 관한 법률	—	—	—	—	1,151	473
향토예비군설치법	—	—	—	31,397	21,400	24,218
기 타	68,735	73,873	18,248	20,142	13,059	11,201
계	758,216	612,612	781,837	450,194	582,701	807,819

6) 〈표 8-3〉의 통계수치는 사법연감에서 추출한 것이다. 이 표에서 빈칸으로 있는 것은 법원행정처에서 통계방식이나 분류를 다르게 하였기 때문에 나타난 것이다.

이 54.4%이고 도로교통법 위반행위가 24.1%를 차지했으나, 1993년에는 경범죄처벌법 위반건수가 33.2%이고 도로교통법 위반행위가 54.1%를 차지하는 것으로 그 순위가 바뀌었다. 그리고 도로교통법 위반행위의 경우에도 1970년대에는 주로 보행자들이 처벌의 주 대상이었으나, 1980년대 이후에는 운전자들이 주 처벌대상으로 바뀌었다. 둘째, 즉결심판에 의해서 처벌되는 폭행, 사기, 손괴 등과 관련된 범죄는 상당수 줄어들거나 정체된 현상을 보였다. 그리고 자동차관리법의 경우는 현저하게 그 위반사례가 줄어들고 있는 것을 알 수 있다.

최근 기초질서 위반사례를 보다 세밀하게 분석하면, 몇 가지 특징적 현상이 나타난다. 우선 1990년대 들어서면서 가장 급격한 증가를 보이고 있는 위반사건은 금연장소에서의 흡연행위이다. 1991년에는 6,923건이었던 것이, 1992년에는 23,368건, 1993년에는 115,860건으로 그리고 1994년에는 265,382건으로 대폭 증가했다가, 1996년에는 다시 65,427건으로 줄어들었다.[7] 이러한 경향은 1991년부터 금연장소에서의 흡연행위에 대한 규제가 대폭 강화되었다는 사실을 잘 반영한다. 여기에서 우리들은 새로운 사실을 추론할 수 있다. 만일 금연장소에서의 흡연행위에 대한 규제가 지속적 강도를 지니고 실행되었다고 전제할 때, 사회적 통제나 규제가 강화되기 시작하면서 처음에는 위반사태가 급증하다가 점차 그 건수가 줄어드는 데는 일정한 주기가 필요하다는 사실이다. 이러한 것은 우리 사회환경의 변화로 인하여 사회구성원들에게 요구되는 새로운 내용의 규제를 신설할 때, 감안해야 할 중요한 요소인 것으로 판단된다.

1996년도 경찰청통계에 나타난 경범죄 위반사건을 세목별로 살펴보면, 우선 음주소란행위로 인한 처벌건수가 금연장소에서의 흡연건수 다음으로 높은 비중을 차지한다. 그리고 무단출입, 불안감조성, 오물

---

7) 《경찰청 통계연보》, 1996.

방치, 무임승차 및 무전취식으로 인하여 즉결심판을 받는 사례가 주류를 이룬다. 이러한 위반사례들의 특징을 보면, 여전히 우리 사회에서는 공동체생활에 기본적으로 필요한 이웃이나 타인에 대한 배려가 부족한 것을 알 수 있다. 음주소란행위의 경우, 우리 사회구성원들의 행위에 대해서 좀 특징적 측면들을 지적할 수 있다. 음주소란행위가 여전히 빈번하게 발생하는 이유는 우리 사회의 전통적 문화가 집단주의 문화를 갖고 있고, 사람들이 자주 어울리는 경향을 갖고 있는 데서 연유하는 것이라고 해석할 수 있다. 집단적 어울림을 통해서 서로간의 동질성이나 친분을 확인하는 관행이 여전히 지배적인 것을 알 수 있다. 그런데 집단의 어울림이 소란으로 이어질 공산이 높고, 이러한 행위는 곧 자유주의적 규범체계에서 규제되는 타인의 권리에 대한 침해가 되는 것이다. 이러한 현상은 어떻게 보면, 문화적 충돌이라고 할 수 있을 것이다. 여기에서 우리들은 하나의 전환적 계기를 파악할 수 있는데, 이제는 전통적 문화 위에 자유주의적 규범체계가 확립되어 있다는 사실이며, 이러한 인식이 아직까지 사회구성원들의 의식에 뿌리내리고 있지 못한 데서 나타나는 현상이다. 다시 말해서 과거에는 어느 정도 받아들여질 수 있었던 소란행위도 이제는 점차 그것을 수용하기를 거부하는 사람들이 많아졌다고 할 수 있다.

앞에서 우리들은 즉결심판사건에 대해서 살펴보았는데, 이러한 사건만이 우리 사회의 질서문화의 전부는 아니다. 도로교통법과 관련된 위법사항들을 살펴보면, 현재 우리 사회의 질서가 얼마나 혼탁한 상태에 있는가를 확연하게 알 수 있다. 1997년 중반 우리 나라의 자동차보유대수가 1천 만대를 돌파하였다. 그러나 이렇게 급증하는 자동차대수에 비해서 자동차와 관련된 질서와 규칙을 준수하는 문화는 아직 충분하게 성숙되지 못하고 있는 실정이다. 1996년도 경찰청통계에 의하면, 운전 및 주차위반 등 도로교통법 규정을 위반해서 범칙금의 통보를 받은 총 건수는 9,284,295건이었다. 이 수치는 당시 자동차보유대수가 9,553,092대였다는 사실을 감안하면, 거의 모든 차량이 1건 정도의 교통법규를 위반했다고 할 수 있으며, 운전면허를 가진 사람의 총수가 17,720,833명이었는데, 운전면허소지자 두 명 중 한 명은 연간 1회 정도 교통법규를 위반했다고 할 수 있다. 이 중 가장 많은 위반사건은 1,260,385건을 차지한 제한속도위반이었다. 그리고 보행자 단속의 총 건수는 1,485,723건이었는데, 이 중 횡단보도 통행의무위반이 897,961건으로 가장 많았다. 이 두 위반행위는 자신의 생명이나 타인의 생명과 직결되는 행위임에도 불구하고 그 수치가 가장 높다고 하는 것은 우리 사회구성원들의 규범의식에 상당한 문제점이 있다고 할 수 있다. 통계수치는 교통경찰의 단속에 적발된 경우만을 나타내기 때문에, 만일 적발되지 않은 교통법규 위반사례들을 합하면, 그 수치는 우리의 상상을 초월할 것이다.

이러한 전체적 기초질서의 상황을 살펴볼 때, 우리 사회에서는 여전히 준법의식이 미숙한 것을 알 수 있으며, 규범질서의 준수가 사회구성원들의 권리의식과는 상당히 떨어져 있다고 할 수 있을 것이다. 서울시민의 기초질서 준수의식을 조사한 연구자들은 우리 사회에서 기초질서가 잘 안 지켜지는 원인으로 사람들의 낮은 준법의식과 비일관된 처벌관행을 지적한다.[8] 이 연구에 의하면, 우리나라 사람들이 기초질서가 잘 지켜지지 않는 원인으로 꼽고 있는 사항 중에서 '사람들의 준법정신이 약해서', '경찰에 단속되는 경우가 별로 없어서' 그리고 '질서를 지키다가는 손해만 보므로'라는 항목의 수치가 높게 나왔다.

그런데 이 조사에서 흥미 있는 사실은 자신이나 자신의 주변사람들의 준법의식은 상당히 높다고 응답한 반면, 자신과 관계가 없는 사람들의 준법의식은 낮다고 평가한다는 점이다. 이러한 인식의 차이는 우리의 집단주의 문화와도 밀접한 관련을 지니고 있으며, 그러한 문화가

8) 조병인 · 전영실, 《서울시민의 기초질서준수에 관한 연구》(형사정책연구원, 1996).

갖는 한계를 나타내는 것이라고도 볼 수 있다. 이러한 현상은 내집단과 외집단 간의 동질성의식이나 관용정신이 여전히 괴리를 보이는 것이라고 할 수 있다. 자신의 위치에서 멀리 있는 타인들에 대한 관용성이 여전히 낮은 데서 기인하는 것이 아닌가 추론해볼 수 있으며, 아직 우리 사회에서는 규범의 보편성, 즉 질서의식의 보편화가 이루어지지 않고 있는 증거라고 할 수 있다.

4. 공적 관리들의 규범질서

앞에서 우리들은 공적 영역에서의 일반인들의 규범질서 현황에 대해서 고찰하였다. 한국인들이 일상생활에서 일으키는 타인에 대한 권리침해는 어느 정도이고, 규범을 준수하는 것이 어느 정도 되며, 그 원인이 무엇인가를 살펴보았다. 그러나 한 사회의 규범질서는 단지 일반인들의 규범준수의식이나 준수행위만 가지고 판단하거나 평가될 수 있는 문제가 아니다. 한 사회에서 규범질서가 얼마만큼 잘 준수되느냐 하는 것은 공적 관리들이 얼마만큼 규범질서를 잘 준수하고 있는가와 밀접한 관계를 갖는다. 현대사회의 가장 중요한 원리 중의 하나인 법치주의는 규범의 적용을 받는 일반국민들뿐만 아니라, 규범을 적용하는 권한을 부여받은 공적 관리들이 법규범에 따라 자신들의 권한을 행사할 때 비로소 확고하게 성립될 수 있다.

그렇다면 한국인들은 자신들이 경험한 공적 관리들의 행위나 절차에 대해서 어떻게 생각하는가? 1994년 한국법제연구원에서 조사한 국민법의식조사연구에 의하면, 국민들의 법집행기관에 대한 의식이 매우 부정적으로 나타난다.[9] 1991년의 조사와 비교해볼 때에도 오히려 공적 기관들에 대한 불신의 정도가 더욱 심화된 모습을 보여주었다. 특히 법의 공정성에 관한 물음에 대해서 상당히 부정적이었다. 예를 들어, 국회나 정부에서 법령을 만들 때 공정하다고 생각하느냐는 물음에 대해서 응답자 중 부정적으로 답변한 사람들이 56.7%로 긍정적으로 답변한 사람들보다 많았다. 행정관청이나 경찰서, 그리고 검찰의 법집행에 대해서는 겨우 절반 이상이 공정하다고 답변하였다. 단지 법원의 판결이 공정하냐는 질문에만 70.8%가 긍정적 반응을 보였다. 그런데 공적 기관들의 공정성에 대한 반응보다도 더욱 심각한 것은 국

9) 박상철 외 2인, 《1994 국민법의식조사연구》(한국법제연구원, 1994).

회의원이 만든 법이 국민인 우리가 만든 법이라고 생각하느냐는 질문에는 62.2%가 부정적으로 답변함으로써 사회구성원들이 자신들의 삶을 규제하는 법과 일체감을 거의 느끼지 못하는 것으로 나타났다. 이러한 현상은 각종 연구조사에서 지적되는 것처럼 법집행기관이나 입법기관에 대한 불신풍조를 그대로 반영한다고 할 수 있다. 이처럼 사회구성원들이 느끼는 법집행기관에 대한 불신은 이들로 하여금 법준수의식을 강화시키는 데 커다란 장애요인 중의 하나가 되고 있다.

서구에서 법의 지배원리가 확립된 가장 주요한 원인은 지배계층의 행위를 규제하기 위한 것이었다. 자의적으로 행사되는 권력을 규제하기 위해서 법의 지배원리가 선택되었다. 물론 법에 의한 지배가 모든 환경과 시대에 동일한 함의를 갖는 것은 아니다. 권위주의적 정권하에서의 법의 지배는 철저하게 국민들 위에 군림하는 정권이 국민들을 다스리기 위해서 자신들에게 유리한 법을 제정하고 이를 통해서 국민들을 다스리는 형식을 취한다. 그러나 실질적 의미의 법의 지배는 국민들을 위한 법에 의해서 국민들 스스로 고도의 자율성을 토대로 사회질서가 이루어지는 것을 의미한다.

그러나 아직까지 우리 사회에서는 공무원들이 자신들의 행위가 법에 의해서 통제된다는 사실을 충분히 인식하지 못하는 실정이다. 공공기관이 국민들을 위해 존재하는 기관이기보다는 법을 집행하고 행사하는 기관이라는 인식이 아직도 팽배해 있다. 그리고 그 법이 누구를 위해서 만들어졌는가에 대한 인식조차 확실하지 못하다. 법이라고 하는 것이 국민들의 생활을 보다 편리하게 하고 윤택하게 하기 위한 것이라는 인식이 우선될 때, 이들은 자신들의 위상에 대한 새로운 인식을 갖고서 변화하게 될 것이다.

더욱이 공적 관리들의 법의식이 대단히 경직되고 획일적이어서 이들 법집행기관이 국민들로부터 충분한 신뢰를 얻지 못하는 실정이다. 공적 관리들의 획일적 관념으로 인한 과도한 규제주의는 국민들의 경제생활과 일상생활을 침해하여 사회의 활력을 빼앗는 결과를 가져오고 있다. 이처럼 강한 규제주의로 인해 오히려 공적 기관들이 국민들로부터 신뢰를 확보하지 못하게 되었다. 만일 공적 관리들이 법을 집행하는 데 공평하고 적극적인 태도를 유지하고, 또한 법집행의 궁극적 목적인 국민의 복리를 위한 것이라는 신념이 확고하다면, 법적용에서의 탄력성을 확보하지 못할 이유가 없다. 그러나 법적용에서 공평성이나 중립성을 확보하기보다 사적 관계나 다른 이유로 법에서의 예외를 자의적으로 허용했기 때문에 진정으로 법의 보호를 받아야 할 대상들이 피해를 보는 경우가 대단히 많았으며, 그 불신감은 여전히 뿌리 깊게 남아있는 것이 우리의 현실이다.

일반인들은 공적 관리의 행위인 공무집행에 대해서 과연 그것이 공정하다고 생각하는가 하는 질문은 두 측면에서 살펴볼 필요가 있다. 우선 사람들이 공정하다고 생각하는 주관적 정의와 실제적 차원에서의 객관적 정의로 구분될 수 있다. 비록 사람들이 공정하다고 생각하더라도 그 과정이나 절차가 객관적으로 공정하지 못한 경우가 있을 수 있다. 또한 비록 과정이나 절차가 객관적으로 공정하다고 하더라도 사람들은 불공정하다고 느낄 수 있다. 이것이 규범의 절차적 정의가 지니는 두 측면, 즉 주관적 측면과 객관적 측면이다. 예를 들어 분쟁에 관련된 사람들이나 법규를 위반한 사람들은 자신들이 경험하는 법적 절차가 공정하다거나 불공정하다고 느끼는 바에 따라 절차적 정의가 높다거나 낮다고 평가한다. 물론 이들이 공정하게 취급받았거나 불공정하게 취급받았다는 느낌이 객관적 정의의 기준에 비추어볼 때, 잘못된 것일 수도 있다. 린드와 타일러는 이러한 규범과 정서 간의 갈등에 대해서 다음과 같이 지적한다.

> "소액소송사건에서 소송당사자는 자신들의 이야기를 전달할 수 있는 기회를 갖고 싶어한다. 이들은 자신들에게 중요한 쟁점들을 명

> 료하게 할 필요가 있다고 느끼는 만큼 많은 시간을 갖기를 바란다. 그러나 판사들은 효율성과 법적 타당성에 대한 사법적 관심 때문에 이러한 표현의 기회를 제한할 수밖에 없다. 판사들은 자신들이 다루어야 할 소송부담에 상당히 민감하며, 이러한 상황 때문에 이들은 소송당사자들이 말할 수 있는 기회를 제한하지 않을 수 없다. 판사들은 이미 법에 대해서 상당한 지식을 갖고 있으며, 법적으로 관련이 없거나 부적합한 정보를 제시하는 소송당사자의 기회를 제한하기도 한다. 이러한 상황에서 판사는 객관적 정의와 법적 효율성을 최대한 높이려고 작업을 하는 것이며, 이러한 행동이 소송당사자에게는 주관적 정의의 경험과 충돌을 일으키는 것이다."[10]

이처럼 법을 집행하거나 적용하는 권한을 지닌 공적 관리들이 법에 대해서 경직된 사고를 갖거나 아니면 법을 지키려는 의지가 약할 때, 사회의 규범질서는 정당하게 확립되기 힘들다. 이러한 관행은 공적 관리에 대한 사회구성원들의 불신과 이러한 불신으로 인한 규범질서의 혼란이라는 악순환을 지속시키는 근원이 되는 것이다.

---

10) A. Lind & T. Tyler, *The Social Psychology of Procedural Justice* (Plenum Press, 1988), p. 4.

5. 맺음말

제 6 · 7 · 8장의 연구를 통해서 우리들은 몇 가지 중요한 점들을 확인했으며, 다양한 규범영역을 살펴봄으로써 앞으로 우리 사회의 규범질서가 나아갈 방향에 대해서 비록 구체적이지는 않지만, 나름의 성과를 얻었다고 할 수 있다. 이러한 결과들에 대해서 간략하게 정리해보고자 한다.

첫째, 우리 사회에서는 사회구성원들이 생각하는 것보다 훨씬 빠른 속도로 전통적 규범체계가 해체되고 있으며, 구성원들의 권리의식이 급속하게 성장하였다. 특히 사적 영역에 나타난 소송률의 급증은 우리 사회구성원들이 단순하게 의식 속에서만 권리의식이 강화되는 것이 아니라, 이를 실제 행동으로 옮기고 있음을 확연하게 보여준다. 이러한 현상에 대해서 우리 사회가 신속하게 대처할 필요가 있다.

우선 사법절차를 보다 공정하고 사회성원들의 정서에 부합할 수 있도록 다변화하고 정비할 필요가 있다. 절차적 정의에 대한 미국인들의 정서상의 갈등이 보여주는 것처럼 우리 사회에서도 법원의 절차에 대해서 많은 분쟁당사자들이 그렇게 좋은 감정을 갖고 있지 않다. 따라서 사적 영역에서 급증하는 소송사건이나 분쟁들을 보다 합리적이고 신속하게 해결할 수 있는 제도적 장치를 마련할 필요가 있다. 특히 분쟁해결제도의 다변화를 통해서 다양한 형태의 분쟁을 해결할 수 있는 방안을 모색할 필요가 있다. 아직까지 우리 사회에서는 법원의 문턱이 여전히 높고, 접근하기가 그렇게 용이한 것이 아니다.

그러나 현재 법원에 접수되는 분쟁건수가 지속적으로 증가하는 추세에 비추어볼 때, 법정으로 가지 않는 사인간의 분쟁이 상당할 것이라고 추정해볼 수 있다. 이처럼 분쟁이 급증함에도 불구하고 단지 공식적 재판제도에 의해서만 이것들을 해결하려고 한다면 엄청난 비용과 시간을 낭비하게 될 것이며, 사회구성원들에게 불필요한 비용을 부담시키는 결과를 가져오게 될 것이다. 1970년대부터 미국에서도 이러한 문제들을 해결하기 위해서 꾸준히 연구하여 대안적 분쟁해결제도를 마련해왔다. 우리 사회에서도 굳이 법정에 갈 필요가 없는 분쟁들을 해결할 수 있도록 다양한 분쟁해결제도를 마련할 필요가 있다. 특히 이러한 제도들은 우리의 전통적 규범공동체에 존재했던 분쟁해결제도들을 하나의 모델로 삼아서 만들 수도 있을 것이다.

둘째, 공적 영역에서 나타나는 현상은 우리 사회의 공동체성에 상당한 위기를 가져오고 있다. 특히 사적 영역에서 나타나는 높은 권리의식과 공적 영역에서의 낮은 질서의식 간의 괴리는 우리 사회에서 심각하게 대처해야 할 현상이다. 사회 각 부문에서 엄청날 정도로 발생하는 기초질서 위반사태에 대해서 보다 장기적 대책이 요구된다. 기초질서의 준수는 단지 개인주의나 자유주의적 요소들을 강화하는 것이라기보다는 공동체를 위한 최소한의 질서준수라는 의식의 확산이 필요하며, 이를 위한 장기적 교육과 제도의 확립이 절실히 요구된다. 특히 기초질서 위반에 대한 전반적 검토를 통해서 새로운 차원에서 규제제도를 확립할 필요가 있다. 최근에 나온 연구들은 경범죄처벌법에 불필요한 규정들이 많이 있고, 그로 인해 많은 국민들이 준범죄인화되는 경향이 있다고 지적한다. 따라서 이러한 규정들을 대폭적으로 정비할 필요가 있다. 하지만 보다 중요한 것은 사회구성원들이 성숙한 자율성을 확보할 수 있도록 장기적 계획을 세우는 것이다. 그동안 우리 사회에서는 국민들을 규율의 대상으로 그리고 피교육의 대상으로만 인식해왔다. 그러나 이제는 사회구성원들을 자율적 주체로 재정립하고 그 위에서 규범정책을 수립해야 한다.

셋째, 규범질서와 질서의식의 관계를 살펴볼 때, 우리 사회에서는 우발적으로 발생하는 범죄가 엄청나다. 이러한 현상은 우리 사회구성원들의 정서적 안정감이 매우 낮다는 사실을 나타낸다. 정서와 규범행위에 있어서 중요한 점은 불안정한 정서가 위법행위를 야기하며, 그러한 위법행위는 타인들에게 불쾌한 감정을 야기하는 악순환의 고리로 연결된다. 바로 이러한 점을 사회구성원들이 깊이 인식할 필요가 있으며, 사회규범이나 기초질서의 준수는 개인적 차원에서 이루어지는 것이라기보다는 공동체적 차원에서 이루어져야 한다는 인식을 고양시킬 필요가 있다. 규범적 규제나 질서의식은 주관적이기보다는 간주관적이라는 관념의 확립이 중요하다.

넷째, 전통적 규범체계의 해체로 인하여 나타나는 아노미적 현상에 대해서도 진지하게 고려해야 한다. 이러한 현상은 세 번째 지적한 관점과 연결될 수 있는데, 수치심에 의한 행위의 제어가 이제는 우리 사회에서 점점 희박해지고 있다는 점을 인정할 필요가 있다. 과거 공동체적 의식이 강하고 작은 공동체에서 이루어졌던 마을사람들의 비행에 대한 공동체의 제어력이 상실되는 현 시점에서 이러한 전통적 규범체를 대체할 수 있는 제도와 의식이 요구된다. 이를 위해서는 앞에서 지적한 내집단과 외집단 간의 인식의 차이를 넘어설 수 있는 보다 보편화된 규범의식이 요구되며, 보다 포용력 있고 넓은 관용의 정신이 요구된다.

제 9 장

집단분쟁의 발생원인과 전개과정

1. 머리말

한국사회에서도 점차 사적 이해관계를 중심으로 개인들과 단체들이 집단적으로 행동하는 사태가 만연하고 있다. 이처럼 집단적 행동들이 사회 각 부문에서 만연함으로써 우리 사회의 구성원들 사이에는 집단행동에 대해서 무조건적으로 거부하는 태도가 높아지고 있다. 즉 집단행동을 하는 사람들에 대해서 '집단 이기주의'라고 획일적으로 낙인찍음으로써 매도해버린다.

그러나 이러한 사회적 판단이나 평가는 이익의 집단화현상에 대해서 어떤 해결책도 제공하지 못하며 오히려 그 세부적 과정을 매몰시켜 버림으로써 무엇이 잘못되었는지, 그러한 잘못을 어떻게 시정해야 하는지에 대해서 구체적이고 실천적인 대안을 제시하지 못한다. 이제는 이러한 현상들을 보다 면밀하게 분석함으로써 왜 우리 사회에서 집단적 행동이 만연하는가를 진단할 필요가 있다.

이 장에서는 사람들이 집단행동을 하는 원인과 과정을 면밀하게 분석하고, 그 과정을 통해서 나타나는 참여자들의 의식의 변화, 특히 법의식이나 권리 및 공적 기관들에 대한 관념의 변화를 추적하고자 한다. 이러한 분석을 통해서 우리들은 지난 30여 년간 변화되어온 한국인들의 권리의식이나 법의식의 변화양상을 파악할 수 있을 것이다.

실증적 연구의 차원에서 미아 1-1 재개발지구에서 발생한 분쟁을 분석하는 데 집중하고자 한다. 특히 1990년대 후반에 나타난 지역사회 내의 분쟁과정의 특징들 그리고 분쟁과정에서 나타나는 변화들에 주목하고자 한다. 이 연구는 우리 사회에서 집단적 분쟁 혹은 개개인들의 법의식이나 권리의식이 어떠한 형태로 나타나는지, 특히 집단행동에 참여한 사람들의 의식과 행동이 어떻게 변화하는가를 보여줄 것이다. 이러한 조사연구를 통해서 우리들은 현재 우리 사회에 나타나는 집단행동의 양상을 파악할 수 있으며, 나아가서 그러한 분쟁들을 해결할 수 있는 실마리를 잡을 수 있을 것이다.

여기에서는 우선 재개발사업이 어떻게 진행되는가를 간략하게 설명하고, 미아 1-1지구의 재개발사업이 구체적으로 어떻게 진행되었고, 그 과정에서 왜 분쟁이 발생하게 되었는지 그리고 분쟁발생 이후에 주민들이 어떻게 행동하게 되었는지를 구체적으로 분석하였다. 그리고 이러한 분쟁과정에서 주민들의 생각과 행동이 어떻게 변화되었는지를 밝히는 데 중점을 둘 것이다.

2. 재개발사업 추진과정

1) 재개발사업의 진행과정

일반적으로 재개발사업의 진행은 일정한 단계를 거친다. 이 단계들은 도시재개발법[1]에 규정된 바에 따라 진행되는데, 시장, 군수 혹은 구청장이 관할지역 내에 재개발구역을 지정하게 되며, 전반적인 사업계획을 입안하게 된다. 물론 재개발구역으로 지정되었다 해도 구체적 재개발사업의 추진까지는 상당한 기간이 소요된다. 재개발사업은 주민들의 동의를 얻어야 할 뿐만 아니라 시나 관할관청의 재정이 마련되어야 추진될 수 있기 때문이다. 미아 1-1지구의 경우도 이미 1973년에 서울시에 의해서 재개발지구로 지정되었고, 구체적으로 재개발사업이 추진된 것은 1983년의 일이다. 그러나 추진위원회가 구성되었다고 해서 바로 조합이 설립되고 사업이 시행되는 것은 아니다. 그 지역 내에는 다양한 주민들이 거주하고 있고, 각 주민들마다 재정상태나 이해관계가 다르기 때문에 이들의 의견을 하나로 집결하는 데는 수년의 기간이 소요된다. 미아 1-1지구 역시 조합이 설립되고 실질적으로 시공사를 결정하게 된 것은 1990년대 초반의 일이다. 이처럼 재개발사업이 실행되는 데에는 10년 내지 20년의 장기간이 소요된다. 이 과정에서 관련법규정과 정책이 수시로 바뀌게 되고 분양조건들이 변하게 되는 것은 당연한 일이다. 이처럼 장기간이 소요되기 때문에 재개발사업은 분쟁이 발생할 소지가 매우 높다. 처음에 제시된 분양조건이나 개발조

---

1) '도시재개발법'은 2003년 6월 1일부터 시행된 '도시및주거환경정비법'으로 명칭 및 내용이 바뀌었다. 그러나 여기에서는 분쟁 당시의 상황을 생생하게 전달하기 위해 과거의 법명칭을 그대로 사용하였다. 이 장에서 다룬 미아 1-1 재개발지구 분쟁에 관한 구체적 내용은 재산보호위원회에서 수집한 자료와 인터뷰자료 및 담당변호사와의 인터뷰를 토대로 하였다.

건과 실제사업이 추진되면서 결정되는 조건 사이에 상당한 차이가 발생하기 때문이다.

원래 도시재개발법에서 규정하는 재개발사업의 진행과정에 의하면 이미 재개발조합이 설립되고 그 조합이 입찰공고를 낸 후 건설회사, 즉 시공사를 결정하는 것으로 되어 있지만, 실제로는 이러한 단계들이 지켜지는 예는 거의 없으며, 재개발이 추진되는 초기과정부터 이미 건설회사나 관청의 영향력이 상당한 정도로 개입한다. 추진위원회가 구성되면서 재개발 관련자들이 적극적으로 개입하는데, 이 시기에 건설회사들간의 경쟁이 치열해지고 추진위원들과 건설회사의 담당자들 간에 유착관계가 맺어진다. 건설회사들은 거대한 재개발사업에 참여하기 위해 관청이나 추진위원들에게 로비를 벌이고, 이 단계에서 지역주민들의 성향이나 주요인사들에 대해서 파악한다. 이 과정에서 건설회사는 앞으로 재개발사업을 진행하면서 조합을 대표할 파트너를 선정하는 데 결정적 역할을 한다.

대체로 재개발사업을 시행하는 지역은 '달동네'로 불리는 지역들이고, 이 동네의 유지들은 건축에 해박한 지식을 갖고 있거나 사회적으로 명망 있는 사람들이기보다는 그 지역사회에서 오랫동안 거주하면서 나름대로 유지역할을 해온 통·반장, 새마을운동에 참여했던 사람들이 추진위원의 역할을 담당하는 것이 일반적이다. 그리고 추진위원을 담당했던 사람들이 조합장이나 조합임원을 맡게 되는 것이 관행이다. 주민 2/3 이상의 동의를 얻어 조합을 결성하게 되고, 결성된 조합은 관할관청에 조합설립인가 신청을 하여 정식으로 재개발조합을 발족한다. 그런데 조합결성에서 또 하나의 파트너가 등장하는데, 그것이 바로 재개발업무를 대행해줄 용역회사(컨설팅 회사)이다. 조합장이나 조합임원들이 실질적으로 건축과 관련된 지식을 충분히 숙지하지 못하기 때문에 그리고 수백 명 혹은 수천 명의 재산을 다루기 때문에, 건설회사나 관청 등과의 복잡한 업무를 추진하기 위해서는 이러한 업무를 대행해줄 전문가들이 필요하며, 이들이 바로 용역회사이다. 이 단계까지는 거주민들을 구성원으로 한 조합이 결성되고, 조합이 추진할 사업을 진행시킬 건설회사나 관청과의 사이에서 심부름역할을 해줄 용역회사가 결정된다.

1980년대 목동에서 공영개발방식에 의한 재개발사업을 시행하다가 엄청난 곤혹을 겪은 뒤부터 행정관청은 재개발과정에서 한 발짝 물러나 있게 되었다. 그러나 관이 완전히 재개발사업의 고리로부터 이탈한 것은 아니다. 재개발지구 지정, 조합인가, 관리처분인가 등 여전히 중요한 역할을 담당한다. 물론 관리들은 외견상으로는 이러한 재개발사업을 합동개발, 주민들의 자치적 사업으로 규정하지만, 여전히 중요한 역할을 담당한다. 특히 미아 1-1지구와 같이 과거 다른 지역에서 철거된 이주민들이 많은 경우에는 관과 주민들 사이에 갈등이 발생할 수 있는 소지가 매우 높으며, 직접적 이해관계에 놓이게 된다. 재개발지역으로 지정된 지역이 대부분 낙후된 주거지역이며, 그 주거지역에는 시유지나 공유지를 점유하는 주민들이 많기 때문에 당연히 관과 주민간에 이해관계가 첨예하게 부딪치는 경우가 많다.

특히 행정관청의 모호한 태도, 한편으로는 중립적 입장을 취하는 듯하면서 다른 한편으로는 직접적 이해관계와 인가권을 행사하는 입장으로 인해 재개발사업에 상당히 많은 문제점들이 발생하는 것 또한 사실이다. 1980년대 관이 주도한 재개발사업이 상당한 후유증을 낳은 것이 사실이지만, 그러한 부작용도 사실은 공영개발 그 자체가 잘못 되었다기보다는 당시 재개발사업을 담당했던 관리들의 그릇된 인식과 행태가 잘못되었기 때문에 발생한 것이다.

2) 미아 1-1지구 재개발과정

미아 1-1지구가 재개발지구로 지정된 것은 매우 오래 전의 일이었다. 1973년 12월 1일 서울시는 이 지구를 재개발지구로 지정하였다. 그 후 여건이 조성되지 않아 차일피일 미루어져 오다가 1983년 11월 17일 재개발 설립위원이 구성되었으며, 이 위원회를 중심으로 재개발사업이 추진되었다. 그 당시 설립위원들이 제시한 재개발조건은 1983년 합동재개발법에 의해 실시된 구로 제1구역의 분양조건과 거의 유사하였다. 조합원들에게 자기소유 토지면적의 100%가 넘는 조건으로 분양하며, 국·공유지 불하대금도 주변지가의 50%로 산정해주고 그 대금은 연차로 불입한다는 것이었다. 물론 이러한 조건은 당시 주변에서 재개발이 이루어지면서 제시되었던 것이며, 향후 세월이 흐르면서 이러한 조건이 그대로 적용되기는 매우 힘들게 된다.

이 지구에 거주하는 주민 2,218명이 조합을 구성하였으며, 조합임원들을 선출하여 정식으로 재개발사업을 추진하게 되었다. 1992년 12월 10일 미아 1-1지구 재개발조합은 S건설회사와 가계약을 체결하였다. 가계약체결 당시 지역 국회의원들이 가교역할을 한 것으로 전해지고 있다. 시공사를 선정하는 단계에서 정치인들이 개입함으로써 공정한 입찰보다는 수의계약에 의해 결정되는 결과를 가져왔으며, 2년 뒤 입찰공고를 내고, 본계약을 체결하는 과정에서도 가계약을 체결한 S건설회사가 그대로 결정된다. 이처럼 수의계약에 의해 시공사가 결정됨으로써 주민들에게 엄청난 불이익을 가져오는 결과를 빚게 된다. 이러한 사실은 뒤에서 살펴보겠지만 주민들이 국회의원들이나 정치인들에 대해 강한 불신감을 갖는 계기가 되었다.

1994년 4월 21일과 1996년 6월 27일에 조합과 건설회사 사이에 원계약을 변경하는 계약이 체결되었고, 재개발사업이 순조롭게 진행되는 중에 1997년 12월 IMF사태를 맞이하였다. IMF사태는 모든 부문의 경제활동을 둔화시키는 결과를 가져왔으며, 특히 거의 모든 재개발사업, 건설사업이 일시 중단되었다가 1998년도부터 다시 재개되었다. 그러나 원화가치가 급격히 하락하면서 이자율이나 자재값이 크게 변동했으며, 이러한 경제상황의 변화를 이유로 1998년 10월 31일 조합은 S건설회사와 변경계약을 체결하였다. 바로 이 변경계약이 조합원들 내부의 그리고 조합과 시공사 간에 분쟁이 발생하는 불씨가 되었으며, 법적 소송으로까지 이어지게 되었다.

3. 분쟁의 발생과 전개 과정

1) 분쟁의 발생

미아 1-1지구 재개발사업이 진행되던 중 우리나라 경제가 1997년 하반기부터 IMF관리체제하에 들어갔다. 한국경제가 위기에 직면하면서 무수한 기업들이 도산하고, 실업자들이 속출하였다. 이러한 경제적 위기사태가 진행되면서 건설업은 총체적 위기를 맞게 된다. 아파트의 분양이 중단되고, 신규건설이 거의 전면적으로 유보되면서 재개발사업 역시 일시적으로나마 침체상태에 이른다. 그러나 미아 1-1지구의 재개발사업은 이미 상당한 정도 사업이 진척되어 있었기 때문에 큰 타격을 입지 않고 속행될 수 있었다.

그러나 이자율이 급등하고, 수입원자재 가격이 급등하면서 경제전반에 걸쳐 많은 부작용들이 나타나기 시작하였다. 이러한 비정상적인 경제적 상황에 대처하여 정부도 아파트건축에 새로운 안을 제시하였다. 이미 1989년부터 원가연동제도가 도입되었고, 정부로서도 건설회사의 자금사정 등을 감안하여 분양가를 자율화하는 대책을 마련하였다. 그러나 이러한 분양가 자율화정책은 사실상 분양대상자들과 주민들을 위한 것이었는데, 오히려 정반대의 결과를 가져왔다. 재개발, 재건축시에 주택분양가를 감정평가사가 평가한 택지비와 건교부가 발표한 표준건축비의 합계로 결정하는 원가연동제는 정부가 분양가를 규제해서 무주택 영세민의 부담을 줄인다는 취지로 시행되었던 것이고, 분양가 자율화 역시 IMF관리체제로 인하여 아파트분양이 급격하게 줄자 건설회사의 자금융통을 위해서 자율화를 허용한 것이었다. 그러나 IMF사태로 땅값이 떨어지자 재개발조합과 시공사들은 재개발 전 토지·건축물에 대한 보상비율을 올리려고 택지평가액을 높이기 시작했고, 이로 인해 분양가액이 주변매매가를 웃도는 기현상이 일어났다.

이러한 사태 속에서 영세조합원들은 기존의 집과 땅을 모두 팔아도 분양가를 댈 수 없는 상황에 이르게 된다.

미아 1-1지구 재개발 조합원들의 저항이 분출하게 된 원인은 1998년 10월 31일 조합과 S건설사 간에 계약변경이 이루어진 데 있었다. 1994년과 1996년에 조합과 건설회사는 변경계약을 체결한 바 있지만, 그 당시에는 조합원들이 크게 이의를 제기하지 않았다. 그러나 1998년에 체결된 변경계약에 대해서 조합원들이 이의를 제기한 주된 원인은 이 변경계약 전에 구청에 의해서 관리처분 승인이 났기 때문이다. 관리처분은 재개발사업이든 다른 형태의 건설사업이든 매우 중요한 법적 처분이다. 그 처분에는 사업소요 비용 등 자금운용계획서, 분양대상자의 종전 토지·건축물의 명세와 추산액, 일반분양가액 등 중요한 내용을 담고 있다. 따라서 이 관리처분에 의해서 앞으로 아파트에 입주할 조합원들의 재산상태가 결정되는 결과를 가져온다.

2) 조합의 분열

1998년 7월과 8월을 전후하여 관리처분을 둘러싸고 그동안 미아 1-1지구 주민들의 누적된 불만과 억울함이 분출하게 된다. 앞에서 지적한 것처럼 관리처분계획은 사업소요 비용, 자금운용 계획서, 분양대상자의 종전토지와 건축물의 명세 그리고 그 추산액, 일반분양가액 등 중요한 내용을 담고 있으며, 조합원총회의 결의를 통해서 정하도록 되어 있었다. 그런데 미아 1-1지구 재개발사업에서는 이 관리처분 계획이 전 조합원의 동의를 얻지 않은 채 일부 조합임원들의 강압에 의해서 통과되었다. 그리고 인가권을 갖고 있는 강북구청은 과반수가 넘는 조합원들의 이의신청을 무시하고 그대로 인가를 내줌으로써 분쟁이 발생하게 된다. 주민들은 이러한 구청의 인가에 대해서 1999년 2월 관리처분계획이 ① 정관 위배, ② 유령조합원, ③ 정족수 미확인, ④ 강북구청 인가의 부당성 등을 이유로 서울시에 관리처분계획 인가처분 취소 행정심판을 제출하였다. 이를 계기로 미아 1-1지구 재개발조합은 기존조합 대 재산보호위원회로 분열되고 조합원들은 양 조직으로 나누어져 두 세력간의 치열한 분쟁이 전개되었다.

일반조합원들은 그동안 자신들이 갖고 있던 재산권을 둘러싼 불이익에 대해서 어떻게 대응해야 하는지를 정확하게 인식하지 못하였다. 관리처분계획의 내용이 공표되고 알려지면서 조합원들은 처음에 자신들이 합의하고 동의했던 내용과 상당한 차이가 나는 것을 발견하고 난 뒤에 개별적으로 조합이나 건설회사 사무실에 찾아가 억울함을 호소하였지만, 거대한 조직력을 바탕으로 재개발사업에 관련된 모든 업무에 통달하고 있고, 힘과 자본을 소유한 건설회사에 대한 개인적 저항이나 투쟁은 거대한 바위에 달걀 던지는 식에 불과하였다. 또한 이들을 대표하는 조합장을 위시한 조합임원들, 즉 재개발사업의 추진위원들 역시 주민들의 사정을 대변하거나 이를 반영하기보다는 강 건너 불구경하는 식이거나 건설회사의 입장을 대변하는 데 불과하였다.

이러한 장벽에 대해서 주민들이 조직력을 발휘하기 시작하였고, 거대자본과 이와 결탁된 기존조합에 대해서 본격적 투쟁을 시작하게 된다. 이들의 저항과 투쟁의 단계는 크게 두 단계로 나누어볼 수 있는데, 그것은 1990년대 한국사회의 다른 부문에서 나타난 시민들의 집단적 저항이 어떠한 방식으로 전개되는지를 파악하는 데 매우 중요한 초석이 된다. 첫 번째 단계는 시위와 집회결사를 통한 저항의 단계이며, 두 번째 단계는 결집된 조직력을 바탕으로 법정투쟁으로 넘어가는 단계로 구분할 수 있다.

미아 1-1지구 주민들이 본격적으로 조직하기 시작한 것은 1998년 8월경이었으며, 이 시기에 기존 조합조직에 대항하기 위한 안티조직으로 재산보호위원회를 결성한다. '재산보호위원회'(이하 '재보위')란 말 자체가 나타내는 바와 같이 이 모임은 각 주민들이 공동으로 안고 있는 공감대인 자신들의 재산을 박탈당하게 되었다는 데 호소하면서 지어진 명칭이며, 억울하게 박탈당한 재산을 되찾자는 운동에서 출발하였다.

미아 1-1지구 주민들이 자신들의 재산권을 확보하기 위해 투쟁하고 저항하는 전략은 몇몇 특징을 갖고 있다. 첫째, 주민들의 지지를 확보하는 전략을 사용하였다. 이들은 소식지를 만들어 수시로 진행과정을 주민들에게 홍보할 뿐만 아니라 누구에게든 사무실을 개방하였다. 이러한 여론조성을 통해서 조합원들의 지지를 이끌어내는 전략을 사용하였다.

둘째, 철저한 공개의 전략이다. '재보위'는 기존조합이나 건설회사의 부당한 분양가격이나 비리뿐만 아니라 '재보위' 자체의 활동이나 진행과정을 투명하게 주민들에게 공개하는 전략을 활용하였다. 이러한 전략은 어떻게 보면 기존의 조합임원진이 불투명한 사업진행을 통해서 조합원들에게 불이익을 가져왔을 뿐만 아니라, 불투명한 과정으로 인해서 조합원들로부터 불신을 받게 된 것이라는 인식에서 나왔다. 어떻게 보면 이러한 전략의 변화는 자신들과 기존조합과의 차별화전략이라고 할 수 있다. '재보위'는 기존의 조합조직과 대조적 전략을 사용함으로써 자신들의 정당성을 확보할 수 있는 계기를 마련하였다.

셋째, 거의 모든 투쟁에서 합법적 수단을 사용하는 전략이다. 이들은 집회 · 시위 · 결사뿐만 아니라 기존조합이나 건설회사에 대해서도 과거 1980년대 주류를 이루었던 물리적 시위나 저항의 전략을 사용하지 않고 철저하게 법적 테두리 안에서 투쟁하는 전략을 세우고 실천했다는 점이다. '재보위'는 집회나 시위를 할 때에도, 철저하게 경찰서에서 사전에 허가를 얻은 뒤에 집회를 개최하였고, 사건을 변호사에게 의뢰하여 법정투쟁을 병행하였다. 이들의 행동에 나타난 특징은 철저하게 법적 테두리 내에서 진행하였다는 점이다.

물론 이러한 합법적 투쟁방법을 사용한다고 해서 이들의 저항이나 투쟁이 그렇게 순탄한 것은 아니었다. 이들이 초기부터 부닥친 거대한 장벽은 기존의 조합조직이나 시공사에 의한 분열전략이었다. 기존의 조합에 대항하여 안티조직을 형성하고자 했을 때, 기존조합의 임원들이나 시공사에서는 다양한 방해공작을 했을 뿐만 아니라, 동시에 이들이 반대하는 결정들을 강행하였다.

'재보위'에 속한 조합원들이 저항의 초기부터 가장 강조한 것은 '똘똘 뭉치고 유언비어에 속지 말자'는 것이었다. 이 지침은 분쟁이 발생한 시점부터 이후에 저항과 투쟁이 전개되면서 지속적으로 강조되는 구호였다. 이들은 거대한 자본과 완강한 권력에 저항하여 이길 수 있는 유일한 무기는 전 주민들이 일치합심하여 뭉치는 것 외에는 다른 방도가 없다는 것을 잘 인식하고 있었다. 즉 안티조직이 기존세력에 저항하여 승리할 수 있는 토대는 전 주민들의 전폭적 지지 외에는 없었던 것이다. 이들에게는 돈도 권력도 없었으며, 그렇다고 전문적 지식을 갖추고 있었던 것도 아니었다. 다만 이들이 갖고 있던 것은 '부정의에 대한 저항정신' 그리고 '나의 재산에 대한 애착심'이었다.

앞에서도 지적한 바와 같이 이들이 투쟁하는 전 과정을 살펴보면 가장 눈에 띄는 전략은 철저한 공개정신이었다. '재보위'는 모든 과정을 전 조합원에게 알리는 전략을 구사하였다. 기존조합의 비리나 건설회사의 부당한 처사뿐만 아니라 자신들의 일거수일투족을 모든 주민들에게 전달하는 것이었다. 그러나 이들에게 가장 힘들었던 것은 이러한 내용을 전달하는 일이었다.

전달과정에서 '재보위'가 부딪친 첫 번째 난관은 전달받을 조합원들의 연락처를 확보할 수 없었던 데 있었다. 모든 조합관련 자료들을 조합장과 조합임원들이 독점했기 때문에, 비록 자신들이 그 변경계약의 부당성을 알고 있다고 해도 이를 알려서 조합원들로부터 자신들의 활동에 대한 지지를 얻기가 거의 불가능한 상태였다. 다시 말해서 정보의 획득, 구체적으로 조합원들의 명단을 확보하는 데 난관에 봉착했다. 조합에서건 건설회사에서건 조합원의 명단을 제공하지 않았으며,

구청에서조차 명단공개를 거부하였다.

두 번째 난관은 경상비의 문제였다. 재보위의 활동에는 우편료, 통화료, 변호사 선임료 등 적지 않은 경상비가 지출되었지만, 이러한 경비를 건설회사나 조합으로부터 전혀 지원을 받지 못하는 상태에서 '재보위'에 가담한 조합원들이 내는 월회비로 운영되었다. '재보위'에서 활동하는 한 임원이 정리한 자료에 의하면, 분쟁이 발생한 뒤 9개월이 지난 후에 '재보위'의 활동에 지지서명한 사람들의 숫자는 조합원 2,218명 중 1,700여 명이었지만, 이 중 변호사 선임료를 낸 사람들의 숫자는 대략 600명 정도에 불과하다.

이러한 현상은 주민들의 참여의식과 행동 간의 괴리를 잘 보여준다. 우선 주민들은 자신들이 재산상의 피해를 입은 것에 대해서 강력하게 반발하며 저항운동에 참여했지만, 그 재산을 보호하기 위한 비용을 부담하는 데에는 소극적이라는 점이다. 이러한 의식 속에는 한국인들의 재산관이 심층적으로 잠재해 있는 것으로 보인다. 나의 재산에 대한 애착심이 매우 강력하고 높은 데 비해서 이를 유지하고 확보하는 데 소요되는 비용에 대해서는 흔쾌히 수락하려 하지 않는다는 점이다.

이 사건에서 '재보위'의 변호를 맡았던 담당변호사의 말에 의하면, 이와 같은 주민들의 의식이 재개발사업에서 나타난 비리와 불법의 원천이라는 것이다. 시공회사와 조합 그리고 용역회사들은 서로 견제와 균형을 이루는 독립된 주체들이다. 그런데 조합이나 용역회사에 소요되는 비용을 시공회사가 전담하는 것이 일반적 관행이다. 이러한 관행으로 인하여 조합원들의 권익을 대변해야 할 조합이 오히려 시공회사의 아류가 된다. 특히 시공회사에서 지불하는 조합운영비, 용역회사에 지불하는 비용 등이 결국에는 조합원들의 분양가에 포함된다는 사실을 주민들은 확실하게 인식하지 못했다는 것이다. 주민들은 마치 시공회사가 선의로 이러한 비용들을 부담하는 것으로 인식했다는 것이다. 물론 이러한 관행은 은행이나 기타 금융기관으로부터 자금을 융자

하는 데 유리한 시공회사가 일단 자금융통이 쉽기 때문에 형성된 것이기도 하지만, 경제적 의존이 결국 조합원 개개인의 재산권의 침탈로 나타난다.

이러한 현상은 공적 관계의 견제와 균형과 같은 법의 원리가 사적 관계에서는 대등한 계약관계가 유지될 때 작동될 수 있음을 잘 보여주고 있다. 특히 경제적 관계에서 그 동등성이 깨질 때, 법적 권리가 침탈될 수 있는 것이다. 이 분쟁은 이러한 법의 기능적 측면 외에도 최근 한국인들의 법의식이나 법문화에 뚜렷하게 나타나는 특징을 잘 보여준다. 한국인들은 권리의식이 대단히 높은 데 비해서 그에 상응하는 의무에 대한 의식이 매우 희박하다는 것이다. 재산상의 손실을 주장하고, 그 복구를 주장하는 데에는 매우 적극적이지만, 그 권리를 회복하는 데 소요되는 비용의 부담에 대해서는 소극적이라는 점이다.

3) 분쟁의 전개과정

재산보호위원회가 결성되고 난 뒤에 분쟁이 전개되는 과정을 일지 형식으로 정리해보면 다음과 같다.

1998년

- 1998.8 '재산보호위원회' 결성
- 1998.9.18 '재보위' 정식으로 발족(조합원 1,700명, 추진위원 15명, 자문위원 8명), 주요업무: 관리처분인가 무효처분 행정소송, 시유지 불하대금의 부당성 및 사유지 저평가 시정, 컨설팅회사의 직무유기에 대한 책임 추궁 등
- 10.2 감사원에 탄원서 제출
- 10.5 궐기대회
- 10.6~9 구청에서 철야농성
- 10.7~30 조합원 1,130명으로부터 임시총회 소집요구서에 서명

을 받아 구청장을 경유하여 조합장에게 임시총회 요구서 제출
- 10.8 KBS 7시 뉴스에 강북구청 광장 궐기현장이 보도됨
- 10.8 국민고충처리위원회에 실상보고
- 10.9 법무부장관에게 탄원서 제출
- 10.12 서울특별시 특별감사를 430명 외 연대서명으로 신청
- 10.27 청와대에 탄원서 제출
- 11.11 북부지원에 730명 연대서명으로 임시총회 소집요구서 제출

1999년
- 4.27 궐기대회
- 5.10 조합원 대표들이 서울시 재산관리과를 방문하여 사유지 불하금 불입기간 5~10년에서 15년 연장 불입하도록 해줄 것을 요구
- 5.12 구청장, 조합원대표 5인회의
- 5.17 국민회의 ㅈ의원 '재보위' 방문
- 5.18 강북구 미아지구 부동산 사장들과 세미나
- 5.29 정기총회시 조합장 불신임안 제출
- 7.1 분양계약 반대시위, 분양계약을 하지 못함
- 7.2~7 공사현장에서 분양계약 반대시위, 분양계약이 저지됨
- 7.15 서울지방법원 북부지원, 업무방해등금지가처분 결정(기존 조합과 시공사가 신청하여 재보위 위원장과 그 임원들이 아파트 동, 호수 추첨과 분양계약 체결업무를 방해하지 못하도록 결정함)
- 9.8~10 명동성당에서 성토 및 시가행진
- 12.24 서울지방법원 북부지원 민사4부에서 임시총회 소집을 허가하는 결정을 내림

2000년
- 1.30 외국어대학교 강당에서 1차 임시총회 소집 성원미달로 유회됨(참가인원 864명)
- 2.27 2차 임시총회 소집 조합장으로 ㅈ씨를 선출하고 그 외 이

사진은 조합장에게 위임하기로 결의함(5개 안건은 만장일치로 가결하고 ○조합장 외 집행부전원을 불신임하였음)

- 7. 20 법원의 판결(가처분이의)에 의하여 '재보위' 주관으로 열린 1, 2차 임시총회가 적법하게 이루어졌다는 승소결정문을 받음(2000카합323)
- 10. 18 전 조합장이 임시총회 결의 효력 정지가처분을 제소하였으나 법원으로부터 각하됨(2000카합1223)

위의 일지가 보여주는 바와 같이 미아 1-1지구 재개발사업에서 발생한 분쟁이 전개되는 과정을 몇 단계로 나눠 볼 수 있고, 각 단계마다 특징을 발견할 수 있다.

1998년 8월 29일 기존조합이 관리처분계획을 통과시키기 위해서 1차 임시총회를 개최했으나, 이 계획안에 반대하는 주민들이 대거 불참함으로써 정족수 미달로 성사되지 못하였다. 주민들이 반대한 가장 핵심적 쟁점은 조합과 S건설 간에 도급공사비를 평당 239만 원으로 합의하였으나, 계획안에는 34만 원이 오른 273만 원으로 기재되어 있었다. 따라서 다른 비용들을 다 합할 경우 33평짜리 아파트의 분양비가 1억6천만 원에 달하였다. 이 액수는 당시 인근의 아파트 매매가가 1억3천만 원 정도인 데 비해서 지나치게 높은 가격이었다. 물론 이러한 불균형적 현상이 IMF사태에 기인하는 것이기는 하였지만, 당시 주민들에게는 용납되기 힘든 일이었다. 1차 임시총회가 무산되자 조합과 시공사는 9월 12일 공사비를 270만 5천 원으로 내린 수정안을 제시하였으나, 조합원들의 반대로 다시 부결되었다. 그리고 9월 26일 공사비를 268만 원으로 내린 관리처분안을 갖고서 3차 임시총회를 개최하였다. 이 3차 임시총회에서 문제가 발생하였다. 기존 조합임원들과 시공사는 총회장의 질서를 유지한다는 명목으로 비조합원 50여 명 정도를 총회장에 투입하였고, '관리처분안이 통과되지 않으면 신상에 좋지 않다'는 등 분위기를 강압적으로 몰고 가면서 주민들의 반대의견을 원천봉쇄하였으며, 참석한 조합원의 숫자나 찬성·반대자의 수를 정확하게 확인하지도 않았다. 특히 주민들은 공사비가 조정된 사실뿐만 아니라 시유지 불하대금에 관해서도 이 시기에 알게 된다. 강북구청은 관리처분계획안의 공람기간에 주민들 1,256명이 서명을 하여 이의신청을 냈으나 이를 받아들이지 않고 임시총회에서 가결되었다는 이유로 11월 18일 이를 인가했다.

위의 쟁점은 주로 정상적으로 주택을 소유하던 사람들, 즉 사유지에 주택을 소유하던 사람들에게 해당되는 것이었다. 그러나 미아 1-1지구에는 오래 전부터 서울의 다른 지역에서 철거당한 사람들이 이 지역으로 이주해 와서 국공유지에 집을 짓고 산 사람들이 상당수에 이른다. 이들의 경우, 구청에서는 이번 기회에 국공유지를 불하해주고, 이를 조건으로 재개발조합에 가입할 수 있는 혜택을 주었다. 어떻게 보면 이러한 관청의 행위가 주민들에게 관대한 것처럼 보이지만, 구청의 행위 역시 주민들의 반발을 불러오기에 충분한 것이었다. 우선 당해 구청에서 이들에게 불하하는 조건이 다른 사유지의 가격보다 높게 책정되어 있었으며, 매매대금의 상환을 통보하면서 그동안 이들이 점유하던 총 기간 동안의 변상금을 부과하였다. 이러한 구청의 조치는 시공사 및 조합과 조합원들 간에 공사비와 분양가에 대해서 분쟁이 발생하던 시점에서 취해진 것이어서 주민들의 분노를 더욱 증폭시키는 계기가 되었다. 물론 행정관청으로서는 이 지역에서 그동안 관청이 갖고 있었던 이해관계, 즉 국공유지 사용료의 징수 및 불하대금의 회수에 관심을 집중시키는 것이 당연한 일인지도 모른다. 그러나 사유지를 점유하던 주민들에게 이러한 구청의 조치는 그야말로 무지막지한 행동으로밖에 보이지 않았다. 사유지주민들이 부담해야 할 분양가뿐만 아니라 국공유지 매매대금과 그동안의 사용료지급은 이들에게 엄청난 부담으로 다가올 수밖에 없었다.

분쟁발생 초기에 주민들은 1980년대 시민운동이 주로 사용했던 방법을 활용하였다. 조합원들이 안티조직에 가담하기 시작하자 이들은 농성과 시위를 주요한 저항의 도구로 사용하였다. 궐기대회를 개최하기도 하였으며, 구청과 건설현장에서 농성을 하는 등 기존의 시민운동이 활용했던 방식으로 자신들의 처지를 호소하거나 여론을 환기시키는 방법을 동원하였다. 그리고 일지에서 보는 바와 같이 주로 이들은 관에 호소하는 방법을 사용했다. 구청에서부터 청와대에 이르기까지 재개발사업과 관련되는 주요 행정기관에는 모두 탄원서를 제출하는 방법을 사용했다. 건설교통부장관, 구청장, 국민고충처리위원회, 법무부장관, 감사원, 서울특별시 등 모든 관계기관에 탄원서를 제출하였다. 그러나 이들로부터 얻은 답변은 형식적이었으며, 어느 기관도 2,200여 명의 가옥주가 관련된 이 분쟁을 조사하거나 개입한 흔적이 없었다. 예를 들어, 대통령 민원실에 제출한 탄원서에 대해서 관계기관은 서울지방검찰청 북부지청에 처리 후 그 결과를 귀하에게 통지하도록 지시하였다는 내용의 통보문을 보내왔을 뿐 분쟁을 실질적으로 조사하거나 해결하는 데 전혀 개입하지 않았다. 다만 관할구청만 관심을 보였고, 구청장과 관계자들이 장시간 해결책을 마련하는 자리를 주선하였으나, 이미 구청에서는 관리처분계획을 인가한 상황이어서 분쟁해결을 위해 적극적 입장을 취하지 않았으며, 거의 모든 대화채널이 단절되는 상황에 이른다.

이러한 직접적 권리투쟁 외에 재산보호위원회는 언론기관에 자신들의 처지를 호소하는 방법을 사용했으며, 결국 한 방송국에서 이 사건을 적극적으로 취재하여 보도하였다. 이를 계기로 재보위에 가담한 조합원들은 힘을 얻게 되었으며, '재보위' 역시 조합원들의 적극적 지원에 힘입어 강력한 안티조직으로 확립된다.

이 분쟁에서 눈에 띄는 현상은 다른 분쟁과는 달리 분쟁이 발생한 시점과 법적 대응책을 취한 시점이 매우 가깝다는 점이다. 이들은 2개월 여의 시위, 농성, 탄원서제출 등 비법률적 대응책을 취하다가 11월에 정식으로 법원에 소장을 제출한다. 앞에서 살펴본 바와 같이 관리처분계획을 통과시킨 임시총회를 무효화하고, 정식으로 임시총회 소집요구서를 법원에 제출하였다.

법원에서 관리처분을 결의한 임시총회의 유효성여부 문제가 다루어지는 동안 '재보위'는 2단계의 투쟁에 들어간다. 이들은 힘 있는 기관이라고 믿었던 중앙부처의 기관들에게 자신들의 문제해결을 요구하기보다는 자신들의 지역에 보다 밀접한 이해관계를 갖고 있는 정치인들에게 직접 호소하는 방법을 사용하였다. 여당, 야당을 불문하고 자신들의 문제를 직접 들어줄 수 있는 국회의원들과 접촉하고 이들에게 자신들의 상황을 호소하고 도움을 청하였다. 이처럼 지역구 정치인들에게 직접 호소하는 방법 외에 이들은 시위나 농성이라는 물리적 저항방법보다는 보다 실질적 방향으로 선회하기 시작하였다. 우선 그 지역개발에 관련된 사람들에게 보다 정확한 실정을 알리고, 모든 조합원들이 자신들의 재산에 대한 권리와 비용들을 보다 명확하게 파악할 수 있도록 거의 매주 세미나를 개최하였다. 물론 이 세미나에 참석하는 사람들 대부분은 재개발사업의 진행과정에 대해서 관심이 많은 사람들이었고, 대개 동일한 사람들이 주로 참석했지만, 이러한 지속적 의식개발 방법은 상당한 의미와 효과를 갖고 있었다. 일단 새로 형성된 '재보위'의 활동에 대한 지지의 폭과 깊이를 확장할 수 있었으며, 분쟁의 상대방과 대항할 수 있는 힘을 축적하는 계기가 되었다. 그리고 이러한 학습을 통해서 막연하게 비난하고 비판하던 관행에서 탈피해서 보다 구체적이고 상세한 분쟁의 내용 및 손해의 내용이 무엇인가를 이해할 수 있게 되었을 뿐만 아니라, 법에 대한 인식이나 의식도 획기적으로 변화한다. 또한 이러한 세미나 등을 통해서 '재보위'의 활동에 적극적으로 지원하던 사람들이 소극적 조합원들을 설득하는 데 상당한 지식과 논리를 갖추게 되었다.

이 2단계 분쟁과정에서 이들이 겪어야 했던 것은 과거와 같은 물리적 탄압이나 억압이 아니라, 고도의 방해공작과 지속적 와해전술이었다. 이미 구청에서 관리처분계획이 인가가 났고, 기존의 조합조직이 건재한 상황에서 '재보위'의 활동은 순탄치 못했다. 기존조합과 시공사 측은 관리처분계획에 따라 사업을 강행하였다. 1999년 7월경 S시공사는 분양추첨 및 계약을 실시하려고 했으나, 조합원들의 불참으로 저지되었다. 물론 시공사 측의 사업강행이 조합원들의 비협조로 무산되었으나, 이를 둘러싸고 양측간에는 팽팽한 긴장감이 감돌 정도였다. 특히 '재보위'임원들이 가장 곤혹스러웠던 것은 시공사나 기존 조합에서 그들을 모함하는 유언비어를 유포시키는 행위였다. '재보위' 임원들에 대해서 누군가가 '물먹었다'라는 소문을 퍼뜨리는 것이었다. 가뜩이나 조합원들 사이에 기존 조합임원들, 시공사 및 관청에 대해서 불신감이 팽배한 상황에서 '재보위'의 임원들마저 그들의 행태와 다를 바 없다는 소문을 퍼뜨림으로써 안티조직을 와해시키기 위한 전술을 사용했다. 어느 누구도 신뢰할 수 없고, 조합원 개개인들이 자신들의 재산손실에 대한 우려가 고조되어 있는 상황에서 이러한 유언비어는 상당한 효과를 가질 수 있었다. 그러나 앞에서도 지적한 바와 같이 안티조직인 '재보위'는 처음부터 업무와 회계의 투명성을 전면에 내세웠으며, 그 투명성을 토대로 조합원들의 단합을 유지하는 데 상당한 성공을 거둘 수 있었다.

재보위를 와해시키기 위한 전술과 함께 기존조합과 시공사는 이미 확보되었던 합법성을 근거로 재개발사업을 강행하였다. 물론 관리처분계획안에 대해서 법원에 계류 중이었지만, 임시총회 및 구청의 인가라는 합법성을 확보했기 때문에 그동안 진행한 모든 절차들을 그대로 진행하는 전략을 사용하였다. 일례로 1999년 7월에는 조합원 분양계약 및 아파트 동호수 추첨을 강행하려고 시도하였다. 이러한 기존조합과 시공사의 시도는 자신들의 재산에 대해서 불안해 하는 조합원들의 심리를 철저하게 이용하려는 것이었다. 만일 이번에 추첨을 받지 못하면 재산상의 불이익을 받게 된다는 소문을 퍼뜨리면서 기존의 사업과정을 강행하였다. 또한 이들 역시 '재보위'의 법정소송에 대응하여 법적 수단들을 적극적으로 취하기 시작하였다. 7월의 분양계약 및 동호수 추첨에 앞서 법원으로부터 업무방해금지 가처분신청을 받아내어, 재보위의 임원들이 자신들의 사업강행을 방해하지 못하도록 하는 법원의 결정을 받아냈다. 이처럼 기존조합과 시공사는 법을 보호막으로 삼아 자신들의 사업을 강행하려고 하였다.

1999년 12월 24일 법원이 임시총회소집을 허가하는 판결을 내릴 때까지 양측의 공방은 계속되었다. 그러나 이 판결은 그동안 진행된 분쟁과정을 전환시키는 계기가 되었다. '재보위' 측은 자신들의 행동에 대해서 합법적 근거를 확보하였으며, 이를 토대로 미아 1-1지구 재개발사업에서 정당하고 합법적인 파트너가 되었다. 법원이 임시총회 개최시기를 2000년 2월 29일로 한정함으로써 이 기간 내에 임시총회를 소집하기 위해서 '재보위'에서는 온갖 노력을 기울였다. 1차 임시총회는 성원미달로 유회가 되었고, 임시총회 소집기한 이틀을 앞둔 2월 27일에야 비로소 성사되었다. 이 임시총회 역시 장소를 구하지 못해 결국에는 노상에서 총회를 개최해야 하는 상황에 직면했지만, 결국 총회에서 기존 조합장과 집행부전원을 불신임하고 새로 ㅈ씨를 조합장으로 선출하는 데 성공하였다. 이 사건은 결국 일년 반에 걸친 투쟁 끝에 얻은 하나의 출발점이었다.

이러한 법원의 결정이 그동안의 모든 분쟁의 내용들을 해결한 것이 아니었고 단지 새로운 조합장과 임원을 결정하는 기회를 제공한 데 불과하였지만, 안티조직이 법에 의해 정당한 합법성을 획득하는 결정적 계기가 되었다. 이후 안티조직과 기존조합 간의 싸움은 시민공간에서 법정으로 이동하기 시작하였으며, 이를 이 분쟁의 3단계라고 할 수 있다. 이제 공방은 역전이 되어 '재보위'가 법원의 지원하에 기존의 공격적 전략에서 스스로를 방어하는 입장에 놓이게 되었으며, 반면 기존

조합은 이러한 '재보위'의 합법성획득에 대해서 법적으로 이의를 제기하는 입장에 놓이게 되었다. 기존조합에서는 '재보위'의 주도하에 치러진 임시총회에 대해서 효력정지 가처분소송을 제기하였고, 조합사무실의 인계에 완강하게 저항하기도 하였다. 그러나 2000년 7월 '재보위'는 임시총회 결정이 적법하다는 법원의 결정문과 함께 조합을 인수할 수 있는 가집행 결정문을 얻어냄으로써 기존조합의 업무를 합법적으로 인계하게 되었다.

4. 분쟁과정에 나타난 법의식의 변화

지금까지 미아 1-1지구 재개발사업을 둘러싸고 나타난 분쟁을 그 발생과 전개과정으로 나누어 살펴보았다. 그렇다면 과연 이 분쟁에 연루된 조합원들, 즉 주민들의 의식이 그 과정 속에서 어떻게 변화했는가?

1) 왜 분쟁이 발생했는가?

처음부터 조합주민들이 이 분쟁을 법정으로까지 가져가려고 생각했던 것은 아니며, 이들 역시 관리처분 내용이 변경된 것에 대해서 무조건적으로 반대하지는 않았다.

> 조합집행부가 사전에 개개인의 재산가치와 시유지 불하대금을 알려만 주었더라도 우리는 우리의 재산이 송두리째 날아가는 사태를 막을 수 있었으며, S건설과 좀더 진지한 대화 속에 어느 정도 공사비와 사업비를 줄여가면 관리처분 비율만이라도 상향조정할 수 있었고, 좀더 유리한 조건으로 구청과 시유지 불하계약도 할 수 있었습니다. 또한 강북구청에 가서 이러한 사정을 조금이라도 이해해서 관리처분인가 전에 법에 규정된 가격평가위원회를 두어 토지소유자가 토지가액을 심의할 수 있게만 해주었더라도 아니 시유지 불하대금이라도 알려주었으면 이러한 사태를 막을 수 있었습니다.
>
> 이제 우리에게 남은 것은 강북구청의 잘못을 따지는 것뿐입니다. 강북구청은 도시재개발법 시행령 제60조와 건설부 훈령 제833호에 반드시 관리처분인가 전에 종전 토지가액에 대한 가격평가위원회의 의결을 거치도록 되어 있는 절차를 무시하였으며, 시유지 불하대금도 계약 전에 알리지 아니하고 98년 11월 18일 관리처분을 인가해주기가 무섭게 11월 21일 조합장 ○과 일괄계약하고 계약금 10%를

S사로부터 받아갔습니다. 그리고 한 달 후 우리는 청천벽력 같은 통지서 한 장으로 관리처분 내역상 평가액보다 많은 시유지 불하대금과 숨가쁘게 몰아치는 불하대금의 납입시기 즉 99년 1월 21일 10% 원금과 이자, 2월 28일 계약금 10% 납부 등, IMF의 극심한 경제난의 구렁텅이에 빠져 목숨이라도 부지하고자 처절한 몸부림을 치고 있는 조합원에게 마지막 비수를 꽂아 마침내 숨통마저 끊어 놓았습니다.

미아 1-1 재개발지역 조합원들은 1996년 6월부터 이주비를 무이자라는 조건으로 인출받아 이주하기 시작했다. 평수에 준하여 적게는 4천만 원에서 6천만 원 정도로 인출받았고 그들은 별 동요없이 이주해갔다. 그리고 그들이 재개발승인서에 서명해준 시기는 89년도를 전후해서다. 그 당시 서명을 받을 때는 합동재개발법이 아주 좋은 조건으로 시행되었을 때다. 자기가 소유하던 사유지나 국·공유지보다 1.5~20% 정도 많은 보너스평수를 분양평수로 지급받았고, 국·공유지는 사유지지가의 50~60% 정도로 불하하고 연차적으로 불입하게 해주었으며, 물론 국·공유지 사용료를 부과하는 제도는 없었으며, 그 당시 추진위원들 말을 듣고 주민들이 서명을 해주었다고 홍보했을 뿐이다. 그렇게만 알고 있었던 주민들은 합동재개발법이나 서울시 재개발조례가 개정되는 것을 알 길이 없었다.

조합임원들은 재개발법이 개정된 사항도 홍보를 하지 않았으며, 행정공개법에 의하여 조합원들에게 공개해야 할 건설업자 및 기타업자들과 이루어진 계약서도 조합원들에게 일체 공개하지 않았으며 조합원들의 재산평가액도 공개하지 않았다. 심상치 않게 생각한 여러 조합원들은 1998년 9월 3차에 걸쳐 관리처분통과를 저지하는 반대운동을 전개했으나, 조합원들의 의사를 따라야 할 조합임원들이 업자들과 밀착하여 강제로 엉터리 기립과 착석으로 찬반을 통과했다. 관리처분이 통과되고 공람기간이 1개월간 실시되었다. 그때서야 자신의 재산평가액과 아파트 입주시 불입금도 알게 되었다. 여기서 너무나도 터무니없는 관리처분의 내역에 대해서 항의와 이의를 제기하자 지급받은 이주비에도 이자가 14%씩 가산되는 것은 어쩔 수 없다는 S측의 답변이었다.

이러한 주민들의 말을 종합할 때, 분쟁이 발생하게 된 가장 커다란 원인은 사업과정의 불투명성이다. 2천 2백여 세대가 관련된 재개발사업에서 각 조합원들의 재산변동이 일어나는 사실에 대해서 사업의 주체들 중 어느 누구도 명확하게 그 사실을 사전에 통보하지 않았다는 점이다. 조합이건 시공사건 구청이건 모두 마찬가지였다. 조합의 경우, 조합원들을 대변하고 그들의 재산적 이익을 보호해야 할 조직체가 오히려 그 상대파트너인 시공사의 이익을 대변하는 상반된 행동을 보였다. 물론 시공사로서는 최대한의 이익을 추구하는 사기업이기 때문에 자신들에게 손해가 발생하게 될 경우 이를 최대한 만회하거나 다른 형태로 손실을 보전하려고 하는 것이 당연한 일일 것이다. 그러나 처음 사업을 시작하면서 주민들에게 통보한 내용과 최종적으로 재산가액을 평가하는 내용이 현저하게 달랐다.

이러한 기업의 행태는 어떻게 보면 1970년대와 1980년대에 우리나라의 기업들이 이윤을 확보하는 행태로부터 전혀 달라지지 않은 것이었다. 최소한의 기업윤리에서 요구되는 정당한 절차, 소비자에 대한 명확한 해명절차들을 완전히 배제하는 행동을 했던 것이다.

구청의 경우에는 재개발사업에서 핵심이 되는 분양가에 대해서는 직접적 관련이 없을지 모르지만, 주민들이 겪는 경제적 고통에 대해서는 전혀 아랑곳하지 않는 태도를 보였다는 점에서 이 분쟁에서 심각한 원성의 대상이 된 것이다. 특히 관리처분을 인가하고서 미리 시공사로부터 불하대금의 일부를 받아가는 행태는 마치 빚쟁이가 자신의 채무를 미리 확보하려는 행태와 전혀 다를 바가 없는 것이었다. 더욱이 불하대금을 높게 책정하고서도 이를 주민들에게 미리 알리지 않은 것은 행정관청이 지켜야 할 최소한의 절차적 정의에 위배된 것이었다. 이러한 행정관청의 행태는 마치 재개발사업을 통해서 한몫 잡으려는 한탕주의와 너무나도 흡사하다. 이처럼 미아 1-1지구 재개발사업의 분쟁의 원천은 재개발사업과 관련된 책임 있는 주체들의 잘못된 인식과 관행 및 행태에 기인하는 것이었다.

2) 불신감과의 대적

앞에서도 지적한 바와 같이 '재보위'가 결성되는 과정과 투쟁과정에서 가장 힘들었던 것은 조합원들로부터 나오는 불신을 어떻게 해소할 것인가 하는 것이었다. 물론 처음부터 '재보위'가 투명성과 공개성을 그 조직과 투쟁의 핵심원칙으로 삼았지만, 기존의 조합조직이나 시공사, 관청에 대한 불신감이 팽배한 상황에서 그렇게 쉽지 않은 과제였다.

> 나도 한마디 얘기 좀 합시다. 이 세상 살다보니 별별일 다 있고. 내가 이렇게 알거지가 될 줄이야 누가 알았소? 이런 마당에 내가 누구를 믿고 재산을 찾는다, 투쟁한다, 다 겁이 나요. 요즘 또, 봄에도 그러더니 변호사 선임료 다 뭐해서 거두어들이는 '재보위'의 일도 난 못 믿어요. 그 사람들을 못 믿는 것도 그렇지만 선임한 변호사도 나는 못 믿는다 그 말이에요. 이렇게 황금 만능시대에 변호사인들 돈 싫다고 하겠소? 대재벌 그룹에서 그 사람들도 지폐 한 차만 실어다 주면 그만이지. 우리가 이긴다는 보장도 없고, 아무리 재산을 찾기 위해서 일을 한다 해도 매일같이 '재보위'에 나와서 일하는 사람들도 자신들이 자신들의 재산을 찾기 위해서 일을 한다 해도 일년이 가까운 오랜 기간 보수 없이 교통비도 자비로 한다는 그들도 믿을 수 없습니다. 그들이라고 지폐 한 차 실어다 주면 싫다고 하겠어요. 막판에 기회 보아서 그냥 슬쩍 뒤 돌리면 그만이지.

지금 4층에서 시위대에게 방송하고 있는 ㅅ씨 늙은이도 보세요. 환갑이 지난 늙은이가 왜 저렇게 목이 쉬어 가지고 열을 올립니까. 빼앗긴 재산 억울해서 말하자면 정신이 돌은 거예요. 생각해 보세요. 자기가 한평생 살던 집, 자신이 늙어서 돈벌이 못하니까 큰 유산이나 될 것으로 생각하고 아들놈 이름으로 해주고 부지런히 돈벌어서 아파트에 들어가라고 한 것이 외려 아들놈에게 빚더미를 안겨준 결과가 되고 말았어요. 그러니 아들 며느리에게 대우도 못 받고, 자기가 경영하던 출판사업도 IMF로 돈벌이도 안 되니 진짜 몸살 날 정도지요. 시유지 28평 6홉에 시유지사용료에 가산된 벌과금까지 합쳐서 900만 원이 넘고 불하대금, 건축비 지급받은 이주비, 이미 이주비는 없어졌고, ㅅ씨 늙은이도 합계 2억4천만 원이 있어야 33평 아파트를 입주할 수 있어요. 그러니 정신 돌은 사람들이 재산 찾기 위해서 '재보위'라는 간판을 걸고 조합원들의 힘을 얻어 단합된 투쟁을 요구하는 것입니다. 그런데 그들도 못 믿는다면 모든 것 포기하는 수밖에 또 무슨 대안이 있단 말입니까.

분명히 우리 조합원들이 승리해야 합니다. 그러나 우리들이 빼앗긴 재산을 찾을 때까지 잠시라도 조합원들이 내가 아니더라도 변호사를 선임했고 일하는 사람들이 있으니 나 하나쯤이야 하고 방관한다면 절대로 이기지 못합니다. 내 재산을 내가 찾는 것이지 그 누가 찾아주는 것은 아닙니다. 아무리 자주와도, 변호사 수임료를 냈다해도, 조합원들이 한 목소리를 내야 하는 집회에 참석하지 않는 조합원들 때문에 문제거리가 되는 것입니다.

이 대화에서 나타나는 것처럼 조합원들 사이에 팽배한 불신감과 회의주의가 재산보호운동에 그 어떤 세력이나 힘보다도 더욱 극복하기 힘든 장애물이었다. 그러나 조합원들은 초기에 시위와 집회 등을 통해서 나름대로 조직력을 확보하고, 이러한 불신감을 해소하려고 노력하였을 뿐만 아니라, '재보위'가 정식으로 발족한 이후에는 지속적인 세미나와 조합원들간의 대화를 통해서 유대감을 확보해나갔다. 물론 이처럼 조합원들간에 유대감이 확보되고 불신감이 해소된 것이 '재보위'의 지속적 노력과 조합원들의 신뢰를 얻은 투명성과 공개성에도 그 원인이 있지만, 어떻게 보면 더욱 중요한 공감대는 조합원들이 자신들의 재산에 대해서 갖고 있는 강한 애착심에 기인하는 것이기도 하다. 다음의 대화는 이러한 의식의 단면을 잘 보여준다.

> 천 명 좋아하십니다. 그렇게 조합원들이 단합이 된다면 벌써 우리가 승리했어요. 시위한다고 해도 끽해야 300명에서 500명 선인데 아무리 재산찾는 재판이라 해도 그 비용 단 만 원도 안내는 조합원이 있기 때문에 바로 문제가 되는 것이요.

> 막상 조합장이 제 맘대로 시유지계약을 해놓고 계약금에 불하대금 통지서가 날아드니까 겁이 났던 거지요. 그것보다 더 무서운 게 조합원 분양입니다. 사용료에 불하대금, 건축비 그 모두가 쏟아져 나오면, 그것 감당해 내려면 아마 현기증이 날거요. 그러다가 연체나 되면 이자도 또 물어야 되고, 그나마 바둥바둥 처리해 나가는 조합원들은 다행이고, 계약금도 내지 못하고 6개월이 지나면 그것은 그냥 빼앗기고 마는 것입니다. 계약서에 그렇게 되어 있어요. 그런 계약서에 도장을 찍어 놓은 조합임원들이 저질러 놓은 작품입니다. 그렇게 무서운 짓을 저질러 놓은 XX들 덕분에 이제사 알거지가 된 것을 알게 된 조합원들이 '재보위'에 모여들기 시작하는 거지요. 작년 9월 26일 관리처분 방망이를 친 후 그 인가를 해주지 말라고 구청장에게 애원하면서 구청에 가서 시위할 때도 우리 '재보위'에 와서 투쟁의 결속을 다지면서 서명한 조합원들이 약 1,600명이 되었어요. 그러나 막상 1월달에 변호사를 선임한다고 24평 1만 원, 33평 2만 원, 44평 3만 원씩 수임료를 각출하니까 420명밖에는 참여하지 않았어요. 그런데 이제는 조합원 모두가 똥줄이 타니까 양상은 달라졌어요.

어떻게 보면 이러한 지적이 이 분쟁의 핵심인 것처럼 보인다. 처음 분쟁이 발생했을 때, 주민들은 단지 자신들이 재산상의 손해를 보게 되었다고 판단했고, 구체적으로 그 손해가 어떠한 것인지를 명확하게 인식하지 못했다. 그래서 이들은 그저 막연하게 개인적으로 항의하거나 비조직적으로 대처하였다. 그러나 이들이 빠른 속도로 안티조직을 형성하게 된 것은 단지 약간의 재산상의 손해가 아니라, 자신들이 갖고 있던 재산이 송두리째 날아갈지도 모른다는 우려에 기인하는 것이다. 재개발될 수밖에 없는 달동네에서 시유지, 국유지에 얹혀 살던 사람들이 이제나마 당당한 내 집을 소유하게 되었다는 희망이 자칫 잘못하면 물거품이 된다는 인식을 갖기 시작하였다. 그리고 이들은 그저 재개발사업을 돈의 문제로만 인식하던 데에서 법과 권리의 문제로 인식하기 시작한 것이다. 내 집을 갖는다는 막연한 생각에서 어떻게 해야 그 집을 내가 소유할 수 있는지, 만일 내가 의무를 이행하지 못하면 그 집이 어떻게 되는가에 대한 구체적 내용과 과정을 인식하게 된 것이다. 아파트를 분양받기 전보다는 분양을 받은 후에 그 재산을 나의 것으로 유지하는 데 내가 이행해야 할 구체적 비용과 의무가 무엇인지를 이해하자 이들의 행동이 달라지기 시작한 것이다. 추상적이고 막연한 분노의 표출에서 이제는 구체적이고 적극적인 참여로 전환하기 시작하였다.

특히 IMF사태로 인하여 각 개인들의 경제적 사정에 상당한 변화들이 발생하게 되었는데, 이러한 위기사태는 단지 시공사에게만 해당되는 것이 아니라, 조합원 개개인들에게도 마찬가지였다. 이 분쟁에서 IMF관리체제라는 경제적 상황은 여러 측면에서 영향을 미쳤다. 우선 조합원들의 위기의식이 대단히 첨예화되었다는 점이다. 경제가 좋은 시기 같았으면 이처럼 짧은 시간에 조합원들의 단합이 이루어지기 힘들었을 것이다. 그러나 이들은 자신들이 분양받을 아파트에 대해서 부담해야 할 대금에 대한 걱정뿐만 아니라, 만일 이번에 자신들이 받게 될 아파트를 자신들의 재산으로 확보하지 못하게 되면 앞으로 어떻게 될지 모른다는 위기감을 심층적으로 느끼고 있었다. 또한 이 분쟁이 과거 재개발사업장에서 벌어지던 극한적 투쟁보다는 빠른 시간 내에 법정투쟁으로 전환된 것은 대부분의 조합원들이 자기재산을 갖고 있었을 뿐만 아니라, 경제적 위기상황에서 시민운동이나 저항운동보다는 오히려 구체적으로 자신들의 경제적 이익을 확보하기 위한 합리적 방향을 선택한 데 있었다.

3) 법대로 대 법대로

앞에서 살펴본 바와 같이 조합원들이 처음에 부당한 관리처분 인가에 대해서 호소한 것은 주로 행정관청들이었다. 물론 행정관청들도 공식적인 법적 기관이었지만, 일종의 민원을 해결해주는 비형식적 법절차였다. 그러나 이러한 비형식적 법절차를 통해서 이들이 획득한 것은 하나도 없었다. 특히 "이와 같은 처사에 항의하는 조합원들은 지역장관에게 관리처분 인가를 중지해줄 것을 이의와 탄원을 해보았자 '법적으로 아무런 하자가 없음'이라는 답변뿐이며, 강렬하게 항의하는 조합원들에게 '정히 그러시다면 법대로 하면 됩니다. 당신네 재산을 증식시켜 주기 위해서 재개발의 목적이 있는 줄 아십니까? 도시 주거환경과 미관사업에 있어 국가차원으로 시행되는 사업을 당신들만 그렇게 특별하게 심난을 떤다고 해서 일이 되는 줄 압니까!' 하는 해당관청의 주택과장, 재개발 계장 등 실무자들의 관료적 언행과 태도에 분노를 삭일 수 없었다."

바로 이러한 행정관청들의 반응이 이들로 하여금 정식으로 법원에 소송을 제기하게 한다. 이 분쟁에 대해서 중앙부서건 지역부서건 행정관청들은 그야말로 형식적이고 무책임한 태도로 임하였고, 자신들의 행정결정에 대해서 '법대로'라는 변명으로 일관하였다.

미아 1-1지구 재개발지구 조합원들이 분쟁 초기에 법에 대해서 받은 감정은 그야말로 '철벽'과 같은 것이었다. 법은 자신들의 권리를 보호해주기보다는 오히려 부당하게 재산을 박탈해가는 기업이나 관청을 옹호하는 것이었다. 이들이 거의 모든 관련부서에 호소해 보았지만, 아무런 해결책이나 도움을 받을 수 없었다. 최종적으로 이들이 자신들의 권리를 회복하기 위해서 호소한 곳이 바로 법원이었다. 물론 재판이 진행되는 동안 이들은 법원조차 신뢰하지 않았다. 이미 거의 모든 국가기관에 대한 불신감이 고조되었던 상황에서 법원이라고 예외는 아니었다. 이들이 법원으로 분쟁을 가지고 간 것은 일단 자신들의 처지를 호소할 수 있는 곳에는 모두 탄원이나 이의를 신청했고, 다만 법원만 빠져 있었기 때문이다.

다음의 대화는 이 분쟁에 관련된 주민들 사이에서 법에 대한 의식이 변화하는 일면을 잘 보여주고 있다.

> "우리 조합원들은 이제 그 누구도 믿을 사람은 없으니 이거 보통 일이 아니잖소, 이대로 죽을 수도 없는 일이고, 억울한 사연이 아니라 강도를 당했다면 공안당국에 신고라도 할 일이지만, 이건 '법대로' 라는 단어를 사용, 서민 죽이는 작태가 재개발 사업인줄 누가 알았소."

> "착하기도 하오, 돈 보따리 속에 숨어서 얼굴을 내 놓지도 못하고 재벌 XX 손아귀에 놀아나는 국회의원 선량에서부터 지역단체장에 이르기까지 탈출구는 '법대로' 라면 법은 누가 제정한 것이며, 현행법이 백성을 위한 법이 아니었단 말인가! 백성을 위한 법이 존재한다면 진정 법을 준수해야 되며, 법을 악용, 탈법행위를 일삼는 재벌집단의 횡포를 막아주는 관의 막강한 권력은 무엇을 한단 말이요."

“그러기에 우리는 그 누구도 믿을 수가 없으므로 그래도 민주국가를 표방한 법치국이므로 법에 의하여 승리를 해야 합니다.”

“조합원님은 그래도 법치국이다, 법에 의해 승리를 한다, 법, 법, 법을 따지는 겁니까. 법을 콩깍지처럼 취급하는 재벌집단을 그대로 두고는 법이 뭐 어떻다는 것입니까?”

“우리는 그래도 법으로 승리해야 합니다. 그래도 20세기가 꼬리를 감는 1999년 12월 24일 서울 지방법원 북부지원 제4민사부 결정판결은 우리에게 70%의 승리를 안겨준 것입니다. 그처럼 갈망했던 임시총회의 개최권을 우리에게 주었단 말입니다.”

“개최를 우리 조합원들이 한다고 해서 총회의장은 조합장인데 갖가지 반칙이 자행될 것은 뻔한 일인데 우리가 어떻게 이긴단 말입니까.”

“반칙이면 또 형사고발이 있어야 하지요.”

“그러다가 한 세월 건설회사와 조합임원들이 못할 짓, 할 짓, 모두 다 끝내버린 뒤에 무엇을 어쩐단 말입니까.”

“그래도 우리는 법으로 맞서야 결코 승리를 합니다. 결코 정의가 승리를 거두는 것입니다.”

이처럼 법에 대해서 조합원들 내부의 공방이 있었고, 법에 대한 신뢰감이 여전히 결핍되어 있었지만, 이들의 의식 속에서 법에 대한 태도를 바뀌게 해준 것은 실질적 내용이나 분쟁의 원천인 관리처분내용에 대한 판단도 아닌 절차적 하자로 인한 임시총회의 개최허용이었다. 이 판결을 계기로 법에 대한 이들의 태도가 변화하기 시작하였다. 이들은 '법대로'가 승리할 수 있다는 확신을 갖기 시작하였으며, 오히려 더욱 적극적으로 이들은 '법대로'의 주창자가 되어가는 것이다. 그동안 행정관청의 변명으로서의 '법', 시공회사의 부당한 분양대금부과를 정당화하는 '계약', 이 모든 것들을 바로 잡을 수 있는 것 또한 법이라는 사실을 이들은 새롭게 인식하게 된 것이었다.

5. 맺음말

지금까지 미아 1-1지구 재개발사업지구에서 발생한 분쟁에 대해서 그 분쟁의 발생과정, 전개 및 주민들의 의식의 변화 등에 대해서 살펴보았다. 이 장의 서두에서 제기한 바와 같이 현재 우리 사회에서는 끊임없이 발생하는 분쟁으로 인하여 사회분열의 상황까지 놓이게 되었다. 특히 문민정부가 들어선 이래 괄목할 만한 현상으로 나타나는 집단분쟁의 현상에 대해서 우리 사회는 거의 속수무책이다. 물론 모든 분쟁은 그 원인이 다 다르고, 당사자의 구성도 다르다.

그러나 이 분쟁은 많은 점을 시사해주고 있다. 첫째, 이제 우리 사회구성원들도 집단분쟁에 연루되었다고 해서 반드시 과거처럼 물리적 힘의 행사에 의존하지 않는다는 점이다. 비록 이들이 시위나 집회와 같이 전통적 표현방식을 사용하지만, 법적 테두리 내에서 행사한다.

둘째, 이러한 전통적 표현방식과 더불어 법적 수단을 동시에 강구한다는 점이다. 이러한 현상은 우리의 법문화에 매우 중요한 변화로 보인다. 과거에는 주로 법적 대응이나 법적 투쟁은 도외시하고서 주로 물리적 힘이나 공적 여론에 대한 호소에 의존하였지만, 이러한 방법들이 최종적 권리 보호나 확보에 미흡하다는 점을 주민들이 인식하게 되었다는 점이다.

셋째, 우리 사회의 주민들이 이제는 '법대로'가 행정관청의 독점이 아니라는 사실을 깨닫기 시작했으며, '법대로'가 오히려 자신들의 권익을 옹호하는 데 어느 수단보다도 더 유익하다고 인식하게 되었다는 점이다.

넷째, 법원의 실질적이고 적극적인 판단이 시민들의 법의식을 고양하는 데 매우 중요하다는 점이다. 대개 우리 사회에서 발생하는 분쟁들에 대한 조사가 법정 밖에서의 분쟁해결에 초점을 맞춰왔기 때문에 법원의 태도가 시민들의 법의식이나 법문화에 어떠한 영향을 미치는가에 대해서는 거의 연구나 조사가 없었다. 그러나 이번 분쟁의 경우는 분쟁이 발생하고 나서 곧 법원으로 이동하였고, 법원에서도 비록 시간이 오래 걸리기는 하였지만, 적극적으로 판단해주었다. 바로 이러한 법원의 태도가 시민들이 법에 대해서 적극적이고 긍정적인 태도를 갖게 하는 데 매우 중요하다는 점을 잘 보여주고 있다.

제 10 장

법원의 법문화

법원의 이미지와 법원의 현실

1. 머리말

현대의 법체계는 일반적으로 3대 요소인 실체적 법규범, 법제도, 법문화로 구성되어 있다. 미국의 법사회학자인 로렌스 프리드만 교수는 법문화를 법과 법제도에 대한 국민의 태도, 신조, 가치관, 이상, 기대 등을 의미한다고 규정하였다.[1] 특히 현대사회의 복합적 관계에 비추어볼 때, 법문화는 다른 문화들과 마찬가지로 고정된 형태나 의식으로 다루어질 수 없다. 법문화는 끊임없는 유입과 방출을 통해서 새로운 형태로 변화해가는 특성을 갖고 있다.[2]

법문화가 구체적 현상으로 드러나는 것은 사회구성원들의 행태와 의식을 통해서이며, 이러한 인적 요소들에 의해서 사회 특유의 법문화가 형성된다. 물론 대중문화처럼 다른 문화영역들도 그 문화를 만들어내고 형성하는 주체와 이를 향유하고 수용하는 대상으로 구분될 수 있

1) L. Friedman & S. Macaulay, *Law and the Behavioral Sciences* (Bobbs-Merrill, 1977).

2) 제 2장 참조.

지만, 법문화만큼 뚜렷하게 구분되는 영역도 많지 않을 것이다. 법문화의 영역은 다른 문화영역과 달리 인적 요소를 중심으로 두 영역으로 구분된다. 하나는 시민대중의 법문화(*popular legal culture*)이고, 다른 하나는 법률가들의 법문화(*professional legal culture*)이다.[3] 한 사회 내에서 두 상이한 집단이 형성하는 법문화는 때로는 현격한 괴리를 이루기도 하며, 서로 충돌을 일으키기도 한다. 뿐만 아니라 한 집단의 문화는 다른 집단의 문화에 결정적 영향을 미치기도 한다. 특히 법률가들의 법문화는 일반시민들의 법문화에 중대한 영향을 미친다. 외관상으로는 두 집단의 법문화가 경계 지워진 것처럼 보여도 상호간에 밀접한 관계를 갖고 있기 때문에 이들간의 간격이 클 때 법문화 전체적으로 부정적 결과를 가져온다.

우리 사회에서 법률가들의 법문화가 문제시되는 경우는 대개 비리문제가 불거졌을 때이며, 이 사건들은 일시적으로 사회적 센세이션을 일으키고는 곧 잊혀져버린다. 우리 학계에서 아직까지 이 영역을 학문적 탐구의 대상으로 삼는 풍토가 거의 마련되어 있지 않고 있다. 어찌 보면, 이 장에서 다루게 될 법원의 법문화는 다소 생소한 느낌을 줄지도 모르겠다. 하지만 시민들의 법문화만을 탐구해서는 우리나라의 법문화 전체지형도를 그려내지 못할 것이다. 그동안 우리나라 학자들은 시민의 법문화형성에 지대한 영향을 미치는 법률가들의 법문화영역을 간과해온 것이다. 따라서 여기에서 살펴볼 내용들은 앞으로 법원문화의 탐구에 한 시발점이 될 수 있을 것이다.

법원의 법문화는 두 가지 관점에서 접근해볼 수 있다. 한 관점은 시민들이 법원의 관리들에 대해서 갖고 있는 경험이나 의식을 통해서 접근하는 것인데, 이를 외부적 관찰이라고 할 수 있을 것이다. 다른 관점은 법원의 관리에 의해서 표출되는 법원의 문화에 대해서 접근하는

3) "Popular Legal Culture: a Symposium", *The Yale Law Journal* vol. 98 (1989), pp. 545~709.

것으로 이를 내부적 관찰이라고 할 수 있을 것이다. 이 장에서는 먼저 시민들이 법원에 대해서 어떠한 의식을 갖고 있는가를 살펴보고자 한다. 다시 말해서 법률가들이 구축해놓은 법원의 문화에 대해서 시민들은 어떻게 느끼며, 왜 그렇게 느끼는가를 살펴보고자 한다. 특히 외부관찰자가 법원을 관찰하면서 갖게 되는 의식상의 갈등현상을 분석하는데 초점을 맞추고자 한다. 외부관찰자에게 가장 충격적으로 다가온 장면, 다시 말해서 관찰자의 의식 속에서 법원의 이미지와 현실 간에 가장 크게 충돌을 일으키는 것들이 어떤 것들인지 구체적 내용을 살펴보고자 한다. 그리고 이미지와 현실 간에 발생하는 충돌의 전체적 구조, 즉 가치들의 갈등구조를 분석하고자 한다.

이러한 외부관찰자의 관찰을 통해서 보다 근원적 물음이 제기되는데, 그것은 바로 외부관찰자들의 의식 속에서 가치들의 대립과 충돌을 일으키는 현실의 법원은 왜 그렇게 구조화되었는가 하는 것이다. 다시 말해서 왜 시민들이 생각하고 믿는 것처럼 현실법원의 판사는 원고, 피고에 대해 중립적이고, 친근하며, 이성적이고 객관적 태도를 보이지 못하는가 하는 물음을 염두에 두고서 논의가 전개될 것이다. 보다 구체적으로 말하자면 현재 사법부의 권위는 어떻게 형성되는가, 사법부의 권위를 구성하는 것은 무엇인가 등의 문제들을 다루게 될 것이다. 특히 외부관찰자들이 법원의 현실에 대해서 느끼는 것이 법원의 권위주의인데, 과연 이러한 권위주의적 위계질서가 법원 내에 어느 정도 뿌리를 내리고 있는지를 내부인의 관찰을 통해서 살펴보고자 한다. 여기에서 내부인의 관찰은 간접적 관찰이 아니라 직접적 경험에 근거한다. 그럼에도 불구하고 내부관찰자의 경험은 외부관찰자들이 느꼈던 법원의 권위주의를 그대로 뒷받침한다. 이러한 관찰들을 토대로 과연 한국의 법원에 권위주의가 어떤 방식으로 뿌리내리는지 다양한 사례를 통해서 살펴보고, 그러한 권위주의가 사법과정에 어떠한 결과를 가져오는지, 그리고 그 효과가 무엇인지를 살펴보고자 한다.

2. 법원의 이미지와 법원의 현실

우리나라 뿐만 아니라 다른 나라에서도 사회제도나 공적 기관들 가운데 일반인들이 갖고 있는 이미지와 실제 간에 가장 큰 괴리를 이루는 것 중의 하나가 아마도 법원일 것이다. 우리나라의 젊은이들이 갖고 있는 법원의 이미지는 주로 영화나 소설 등 픽션에 의해 상당한 영향을 받는다. 검사와 변호사 간의 치열한 공방, 정치한 논증대결, 공정하고 위엄 있는 법관, 배심원단의 팽팽한 의견대립 등은 법정영화의 빼놓을 수 없는 요소들이다. 특히 〈필라델피아〉와 같은 대표적 법정영화들은 대학생들의 법원이미지 형성에 막대한 영향을 미친다. 따라서 실제사건이나 분쟁을 통해서 법정경험을 갖지 못한 젊은이들이 현실 속의 법정을 직접 경험할 때 느끼는 괴리감은 더욱 큰 것 같다. 국회의 의결과정이나 행정부의 정책결정과정의 경우, 중대사안일 때에는 신문보도를 통해서 상세한 정보를 얻게 되고, 비록 그 내부의 구체적 상황까지는 접하지 못하더라도 담당자들의 입장이나 태도에 대해서는 자주 접하는 것이라 그렇게까지 괴리감을 느끼지는 않는다.

그러나 법원에 관해서는 많은 사람들이 구체적이고 상세한 정보를 얻는 일이 흔치 않다. 비록 사법과정이나 제도 등이 시민들의 권리와 밀접한 관계를 갖고 있지만, 그들의 일상생활이나 이해관계와 직접적으로 연관되는 일이 드물기 때문에 큰 관심의 대상은 아니다. 따라서 일반인들이 현실경험에 근거해서 구체적 법원이미지를 갖기란 쉽지 않다. 더욱이 우리 시민들의 경우 그동안 사법시험에 결부되어 있던 이미지 때문에 법원의 이미지를 현실과 상당히 괴리된 형태로 갖는 경우가 대부분이다.[4)]

---

4) 나의 경우, 학부 1학년생을 대상으로 가르치는 법학개론 시간에 법원방문

다음에 다루게 될 두 대학생들의 법원관찰문 역시 이러한 현상을 잘 보여준다. 특히 이 학생들은 자신들이 관찰한 사항을 객관적으로 전달하고 있을 뿐만 아니라 평소에 자신들이 갖고 있던 법원이미지와의 충돌을 솔직하게 표현했다는 점에서 흥미롭다.[5)]

> 법학도로서 처음 대하였던 이 재판에서 느낀 점은 재판내용보다 그동안 가졌던 판사, 검사, 변호사에 대한 막연한 환상이 무너지는 실망감이라고 할 수 있다. TV에서 본 조리 있게 자신의 주장을 펼치던 변호사의 모습과는 달리 준비해온 서류만을 들리까말까 한 목소리로 그냥 줄줄 읽는 모습, 지나칠 정도로 판사에게 굽실거리는 모습을 보면서 무척 실망스러웠다.
>
> 같은 날 횡령혐의에 대한 재판도 있었다. 참관한 재판 중 유일하게 증인이 출석하였는데, 판사가 증인에게 지난번에 출석하지 않은 것에 대해 질책하였다. 아무리 질책하는 입장이었다 해도 심한 부분이 없지 않았다. 증인이 못 오게 된 사정을 말하려고 하자 증인의 말을 중간에서 자르고 신경질적으로 "앉아요"라고 하고, 질문하는 과정에서 내뱉은 "욕심 부린건가?", "뭐 좀 뜯어내려고?", "말이 되는 소리요?" 등의 말은 내가 듣기에도 민망할 지경이었다.
>
> 그후 한 강도사건에서는 피고인이 공소사실을 전면 부인했다. 그러자 판사가 "그럴 줄 알았어. 앉아"라고 했다. 피고가 공소사실을 부인했을 때, 판사는 "그렇다면 왜 경찰과 검찰에서는 이같이 진술했는가?"라고 묻는 것이 순서라고 생각한다. 그러나 판사는 "그럼 검사가 거짓말로 작성했겠어?", "목 잘릴려고?" 라는 등 검사 편에 기울어서 검사의 말을 전적으로 믿는 반면 피고인의 말은 무조건 믿

기를 과제로 내주는데, 거의 90% 정도의 학생들이 자신들이 갖고 있는 법원의 이미지를 영화나 소설을 통해서 획득한 것이라고 믿는다.

5) 법원의 이미지와 현실 간의 관계를 밝히고, 관찰자의 의식 속에서 일어나는 갈등관계를 엿볼 수 있는 객관적 자료가 대단히 불충분하기 때문에 이러한 관찰문들을 논의의 출발점으로 삼았다.

> 지 않는 편파적 태도를 보였다. 판사는 철저하게 중립을 지켜 양쪽의 의견 모두를 편견 없이 들은 후에 이성적으로 판결해야 한다고 생각된다. 한쪽 얘기만 듣고 흥분하는 사람은 신문기자가 아닐까? 게다가 판결도 나지 않은 상태에서 피고인을 대하는 이런 판사의 태도는 선생님이 문제아를 대하는 듯한 인상마저 주었다.[6)]

위 관찰문을 작성한 사람이(이하 관찰자 ⓐ로 칭함) 법학을 전공하는 대학생이란 점에서 그의 관찰내용들을 일반시민들이 갖는 법원이미지로 일반화하기에는 무리가 있을지 모르지만, 아직까지 한번도 법정경험을 해본 적이 없는 학생이란 점에서 일반인들과 큰 차이가 나지 않을 것이다. 물론 재판과정에 대한 관찰자의 평가나 판단에는 일반인들보다는 좀더 세밀한 측면이 있을지 몰라도 전반적으로 볼 때 일반인들이나 다른 전공의 대학생들이 처음 법정을 보고 느끼는 바와 크게 다르지 않을 것이다.

무엇보다도 관찰자 ⓐ에게 가장 충격적으로 다가온 장면은 판사와 변호사의 관계이다. 아마도 이 관계가 현실의 법원과 이미지로서의 법원이 가장 첨예하게 충돌하는 장면이기도 하다. 대개 영화 속에서는 변호사들의 열띤 활약을 통해서 피고인이 무죄로 풀려나거나 억울하게 누명을 쓰고 갇힌 사람을 구해내기 위한 변호사들의 열정적 변론장면들이 주류를 이룬다. 그런데 관찰자 ⓐ에게 비친 현실법정에서의 변호사의 모습은 너무나도 다른 것이었다. 열띤 변론도 없고, 판사 앞에서 당당한 자세를 취하기보다는 잘 봐달라는 듯한 태도를 취하는 데서 관찰자 ⓐ는 상당한 충격을 받았음을 솔직하게 표현하였다.

이처럼 재판절차를 구성하는 법조인들간의 관계는 법원의 구조와도 밀접한 관계를 맺고 있다. 영미의

---

6) 참여연대 사법감시센터, 《사법감시》, 1997. 8, p. 7. 이하에서는 관찰문ⓐ 혹은 관찰자ⓐ로 부른다.

당사자주의(*adversary system*)를 따르는 나라들에서는 대개 재판관이 중립적 입장을 취하고 원고와 피고간의 공방을 통해서 진실이 드러나는 방식을 취하는 데 비해서, 대륙법체계에서 주류를 이루었던 직권주의에서는 재판관이 직접 범죄사실을 확인하는 등 적극적 역할을 수행한다.[7] 따라서 대륙법체계와 제도들을 수용한 우리나라 법정에서는 여전히 판사의 역할이 적극적이고 능동적이다. 그러나 나의 생각에는 이러한 제도적 측면뿐만 아니라 우리 고유의 전통에 기인하는 측면들도 여전히 상당한 영향력을 미치는 것처럼 보인다. 다시 말해서 가부장적 전통에서 유래하는 영향력을 간과할 수 없을 것이다.

관찰문 ⓐ에 나타난 두 번째 관계는 판사와 증인 및 피고인과의 관계이다. 관찰자 ⓐ는 법정에서 판사가 증인이나 피고인을 다루는 태도에 대해서 앞에서 살펴본 변호사의 태도 못지 않게 충격적으로 받아들이고 있다. 증인을 마치 죄인 다루는 듯한 판사의 태도, 검사의 공소사실에 전적으로 의존하려는 태도, 피고인을 마치 어른과 아이의 관계처럼 다루는 듯한 고압적 태도 등, 관찰자 ⓐ는 자신이 생각했던 법정의 이미지와는 너무나도 다른 모습을 세밀하게 묘사했다. 이 관찰문에서 관찰자는 단순히 묘사만 하는 것이 아니라, 자신이 생각한 판사의 이미지, 그리고 최소한의 예의를 간략하게 언급한다.

다음의 관찰문(이하에서는 관찰문 ⓑ로 칭함) 역시 관찰문 ⓐ와 유사

---

7) 형사소송의 소송당사자에게 소송의 주도적 지위를 인정하여 당사자 상호간의 공격·방어를 중심으로 심리가 진행되고 법원은 제3자적 입장에서 양당사자의 주장과 입증을 판단하는 주의를 말한다. 바로 이 점에서 법원에 소송의 주도권을 인정하는 직권주의와 반대된다. 우리나라의 제도적 변천에 대해서 신법률학사전에서는 다음과 같이 기술하고 있다. "구형사소송법의 소송구조는 대륙법계의 직권주의적 소송구조이었으나 현행 형사소송법은 구형사소송법에 비해서 당사자주의적 성격을 강화하였다." 예를 들어, 심판대상의 명확한 한정, 공소장일본주의 등이 이러한 예라고 지적하고 있다. 《신법률학사전》(법률신문사, 1993), p. 346.

한 내용을 기술하고 있다.

> 미리 예상하기에는 형사재판이기 때문에 살인이나 폭력이 대단히 많을 것이라 생각했지만 사기사건이 14건으로 가장 많았다. 영화나 소설의 영향을 너무 많이 받아서인지 형사재판하면 대개 살인과 같은 강력사건을 연상했지만 예상과는 달랐다. 또한 영화나 소설로 인해 재판시간이 대단히 길고 치열한 공방이 있을 것이라 예상했는데 그것도 틀렸다. 재판시간은 굉장히 짧았다. 그런 비슷한 재판을 여러번 한 후 판결이 난다고 한다. (중략)
>
> 민사재판정에 들어갔다. 나의 환상은 깨어지고 말았다. 첫 사건에서 변호사 없이 판사 앞에 선 원고는 판사의 말에 답변조차 못하고 쩔쩔매고 있었다. 때때로 원고나 피고가 답변을 길게 할 때면 그 답변을 무시하고 질문한 내용에 짧게 답하라고 윽박지르기까지 했다. 재판이란 성문화된 법규범을 근거로 합리적이고 객관적으로 사건을 해결하는 것으로 알고 있었다. 그래서 공판을 진행할 때 판사는 피고나 원고측의 모든 변론을 겸허하게 받아들이는 것으로 여겼다. 그러나 대체로 판사는 일방적이고 권위적이었다. (중략)
>
> 형사단독재판도 참관했는데 경비 같은 아저씨가 일체의 기록을 하지 못하게 했다. 판사는 피고인이 긴 설명을 하려고 하면 단호하게 '예'와 '아니오'로만 대답하라고 했다. 변호사는 이미 쓰여진 사건내용을 무성의하게 웅얼거리듯 읽고, 그에 대해 피고는 단지 동의나 부정만 표명했고 일체의 다른 언급을 하지 못했다. 마치 정해진 각본에 의해서 진행되는 것 같았다.[8]

관찰문 ⓑ 역시 앞에서 다룬 관찰문 ⓐ와 거의 유사한 관찰내용을 기술하고 있다. 법원에 대해서 자신이 갖고 있던 이미지와 현실 사이에서 발생하는 엄청난 괴리에서 받은 당혹감과 충격을 잘 보여주었으

8) 참여연대 사법감시센터, 《사법감시》, 1997, p. 8.

며, 오히려 자신이 갖고 있는 분쟁해결절차에 대한 기본상식조차도 지켜지지 않는 사법현실에 대한 자신의 의견을 잘 진술하였다. 특히 관찰문 ⓑ에서는 재판시간이 엄청나게 짧은 사실과 민사재판에서 직권주의적 재판과정을 잘 묘사하고 있다. 그리고 관찰자 ⓑ 역시 재판과정의 관찰을 통해서 일방적·권위적/합리적·객관적 가치들간의 충돌을 묘사하고 있다.

그렇다면 과연 관찰자 ⓐ와 ⓑ의 의식 속에서 일어난 충돌, 현실 속의 법원과 이미지 속의 법원 간의 충돌을 어떻게 받아들여야 하는가? 앞에서 지적한 것처럼 우리나라의 재판제도가 직권주의의 전통을 따르고 있고, 관찰자들의 의식 속에 형성된 법원의 이미지는 당사자주의를 따르는 영미법계에서 만들어진 영화에 의해서 압도적 영향을 받았기 때문인가? 이 물음은 어떻게 보면 아주 간단한 것처럼 보이지만, 시민의 법문화를 파악하는 데 매우 중요하다. 과연 시민들이 현실의 법원을 관찰하거나 경험하기 전에 갖고 있던 법원의 이미지나 관념은 허구적인 것인가? 그러한 이미지나 관념은 현실의 제도와는 완전히 동떨어진 것인가? 이러한 이미지나 관념과 현실 간의 괴리는 과연 시민들에게 무엇을 의미하고, 동시에 현실의 사법제도에는 어떤 의미를 갖는가? 이 둘의 관계를 재규명하고 재설정해야 할 필요성은 없는 것인가?

우선 우리들은 관찰문 ⓐ와 ⓑ에 나타난 법원의 이미지가 영화나 소설 등 픽션에 의해서 형성된 것인가 하는 문제를 제기해볼 필요가 있다. 대부분의 사람들은 자신들이 갖고 있는 법원의 이미지가 영화 등 픽션에 의해서 형성된 것이라고 믿는 경향이 매우 높다. 그리고 위의 관찰문들에 나타난 것처럼 영상이나 소설에 의해서 형상화된 법원 이미지에 대해서 관찰자들은 평소에 상당한 신뢰를 해왔음을 시사하고 있다. 이러한 현상은 어떻게 보면 아직까지도 법원이 시민들의 삶과 상당히 격리되어 있음을 단적으로 보여주는 것이라고 할 수 있다.[9]

법원에 대한 시민들의 이미지 형성과 관련하여 다른 측면을 살펴볼 필요가 있다. 아주 잘된 법정영화는 그 감동이 오래 지속되는 것이 사실이며, 영화 속에 나오는 판사, 검사, 변호사의 역할들이 현실의 법정에서도 실천된다는 강한 믿음을 관객들에게 줄 수도 있다. 그러나 이러한 이미지 형성에 대해서 다시 생각해볼 필요가 있다. 과연 시민들이 갖고 있는 법조인들의 이미지가 영화를 통해서 획득된 것인가? 만일 이들이 믿는 것처럼 그러한 이미지를 영상물을 통해서 획득한 것이라면, 왜 정치인이나 통치자의 이미지는 영화를 통해서 획득하지 못하는가? 영화 중에는 정치인들을 이상적으로 묘사한 것들도 많이 있다. 그러나 그러한 영화들을 통해서 정치인이나 정치과정에 대한 이미지를 획득했다고 하는 사람들은 별로 많지 않다. 왜 이러한 차이가 나타나는 것일까?

이러한 신념들 속에 내포되어 있는 오류 중 하나는 이미 자신들이 다른 경로를 통해서 획득한 법원이나 법조인들에 대한 이미지 형성과정을 빠뜨리고 있다는 점이다. 시민들이 갖고 있는 법원의 이미지는 이미 다른 경로들을 통해서 그 가치들이 형성되었고, 이러한 가치들이 잘된 영화들을 통해서 구체화되고 형상화되었다고 설명하는 것이 더욱 정확할 것이다.

물론 관찰자 ⓐ나 ⓑ가 텔레비전이나 영화를 통해서 획득한 법원의 이미지를 전제하고서 현실의 사법과정에 대해 상당한 실망감을 표명하고 있지만, 이들이 가지고 있는 사법과정에 대한 의식은 단지 허구적이거나 조작된 픽션을 통해서만 형성된 것이 아니라는 사실이 이 관찰문들에 잘 나타나 있다. 우선 관찰자들이 관찰한 현실의 사법과정에서는 자신들이 일상생활에서 겪는 사소한 다툼의 시시비비를 가리는 과정이 갖추어야 할 기본적 요건조차 갖추지 못했음을 지적한다. 사법과

9) 김정오, “법이데올로기와 법의식 비판”, 《법학연구》 제 5권(연세대, 1995), pp. 218~240.

정은 객관적이고 공정하게 진행되어야 하며, 판사는 분쟁당사자들 사이에서 중립적 위치를 지키면서 재판을 진행해야 한다는 관찰자들의 의식에 비추어 볼 때 법원의 현실은 충격적일 수밖에 없다. 또한 이러한 관찰자의 의식은 단지 영화 등 픽션에 의해서 형성된 이미지라고만 할 수 없을 것이다. 그 이미지 속에 내포된 가치들은 시민들이 일상생활에서 경험할 수 있는 분쟁해결 과정에 대한 기본적인 것들이며, 학교교육을 통해서 얻은 사법부의 역할에 관한 지식에 기초하여 형성된 것들이라고 할 수 있다. 다만 자신들이 생각한 법원이미지와 법원의 현실이 너무나도 괴리되어 있기 때문에 현실의 사법과정을 하나의 충격으로 받아들이고, 뿐만 아니라 그러한 충격의 요인을 너무나도 이상적으로 형성된 자신의 법원이미지 탓으로 돌리고 있다. 다시 말해서 그러한 이상적 법원이미지는 영화에 의해서 형성되었고, 따라서 픽션과 현실 간의 괴리가 너무나도 크기 때문에 충격을 받았다는 것이다.

그러나 앞에서 살펴본 관찰문들에 나타난 의식의 갈등구조, 가치들의 대립관계를 분석하면 이러한 인식이 잘못된 것임을 알 수 있다. 관찰문 ⓐ에 나타난 의식의 갈등구조를 보면, 편파적/중립적, 고압적/친근한, 감정적/이성적, 가부장적/대등적, 주관적/객관적 등의 가치들이 서로 충돌하고 있음을 알 수 있다. 재판관은 적어도 분쟁당사자들에 대해서 중립적 입장을 취해야 하고, 피고나 증인들에게 친근해야 할 뿐만 아니라 이들을 동등하게 취급해야 하며, 감정적이기보다는 이성적이어야 하며, 분쟁사건에 객관적으로 접근해야 한다. 그러나 관찰자 ⓐ의 눈에 비친 현실법원 속의 판사는 이와는 정반대의 태도를 취하고 있다. 여기에서 잘 나타난 바와 같이 관찰자 ⓐ의 의식 속에 나타난 갈등은 재판이라는 절차가 갖추어야 할 기본적 요건의 차원에서 발생한 것이지 관찰자가 갖고 있는 법원의 이미지가 지나치게 이상적이거나 허구적이기 때문에 발생한 것이 아니다.[10)]

관찰자 ⓑ의 경우도 관찰자 ⓐ의 경우와 거의 유사하다. 위협적이고 억압적인 공판진행/합리적이고 객관적인 공판진행, 일방적이고 권위적인 재판절차/겸허하고 상호적인 재판절차 등이 ⓑ의 의식 속에서 충돌을 일으키고 있다. 따라서 관찰자 ⓑ의 경우에도 법원에 대한 이미지와 현실 속의 법원 사이에 커다란 괴리가 존재하는 것은 틀림없다.

그렇다면 외부관찰자들의 의식 속에서 가치들의 대립과 충돌을 일으키는 현실의 법원은 왜 그렇게 구조화되었는가? 이제 우리들은 단순히 괴리의 진폭에 의해서 그러한 충격이 발생한다고 속단할 것이 아니라, 역으로 우리의 법원은 일반시민들이 갖고 있는 법원의 이미지에 따라 구조화될 수 없는 것인가를 물어보아야 할 것이다. 왜 시민들이 생각하고 믿는 것처럼 현실법원의 판사는 원고, 피고에 대해 중립적이고, 친근하며, 이성적이고 객관적 태도를 보이지 못하는가, 가부장적이기보다는 평등관계에 의거할 수는 없는가?[11] 우리는 현실법원의 어

---

10) 이러한 나의 판단은 추측이나 상상에 의한 것이 아니다. 수년 동안 법학개론을 가르치면서 법과대학 신입생들에게 법원관람기를 과제로 내주었는데, 이들의 관찰이 두 관찰문과 거의 대동소이하다. 때로는 법원을 방문하고 나서 과연 현실법원에서 관찰한 법조인이 되기 위해 사법시험을 공부해야 하는지 진지하게 고민하는 학생들도 있었다. 그런데 대부분의 학생들은 현실 속의 법원이 무엇이 잘못되었는가를 심층적으로 파헤치고 분석하기보다는 자신들이 갖고 있던 법원의 이미지가 대단히 비현실적이었고 이상적이었다는 아주 손쉬운 결론을 내린다.

11) 이러한 법원관은 나의 연구결과와 일치한다. 1960, 1970년대 법학교수들이 조사한 바에 의하면, 한국인의 법의식은 감성적, 가부장적, 주관적 판단의 가치를 여전히 중시하는 상황이었으나 나의 연구조사 결과에 의하면 한국인들의 법의식은 빠른 속도로 변화해왔으며 특히 1980, 1990년대 경제성장으로 인해 시민들의 법의식이 거의 완벽할 정도로 근대화되었다. 이러한 관점에서 볼 때 관찰자 ⓐ와 ⓑ가 기술하는 법정에 대한 이미지나 관념은 전혀 비현실적이거나 이상적인 것이 아니다. 오히려 이러한 시민들의 의식에 현실의 법원이 좇아가지 못하고 뒤처져 있는 상황이라고 평가할 수 있을 것이다. Jeong-Oh Kim, "The Changing Landscape of Civil Litigation"

떠한 구조가 그러한 법원의 이미지의 실현을 저해하는지 그 원인을 밝힐 필요가 있으며, 여기에서 다루고자 하는 것이 그러한 현실법원의 구조적 특성이다. 이 논의는 앞서의 논의처럼 외부관찰자의 관찰에 근거하기보다는 내부경험자의 고백을 통해서 드러난 법원의 현실을 토대로 전개될 것이다.

---

in Dae-Kyu Yoon(ed.), *Recent Transformations in Korean Law and Society*(Seoul National University Press, 2000), pp. 321~337.

3. 권위와 불공정을 낳는 사법구조

앞 절에서는 외부관찰자들이 법원에 대해서 갖고 있던 이미지와 법원의 현실 사이에서 발생하는 괴리현상을 중점적으로 살펴보았다. 이 논의를 통해서 어떤 내용의 괴리가 발생하는지를 확인할 수 있었다. 그러나 왜 이처럼 심층적 괴리가 발생하는지, 다시 말해서 왜 우리의 법원이 지금과 같은 제도와 구조를 유지하는지를 파악하기가 쉽지 않았다. 우리들은 간간이 신문보도를 통해서 사법부의 파행적 관행을 접하곤 하지만, 전체적 내부구조에 대해서는 세부적으로 알 수 있는 길이 없었다.[12] 아직까지 우리나라에서는 사법부에서 오랫동안 종사했던 법조인들이 자서전을 쓰거나 다른 사람들에 의해서 쓰여진 전기작품들이 적기 때문에 사법부의 내부과정에 관한 자료나 정보를 얻는 일이 쉽지 않다.

물론 이러한 현상은 우리 사회에만 고유한 것이 아니다. 법의 왕국이라는 미국에서조차 사법부의 내부과정이나 구조에 대해서는 제대로 알려져 있지 않다. 30여 년 전 《동료들》이라는 책을 통해서 미국 연방대법원 내의 판결과정과 세력간의 알력이 세상에 알려지면서 일대 센세이션을 불러일으킨 적이 있다.[13] 이 책은 미국의 연방대법원이 정치적으로 민감한 사안들을 어떤 과정을 거쳐 결정하는지, 그리고 획기적 전환점을 가져온 판결들이 어떻게 나올 수 있었는가를 생생하게 보

---

12) 일례로, 문흥수 서울지법 부장판사의 법률신문 기고문, 《동아일보》 2001. 5. 3.

13) B. Woodward & S. Armstrong, *The Brethren: Inside the Supreme Court* (Simon & Schuster, 1979). 한국에서는 안경환 교수가 이를 번역·출판하였다. 《판사가 나라를 잡는다》(철학과 현실사, 1995); 《판사가 나라를 살린다》(철학과 현실사, 1996).

여주었다는 점에서 세간의 관심을 끌었다.[14] 그러나 이처럼 예외적 경우를 제외하고는 미국사회에서도 법원의 내부사정에 대해서는 제대로 알려져 있지 않다.

몇 년 전 우리나라에서도 오랫동안 판사로 근무했던 한 변호사가 사법부의 내부구조와 인간관계 등을 세밀하게 기술한 서적을 출판하여 센세이션을 일으키기도 했다.[15] 여기에서는 이 책에 나타난 우리 법원의 내부구조의 특성을 중점적으로 다뤄보겠다. 특히 앞에서 나타난 법원의 이미지와 현실 간에 첨예하게 충돌을 일으키는 부분이 주로 권위주의적 사법과정들이었는데, 과연 이러한 관찰이 사실인지 그리고 왜 그러한 구조가 유지되는지를 살펴보도록 하겠다.

1) 사법부의 권위를 구성하는 것들

위에서 외부관찰자들이 피의자와 변호사들에 대한 판사들의 위압적 자세를 공통적으로 묘사하는 것과 마찬가지로 내부관찰자 역시 판사들 사이에 유지되는 권위주의적 위계질서를 다음과 같이 묘사하고 있다. 내부관찰자는 이러한 권위주의적이고 관료주의적인 인간관계가 사법절차를 권위적이고 경직되게 만드는 일차적 원인으로 본다.

> 판사로 일하면서 느끼게 된 이제까지의 경험을 토대로 정리해 보면

---

14) 이러한 법원의 특성이 대의기관인 의회와 다른 점이다. 자유주의 국가의 세 기관인 행정부와 의회, 특히 의회의 경우는 거의 모든 의사결정 과정이 그대로 시민들에게 전달된다. 그리고 행정부의 경우도 의회만큼 투명하지는 않지만, 그래도 거의 모든 결정과정이 공개된다. 이에 비해 법원의 의사결정 과정과 판사의 판단과정은 여전히 베일에 싸여 있다.

15) 방희선, 《가지 않으면 길은 없다: 방희선 판사의 정직한 법 이야기》(지성사, 1997) 이하에서는 2절에서 다룬 외부관찰자들의 관찰문과 구분하기 위해 내부관찰자와 내부관찰문으로 부르기로 한다.

법원의 풍토와 문화라는 것이 결국 한마디로 관료주의적이고 철저하게 조직화된 위계구조라고 밖에는 표현할 수 없다. (중략)

이런 구조의 메커니즘에서 보면 개개의 판사들도 조직 내에서는 정말 왜소한 존재에 불과하여 그 거대한 질서체계에서 면면히 이어오던 관행이나 법칙을 계속 따르게 되고, 그러다 보니 결국은 평범한 직장인 같은 소시민의 모습으로 자리를 잡아가게 되는 것이다. 그래서 우리가 밖에서 생각하는 판사, 재판관이라고 하는 거대한 명제를 가진 존재와는 달리 그 안에서 이렇게 변화되는 모습을 보고 있으면 그저 보통사람들의 한계에서 보여지는 보잘 것 없는 모습이 그대로 나타나는 게 우리의 실상이 아닌가 하는 생각에 서글픈 느낌을 갖지 않을 수 없었다. (중략)

실제로 내가 처음 적응하는 데 힘들었던 부분 중에 이런 것들이 있었다. 예컨대 합의부 소속 배석판사로서 합의부의 부장인 재판장과 다른 배석판사와 함께 한 사무실에서 일할 때 자기보다 윗사람이나 서열이 높은 사람이 방에 들어오면 설령 나와는 아무런 상관없이 다른 사람을 보러온 경우라도 무조건 자리에서 일어나 정중하게 인사해야 하는 것으로 되어 있다. 물론 다 같이 어떤 대화를 나누거나 격의 없는 논의를 하는 상황이라면 잠시 일손을 멈추고라도 서로 보고 이야기도 하면 좋은 일이나, 그런 경우가 아니라 단지 옆에 있는 다른 사람을 보러온 경우에도 문 열고 지나치는 사람을 위해서 꼭 그렇게 일을 하다 말고 일어나서 인사를 해야 되는지 의문스러웠고, 이것이 자연스러운 인간관계의 예절인가 하는 생각이 들었다.

더욱이 법원장이나 수석부장 등과 같은 제법 높은 분들이 찾아오면 셔츠차림에 슬리퍼를 신고 한참 일에 열중하던 중이라도 즉시 일어나 구두도 다시 신고 옷걸이에 걸려 있는 저고리까지 꺼내 입는 등 최대한의 격식을 갖추어야 한다. 만약 그렇게 하지 않고 일하다가 그대로 맞이한 채 별 생각 없이 묻는 말에 그냥 일어나서 대답하든지 하면 예절이 없다느니 버릇이 없다느니 하는 이상한 말이

돌고 심지어는 누군가 그런 말을 전하여 사람을 심란하게 하는 것이다.[16)]

여기에서 묘사된 것처럼 판사들간의 관계가 철저하게 위계적이고 권위적으로 형성되어 있음을 알 수 있다. 이들은 내부적으로 상하 간에 철저한 위계질서를 형성함으로써 관료적 권위주의를 유지하고 있다. 그렇다면 이러한 위계적이고 권위주의적인 인간관계는 어떻게 형성된 것이고, 재판절차나 결과에 어떠한 영향을 미치는가?

어떻게 보면 이러한 위계적 인간관계는 동양사회와 같은 전통사회에 공통된 현상이라고 할 수 있다.[17)] 최근 들어 능력주의나 평등주의 가치관이 확산되면서 기존의 전통적 위계질서가 많이 약화된 것은 사실이다. 그러나 외부관찰자들이나 내부관찰자의 관찰에 의하면 우리 사법부는 다른 기관이나 제도들보다 훨씬 보수적이고 전통적인 인간관계가 상당한 정도 존속했음을 알 수 있다. 물론 이러한 위계질서가 동양사회뿐만 아니라 서양사회에서도 여전히 존재하는 것이 사실이다. 예를 들어, 직장 내에서의 서열관계(*seniority*)가 존중되고, 서양사회의 어느 부문보다도 법조계에서 전통적 예의범절이 잘 지켜지는 것이 사실이다. 그러나 문제는 우리의 법원 내에서 판사들 사이를 지배하는 권위주의적이고 위계적인 내부질서가 법원의 조직이나 기능까지 상당한 영향을 미친다는 데 있다.

어느 조직사회에서든 그 조직이 운영되기 위해서는 나름의 인사권이나 위계질서가 필요한 것이 사실이다. 그러나 그러한 인사권이나 위계질서가 조직 본연의 임무, 즉 법원의 경우 공정하고 합리적인 분쟁해결의 기능을 향상시켜야 할 목적을 벗어나서 다른 방향으로 작용할 때 그리고 위계질서를 위한 위계질서가 존속할 때 시스템 자체가 경직되기

---

16) 방희선(1997), pp. 107~111.

17) 로베르토 웅거, 김정오 역, 《근대사회에서의 법》(삼영사, 1994).

마련이다.

위의 외부관찰자들이 기술하고 있고 다음에서 살펴보게 될 내부관찰자의 기술에서 확인할 수 있는 것처럼 판사들이 소송당사자나 변호사들에게 매우 권위주의적으로 행동하는 것으로 묘사되는데, 이러한 현상은 단지 판사의 개인적 문제라기보다는 상당한 정도는 여기에서 드러난 판사들간의 위계적이고 권위적인 인간관계가 그 원천이라고 할 수 있을 것이다.

피고인이나 변호사에 대한 판사들의 권위적 태도에 대해서 내부관찰자는 다음과 같이 기술하고 있다.

> "이런 법정엘 나오면서 정장이라도 하고 나와야지. 그래. 셔츠에 잠바 따위를 걸치고 나오느냐"는 취지였다. 그랬더니 그 당사자는 "죄송하다"는 대답을 하는 것이었다. 그러나 내가 보기엔 참 이해가 안 되는 상황이었다. 사건의 종류로 보아 하니 그 사람은 가난한 사람 같았다. 그런데 그런 사람에게 양복정장을 안 하고 왔다고 무례하다며 호통치는 건 아무래도 사리에 맞지 않는 일 같았다. 나름대로 입는 옷을 단정하게 하여 남에게 불쾌감을 주지 않으면 되는 것이지 양복정장을 해야 한다는 규범이 어디 있는지 이해하기 힘든 일이었다. 그런데 그런 식의 예절을 요구하는 경우를 많이 봤다. 심지어 한여름 무더위에도 변호사에게 넥타이 정장을 하지 않았다고 핀잔주는 사례도 있으니 이쯤 되면 허례허식에 중독된 게 아닌지…18)

이러한 진술은 외부관찰자들이 관찰한 내용과 일치하고 있다. 물론 구체적으로 복장에 관한 것은 아니지만, 판사가 원·피고나 변호사, 증인 등에 대해서 취하는 태도를 적나라하게 보여준다. 물론 외국의

---

18) 방희선(1997), p. 125.

경우에도 판사 앞에 나갈 때 자신에게 유리한 판결을 얻기 위해서 혹은 법정을 신성시하는 오랜 전통에 따라 소송당사자들이나 증인들이 깨끗한 옷을 입고 가는 것이 일반적이다. 미국의 경우, 사회의 거의 모든 부문에서 사람들의 옷차림이 캐주얼화되고 있지만, 법원이나 그 주변에는 여전히 정장차림이 많이 눈에 띈다. 그러나 미국법정에서 판사가 직접 소송당사자나 변호사의 복장에 대해서 언급하는 것을 기대하기는 불가능할 것이다. 이처럼 재판내용이나 재판절차와 전혀 관계없는 복장의 문제에 대해서 판사들이 관여하고 훈계한다는 것은 판사들이 법정에서의 자신들의 위상에 대해 생각하는 바를 그대로 드러내는 것으로 볼 수 있다. 결국 위계적 인간관계나 법원의 구조가 진실을 밝히는 과정으로서의 사법절차를 다른 형태로 대치하는 역할을 하고 있는 것이다.

외부관찰자들이 지적한 바와 같이 과연 권위적이고 고압적인 태도를 갖고서 소송당사자들에게 친밀하게 그 진술을 들어줄 수 있겠는가? 재판이 불과 1, 2분만에 끝나고, 형식적으로 진행되는 상황에서 진정으로 사법정의가 추구되었다고 믿긴 쉽지 않을 것이다. 미국에서 소송참가자들을 대상으로 조사한 연구에 따르면, 소송당사자들이 판사에게 깊은 신뢰감을 갖고 재판이 공정하게 이뤄졌다고 느끼는 것은 무엇보다도 판사들이 자신들의 이야기를 얼마나 진지하고 오랜 시간 들어주었는가에 따라 다르게 나타난다고 지적한다.[19] 그러나 한국의 법원처럼 내부적으로 위계적 인간관계를 구축하고, 재판 외적인 행동까지도 간섭하는 체제하에서는 공정한 재판절차, 즉 소송당사자들의 충분한 변론과 논증을 통해서 진실이 드러나고 드러난 진실을 토대로 판결이 이루어지는 절차를 기대하기란 쉽지 않을 것이다.[20]

---

19) A. Sarat & W. Felstiner, "Law and Strategy in the Divorce Lawyer's Office", *Law and Society Review* vol. 20 (1986).

20) 내가 관찰한 미국의 재판과정을 보면, 오전에 3시간, 오후에 3시간 총 6시

2) 관성의 법칙

앞 절에서 지적한 권위주의적 위계질서 외에 법원의 문제점으로 지적되는 것이 그릇된 관행의 지속이다. 여기에서는 이를 '관성의 법칙'이란 명칭하에 논의를 전개하고자 한다. 다시 말해서 기존 관행의 잘못된 점이나 불합리한 점들을 개선하지 않고 관행이란 이름하에 그대로 유지하는 것을 말한다. 이러한 예로 내부관찰자는 다음의 두 가지 관행을 들고 있다.

> 합의재판부의 경우 재판장 한 사람과 배석판사 두 사람으로 이루어지는데, 실제 사건합의에서는 2인 합의로 운영되고 있다. 밖에서 아는 것과는 달리 그 사건의 주심판사와 재판장 둘이서만 합의하는 방식이다. 그래서 주심이 아닌 사람은 그냥 듣고만 있어야 한다. 심지어는 업무의 효율을 위해서 좌우배석 두 사람이 각자 순차로 자기 주심사건을 들고 재판장실에 들어가 둘이서만 합의하기도 한다. 이것은 소송법 취지에도 맞지 않고 합의재판의 본질에도 어긋나는 것인데 수십 년 동안 계속되어온 것이다. 과거 우리의 현실여건이 그

간을 거의 쉬지 않고 심리를 진행하였다. 중간에 점심시간 1시간까지 합하면 7시간이었다. 그리고 오전과 오후에 각각 10분 정도의 휴식시간을 빼고는 쉬지 않고 재판이 진행되었다. 재판과정에서 판사가 증인들을 정중하게 대하고 원고측 검사와 피고측 변호사들의 이의제기와 변론을 충분히 경청하는 모습, 그리고 원고측 검사와 피고측 변호사 간에 이루어지는 팽팽한 긴장감 속에서 진행되는 심리는 그야말로 긴장의 연속이었다. 그리고 법정에서 원고측 검사와 피고측 변호사들의 세밀한 증인심문을 통해서 진실을 밝히는 과정은 그 자체가 정의롭다고 할 수 있을 정도였다. 심리과정 내내 열심히 노트하는 판사의 모습은 진지함을 넘어서 경이롭기까지 하였다. 그리고 아예 소송절차법전을 옆에 펼쳐 놓고 검사 혹은 변호사가 이의를 제기하면 과연 그 이유가 법적 타당성이 있는지, 법률적 근거가 있는가를 판사, 검사, 변호사가 즉석에서 법전을 참조하면서 재판을 진행하는 모습을 보면서 재판의 공개성, 솔직함의 덕목들을 느낄 수 있었다.

> 렇지 못하고 사건이 많아서 어쩔 수 없었다고는 하지만 이제라도 개선하겠다는 법조계의 노력 자체가 보이지 않는 게 문제라고 본다.[21)]

어떻게 보면 이러한 관행은 우리 사회에 만연된 병리적 현상을 그대로 보여준다. 원칙이 지켜져야 하는 상황에서도 편의와 효율의 이름으로 원칙이 지켜지지 않는 경우가 비일비재한데, 관찰자가 지적하는 합의재판부의 사례가 그 한 예라고 할 수 있다. 합의재판의 경우 재판장은 연륜이 오래되거나 서열이 높은 판사가 담당하는 경우가 대부분인데, 재판장과 주심판사만 결정에 참여한다면 관찰자의 지적대로 합의재판의 본질에 어긋나는 것이다. 합의재판제도 자체가 사건의 중대성으로 인하여 판단의 신중함과 정확성을 기하기 위한 제도인데, 이러한 관행은 제도의 원칙을 왜곡시키는 것이나 마찬가지이다.

두 번째 예로 내부관찰자는 위증죄의 관행을 들고 있다.

> 위증죄의 경우 서구에서는 중죄에 속하는 아주 중요한 범죄이고 실제로도 재판의 결과를 움직일 만큼 큰 해악인 경우가 많다. 그런데도 우리의 재판에서는 위증죄만큼 엉성하게 처벌되는 일도 별로 없다. 그것도 과거의 관행이 그래 왔다. 과거의 소박한 시대에, 또한 증인신문 자체가 그렇게 외국처럼 합리적 교차신문이 안 되었기 때문에 그랬다는 것이나 지금은 시대가 변하고 상황이 변했기 때문에 여전히 그래야 하는가 하는 냉정한 논증이 있어야 한다. 내가 형사재판을 하면서 다루어 본 사건 중에도 정말 중대한 위증죄가 많았는데 유사한 사건들의 처벌사례를 보면 내가 도저히 참고로 삼지 못할 정도로 미약한 경우가 대부분이었고 심지어 적은 금액의 벌금형으로 기소되어 오기까지 했다.[22)]

---

21) 방희선(1997), p. 126.

22) 방희선(1997), p. 128.

이러한 관행들은 그야말로 사법정의를 해치는 위험한 것들이다. 최근 사법과정에서 위증이나 무고행위로 인하여 피해를 보는 사람들이 속출하고 있는데도 법원이 충분히 보호하지 못한다는 지적이 있다. 이러한 현상은 법원의 기능과 역할에 부정적 효과를 가져왔다.

위증문제는 우리의 법문화에 상당히 뿌리 깊은 고질적 병폐이기도 하다. 1960년대 한국의 법문화를 조사했던 함병춘 교수에 의하면 한국인들이 법정에서 위증행위를 하고도 아무런 양심의 가책이나 법률 위반이란 인식을 하지 않는다. 위증행위를 하게 된 동기가 자신의 친구나 친지들을 보호하기 위한 것이기 때문에 전혀 양심상의 가책이나 범죄의식을 갖지 않는다는 것이다.[23] 다시 말해서 이러한 행위는 '정직의 가치'와 '의리의 가치' 중에서 '의리의 가치'를 더 우선시하는 한국의 문화적 풍토에 기인하는 것이라고도 할 수 있다. 어떻게 보면 이러한 현실적 상황에 익숙해온 법원으로서는 위증죄를 엄하게 처벌하지 못하는 딜레마에 놓여 있는 것처럼 보인다.

문제는 내부관찰자도 지적한 바와 같이 이처럼 오랜 기간 유지되어 온 관행이 과연 현 한국사회의 사법정의 실현에 적합한가 하는 것이다. 위증죄의 문제는 앞에서 다룬 권위주의적 위계질서와 밀접한 관련을 갖고 있는 것처럼 보인다. 법원의 판사들은 서로간에 그리고 일반인들이나 다른 법조인들(검사나 변호사)과의 관계에서 재판 외적인 요소로 권위를 유지해온 측면이 강하다. 법원 본연의 역할과 임무를 통해서 법원의 권위를 보전하기보다는 관료주의적 위계질서와 관행의 유지라는 관성의 법칙에 의해서 권위를 유지해왔다. 그러나 이러한 관행들보다는 공정한 재판절차를 확립하고 절차들을 확고히 해주는 보조제

---

23) Pyong-choon Hahm, "Religion and Law in Korea", in Pyong-choon Hahm, *Korean Jurisprudence, Politics and Culture* (Yonsei University Press, 1983). 함병춘 교수의 학문적 입장에 대한 재해석으로는 제2장 참조.

도들을 마련함으로써 오히려 현대사회에 더욱 적합한 법원의 권위를 확보할 수 있을 것이다. 진실에 근거한 판결, 진실을 충실히 밝힐 수 있는 공정한 절차의 확보, 진실을 밝히는 일을 방해하는 행위에 대한 엄격한 대응 등을 통해서 현대 한국사회에 적합한 법정을 확립할 수 있을 것이다.

사법부의 관행 중 또 하나 들 수 있는 것은 과연 사법부가 사회적 책임이 수반되는 민감한 문제에 대해서 얼마나 능동적으로 대응하는가이다. 어떻게 보면 이 문제는 일반시민들이 갖고 있는 '법 앞의 평등' 의식과 첨예하게 충돌하기도 한다. 예를 들어,

> 선거관련사건은 과거에 워낙 선거사범을 미약하게 처리하다 보니까 이제는 도리어 그것이 무슨 가이드라인처럼 되어 중하게 처벌하자는 사람이 이상한 사람처럼 보일 지경이 되었다. 사회적으로도 선거부정 때문에 온 나라가 골머리를 앓고 공명선거가 국가적 관심사가 되어 있을 정도인데 막상 그러한 사건들을 재판할 때 '선거부정이야 원래 옛날부터 있어 왔던 것이고, 또 선거라는 게 대개 다 그런 거 아니냐'라거나 '그래도 다수의 지지를 얻어 당선된 사람인데 어쩌겠는가' 하는 따위의 고식적 논법으로 다루고 마는 것이 보통이었다. 어차피 '너도 부정 나도 부정'인데 하는 그런 식의 비논리적인 체념적 태도들도 합세해 그냥 넘어가고…[24]

이처럼 내부관찰자가 지적하는 법원의 태도는 법의 지배원리를 확립하기는커녕 오히려 걸림돌이라고 할 수 있다. 서양의 근대법 역사에서 법의 지배원리가 확립된 가장 큰 배경은 권력을 제어하기 위한 수단으로서 법적 장치를 활용한 것이었다.[25] 법이 제정되고 적용되는

---

24) 방희선(1997), p. 129.

25) 웅거(1994).

중요한 요인 중의 하나가 왕이나 통치자의 권한을 제한하기 위한 것이었다. 그러나 우리의 법정은 이러한 근대법의 이념에 근거하여 권력기관이나 권력자의 위법행위를 통제하거나 처벌하기보다는 '관행'이라는 이름으로 불법·탈법행위들을 묵인하거나 방조하는 것이다.

앞에서 세 가지 실례를 통해서 살펴본 관행의 문제를 다시 한번 정리해보면, 첫째 사례인 합의재판제도는 법원이 스스로 지켜야 할 원칙의 문제, 둘째 사례인 위증죄의 문제는 공정한 재판절차의 확보 혹은 절차적 정의의 확립이란 문제와 밀접한 관련을 갖는다. 셋째, 선거사범의 사례는 법원이 권력자 혹은 권력기관에 대해서 어떻게 대응하는가, 즉 법의 지배원칙의 확립과 밀접한 관련을 갖는다. 어떻게 보면 1절에서 살펴본 권위주의적 위계질서 못지않게 관행의 이름으로 진행되는 많은 행태들이 법의 지배원리의 확립과는 거리가 멀 뿐만 아니라 오히려 이를 저해하는 문제점을 안고 있다.

3) 위계적 권위주의와 관행의 효과

앞에서 살펴본 바와 같이 권위주의적 위계질서와 관성의 법칙에 의해서 지속되는 관행들이 판사들간 혹은 법원 자체 내로 한정된다면 큰 문제가 아닐 수도 있다. 문제는 이러한 제도적 구조와 관행들이 사법적 부정의를 낳는 원천이 되었다는 데 있다. 예를 들어, 우리 사법구조에서 가장 커다란 병폐라고 할 수 있는 전관예우 관행이 이러한 구조들과 밀접한 관련을 갖는다. 특히 내부관찰자가 지적한 것처럼 이러한 제도적 구조와 관행들은 단순히 전관예우뿐만 아니라 '유전무죄 무전유죄'라고 하는 불합리한 사법적 결과를 가져오는 원천이 되었다.

> 그런 형식적 관계를 중시하고 또 그런 기존질서에 잘 순종하고 순응하는 것이 미덕처럼 되어 있는 사회이다 보니 과거의 윗사람이나

> 현재의 윗사람 또는 선후배 관계와 같은 상하관계를 통한 일종의 로비가 연계될 수 있다. (중략)
>
> 결국 그런 악성범죄인들이 소위 예우를 받을 수 있는 사람들을 변호인의 방패막이로 내세워 그들로 하여금 그런 청탁을 하게 하고, 또 경우에 따라서는 현직에 있는 동료나 선배들을 통한 이른바 '관선변론'이라는 청탁을 하는 등 다면적 접근을 함으로써 사건을 유리하게 풀어 가는 것이다. 많은 돈을 주니까 움직이는 것이다. 또 관선변론의 경우에는 그런 사람들과 연결고리가 있는 사람인데 이것이 대체로 돈 있고 힘 있고 세력 있는 그런 지위에 있는 사람일 가능성이 많다. 그래서 밖에서 볼 때는 결과적으로 '유전무죄, 무전유죄'로 보이게 되는 것이다. 그러나 그 이면에는 이런 복잡한 메커니즘이 작용하고 있는 것이다. 게다가 사람에 따라서는 그런 청탁성 변론을 집단이익의 차원에서 당연시하는 경우까지 있어 그 심각성을 느끼게 한다.[26]

여기에서 내부관찰자는 법원내부의 권위주의적 위계질서가 내부적으로 끝나는 것이 아님을 분명하게 밝혔다. 판사들간의 관계를 지배하는 권위주의가 전관예우 관행의 원천이 되고 나아가서는 '유전무죄, 무전유죄'라고 하는 사법상의 불평등현상을 낳게 되는 것이다. 물론 앞에서도 지적한 바와 같이 미국의 법조계 내에서도 선임자에 대한 존중이 어느 정도 유지되는 것이 사실이며 중대한 형사사건을 의뢰할 경우에는 그 지역에서 오랫동안 검사생활을 했던 변호사를 찾기도 한다. 그러나 반드시 검사출신 변호사라고 해서 형사재판에서 유리한 것은 아니다. 더욱이 판사의 경우는 대부분 변호사를 하다가 판사로 선출되거나 임명되기 때문에 판사출신 변호사를 구하는 것은 드문 일이다.

문제는 이러한 인간관계가 과연 재판의 결과에 어느 정도 영향을 미

---

26) 방희선(1997), pp. 132~135.

치는가 하는 것이다. 전관예우 관행의 문제는 권력자나 권력기관에 대한 법원의 호혜적 대우와 맞물리면서 더욱 심각한 문제를 야기한다. 이러한 문제점에 대해서 내부관찰자는 다음과 같이 지적하고 있다.

> 과거에 소위 5공 청산 사건이라고 하는 사건들을 하면서 보니까 전직장관이나 고관현직에 있던 사람들이 재판을 받게 됐는데 이들은 재판에 아주 불성실한 편이었다. 유력한 변호사나 세워 놓고 걸핏하면 연기신청이나 내고 법정에 안 나오기 일쑤였다. 어찌 보면 완전히 재판을 우롱하는 태도라 정상적 법감각이나 사법정의에서 보면 마땅히 분개해야 될 텐데 별로 분개하는 사람이 없는 듯했다. 그래서 재판에 안 나오면 안 나오는 대로 '잘됐다. 귀찮은 사건 넘기게 되어 잘됐다' 하는 식으로 연기원 내면 얼른 받아주어 연기하고 또 연기하고 …… 그러니 밖에서 기자들이 '이렇게 재판을 끄는데 혹시 구인할 계획이 없느냐'고 물으면 '본인이 사유를 대서 연기하는데 구인은 무슨 구인이냐' 그러면서 대수롭지 않다는 듯이 얘기한다. 그래서 어떤 사회적 지위나 이런저런 힘 있는 사람들에 대해서는 무력한 태도를 습관적으로 갖게 된 게 아닌가 하는 생각까지 들었다.[27]

이 사례는 우리 법원구조에서 사법적 책임회피가 어떻게 일어나고 있는가를 잘 보여준다. 사회적 혹은 정치적으로 민감한 사안에 대해서 사법부가 사법정의에 입각하여 문제를 처리하는 것이 아니라 그 사건에 연루된 인적 고리에 끌려 다니고 재판지연 등을 통해서 법원의 책임을 회피하는 행태를 보인다.

이처럼 우리 법원이 안고 있는 권위주의는 실질적 차원뿐만 아니라 형식적 차원에도 영향을 미친다. 예를 들어 판결문의 서술방식에 미치는 영향에 대한 내부관찰자의 기술을 보면,

---

27) 방희선(1997), pp. 140~141.

> 기존의 판결문 형식을 보면 너무나 고답적이고 상투적이다. 수십 년 동안 써온 그런 판결문을 판사나 변호사들끼리도 비판하는 경우가 많다. 당사자들이 읽어도 이해할 수 없는 것은 당연하고, 변호사들도 때에 따라서는 한참을 들여다보고 앞뒤를 맞춰 봐야 이해할 수 있을 정도로 알아보기 힘들다는 농담을 할 정도이다. 결국 이것은 당사자를 위한 판결문이 아니라 자족적인 것이라는 비판이다. 그래서 근래 들어 이를 고치자는 주장도 나오고 나 역시 이를 적극 찬성한다. 그런데도 이것이 잘 고쳐지지 않는 이유는 판결문이 상급심에 올라가면 위에서 보고 판결문을 잘 썼느니 못 썼느니 하는 소리를 듣게 되니까 결국 상급심을 의식해서 그렇게 되는 것이다.[28]

어떻게 보면 우리 법정에서 만들어지는 판결문은 소송당사자들을 위한 것이 아니라, 판사 자신들을 위한 것이다. 이 인용문에서도 잘 나타나 있는 것처럼 자족적 판결문이 작성되는 이유 중의 하나가 바로 앞에서 지적한 법원의 권위주의적 위계질서와 밀접한 관계가 있는 것이다. 물론 판결문 자체가 잘못 작성되거나 법적 논리에 문제가 있는 경우도 있을 것이다. 그러나 여기에서 지적된 문제는 상투적이고 고답적인 판결문의 형식이다. 이것은 판사 개인의 문제가 아니라 우리나라 법원 전체의 문제이다.

사법부는 행정부나 입법부처럼 능동적이고 적극적으로 입법이나 법집행을 할 수는 없지만 적어도 두 권력기관이 법을 자의적으로 집행하거나 제정할 때 이를 강력하게 제어할 수 있는 힘을 갖고 있다. 뿐만 아니라 이 권한을 통해서 사법부는 법의 지배를 확립하는 데 결정적 역할을 해야 한다. 그러나 우리의 사법구조는 권위주의적 위계질서로 구성되어 있고, 그러한 위계질서가 내부자, 일반시민, 그리고 법정을

---

28) 방희선(1997), p. 125.

구성하는 변호사나 검사 등을 포함하여 거의 모든 사법체계에까지 그 여파를 미친다. 더욱이 그것은 사법정의를 저해하는 그릇된 관행을 낳는 원천이 되었다. 이러한 내적 체계는 지금의 우리 법문화를 형성하고 있는 파행구조를 양산할 뿐만 아니라, 사회구성원들이 보다 건전한 법문화를 갖는 데 커다란 걸림돌로 작용하는 것이다.[29)]

29) 내가 조사한 집단분쟁사례에서 살펴보면 분쟁에 연루된 사람들은 법원의 판결에 대단히 민감한 반응을 보였다. 대체로 그 반응은 두 가지 형태로 나타나는데, 하나는 법원이 판결하기 전까지의 기간 동안 당사자들은 법원에 대해서 매우 불안정하고 부정적인 태도를 갖고 있다. 과거에 사회적 물의를 일으켰던 사건을 통해서 갖고 있던 법원의 이미지를 자신들의 법정에 결부시키기도 한다. 그리고 자신들이 법정으로 가기 전까지 겪었던 다른 공무원들과 법원의 판사들을 동일시하는 경향이 높았다. 다시 말해서 분쟁당사자들은 공무원들에 대해서 아주 부정적인 시각을 갖고 있었다. 또 다른 반응은 법원의 판결에 대해서 대단히 감정적이었다. 자신들에게 유리한 판결을 내렸을 때와 불리한 판결을 내렸을 때 사법부에 대해서 갖는 태도가 극과 극일 정도로 양극화되어 나타났다. 이러한 현상들을 볼 때, 우리 사회에서 재판의 결과에 분쟁당사자가 모두 승복할 수 있는 법문화를 형성하기까지는 상당한 시일이 걸릴 뿐만 아니라, 그 과정에 이르기까지 법원의 주도적 역할이 매우 중요할 것으로 보인다. 제 9장 참조.

4. 맺음말

지금까지 살펴본 것처럼 외부관찰자의 관찰 및 내부관찰자의 경험을 통해서 드러난 우리 법원문화의 특징을 다음과 같이 정리할 수 있다.

첫째, 외부관찰자들의 관찰에서 나타난 바와 같이 법원의 이미지와 법원의 현실 사이에는 현격한 괴리가 존재한다. 이러한 이미지와 현실 간의 현격한 격차는 시민들의 법의식에 대단히 부정적인 것으로 나타났다. 물론 시민들의 법원이미지가 영화나 픽션의 영향을 받기도 하지만, 서두에서 지적한 것처럼 그러한 이미지는 고도의 이상적 법정을 전제한 것이 아니라는 점이다. 일반시민들이 자신들의 주변에서 얼마든지 경험할 수 있는 분쟁해결 절차가 갖추어야 할 기본적 요소라는 점에서 여기에서 나타난 괴리현상은 매우 심각하다. 특히 외부관찰자들의 눈에 비친 것처럼 판사 - 변호사, 판사 - 원·피고 및 증인의 관계가 지금처럼 일방적이고 권위적으로 유지된다면 앞으로 심각한 사태를 야기하게 될지도 모른다.

둘째, 법원의 권위주의적 위계질서와 그릇된 관행들이 우리 법원문화의 중심을 이룬다. 이러한 권위주의는 앞에서 살펴본 바와 같이 전관예우, 사법적 불평등, 부정의의 원천이 되고 있다. 외부관찰자들이 짧은 시간에 관찰한 법정의 모습이 오랫동안 근무하면서 경험했던 내부관찰자의 고백과 일치한다고 하는 것은 그동안 법원이 우리 사회의 변화로부터 거의 단절된 상태로 유지되었음을 입증하는 것이라고 할 수 있다. 사회의 모든 부문이 민주화되고 민주주의의 이념이 곳곳으로 스며들었던 변혁의 흐름과 달리 사법부는 여전히 과거의 그릇된 체계와 관행들을 존속시키는 양상을 보여주었다. 판사들간에, 판사와 피고, 판사와 변호사 간의 권위주의적 인간관계가 공정성과 정의의 이름으로 획득되어야 할 권위를 대체한 것이다. 다시 말해서 이러한 사법부의 권위주의적 구조가 사법적 정의를 실현해야 할 법정을 억압하는 것이다.

셋째, 법문화를 형성해나가고 동시에 그로부터 영향을 받는 사회구성원들 사이에 동일한 가치체계가 형성되어 있지 못하다고 하는 점이다. 앞에서도 지적한 바와 같이 시민의 법문화와 법률가들의 법문화가 공통된 가치체계 위에 뿌리내리지 못했다는 것은 공동의 법문화를 형성하고 상호긴밀한 관계를 구성해야 할 두 집단이 이질적으로 존재하고 있음을 의미한다. 다시 말해서 우리나라의 법문화와 법원구조 내에서는 재판의 주체와 객체 간의 경계가 경직되고, 전도된 양상을 보인다. 외부관찰자의 눈에 포착된 재판의 진행과정과 내부관찰자의 경험을 통해서 드러난 법원의 내부구조는 재판의 주체/객체의 엄격한 구분을 전제한다. 재판의 주체는 판사이며, 재판의 객체는 재판을 받는 대상, 즉 소송대리인들(변호사)을 포함하여 소송당사자들로 구성된다. 바로 여기에서 현대헌법, 아니 보다 심층적으로는 근대법체계에 의해서 형성되고 보장되어온 공정한 재판을 받을 시민의 권리가 억압되는 양상이 나타난다. 다시 말해서 공정한 재판을 받을 권리의 주체인 시민과 그 권리에 기해서 공정한 재판을 내려야 할 의무를 지닌 판사의 관계가 전도된 형태로 제도화되어 있는 것이 바로 우리 법문화의 한 특징이다.

그렇다면 과연 이러한 법원의 내부구조와 현실이 지금처럼 그리고 앞으로 얼마나 오랫동안 유지될 수 있겠는가. 재판과정이나 절차에서 공정성이 유지된다고 하는 것은 재판당사자들이 자신들의 주장을 충분히 개진할 수 있으며, 그러한 의견이나 주장이 자신들의 행위에 대해서 외모·성·종교·직업·인종·부 등의 외적 요인들에 의해서 영향을 받지 않고 객관적으로 판단되는 것을 말하며, 판결의 공정성이라고 하는 것은 이러한 재판절차를 통해서 발견된 사실관계를 토대로 합리적이고 객관적으로 법률이 적용되는 것이라고 할 수 있다. 뿐만 아니라 판결문은 적어도 재판을 받는 당사자들이 모두 이해하고 수용할 수 있는 기본적 논증구조를 갖추어야 한다. 이러한 공정성의 관념을 전제했을 때, 과연 앞에서 살펴본 우리 법원의 문화 속에서 공정한 재판절차와 판단을 기대할 수 있겠는가 하는 점이다. 원·피고의 복장에 대해서 호통 치는 판사가 그들에 대해서 편견을 갖지 않으리라고 보장할 수 있을까? 정장차림을 하지 아니한 변호사에 대해서 불리한 판단을 내리지 않으리라고 장담할 수 있을까? 결국 법원 내의 권위주의와 관행은 공정한 재판을 받을 국민들의 권리를 침해하는 심각한 법원의 내부구조이며 법원의 문화이다. 어떻게 보면 우리 법문화영역에 새로운 접경지대가 형성되었다고 할 수 있다. 시민들이 갖고 있는 법원의 이미지와 법원의 현실이 충돌하는 영역이 확대되고 그 횟수가 증가할 때, 지금의 법원관행이 깨지는 결과가 나타날 것이다. 우리의 사회 속으로 민주의식과 민주주의에 대한 신념이 확산될수록 저항의 지점이 확대될 것이며, 그 저항력은 더욱 커지게 될 것이다.

참고문헌

■ 단행본

김태길(1995), 《한국윤리의 재정립》, 철학과 현실사.
로베르트 웅거(1994), 김정오 역, 《근대사회에서의 법》, 삼영사.
미셸 푸코(1989), 박홍규 역, 《감시와 처벌 : 감옥의 탄생》, 강원대학교 출판부.
양 건(1986), 《법사회학》, 민음사.
임희섭(1994), 《한국 사회변동과 가치관》, 나남출판사.
최대권(1983), 《법사회학》, 서울대학교 출판부.
레오폴드 포스피실(1992), 이문웅 역, 《법인류학》, 민음사.

Comaroff, J. & Comaroff, J.(1992), *Ethnography and the Historical Imagination*, Westview Press.
Elias, N.(1994), *The Civilizing Process*, E. Jephcott trans., Blackwell.
Friedman, L. & Macaulay, S.(1977), *Law and the Behavioral Sciences*, Bobbs-Merrill.
Hahm Pyong-choon(1983), *Korean Jurisprudence, Politics and Culture*, Yonsei University Press.
Harrington, C.(1985), *Shadow Justice: The Ideology and Institutionalization of Alternatives to Courts*, Greenwood Press.
Lind, A. & Tyler, T.(1988), *The Social Psychology of Procedural Justice*, Plenum Press.
Moore, S.(1978), *Law as Process*, Routledge & K. Paul.
______(1986), *Social Facts and Fabrications: Customary Law on Kilimanjaro, 1880~1980*, Cambridge University Press.
Pratt, M. L.(1992), *Imperial Eyes: Travel Writing and Transculturation*, Routledge.

Rosen, L. (1989), *The Anthropology of Justice: Law and Culture in Islamic Society*, Cambridge University Press.
Rostow, E. (ed.) (1971), *Is Law Dead?*, Simon Shuster.
Stevenson, C. L. (1975), *Ethics and Language*, Yale University Press.
Thomas, N. (1994), *Colonialism's Culture: Anthropology, Travel and Government*, Princeton University Press.
Unger, R. (1975), *Knowledge and Politics*, Free Press.
Vincent, J. (1990), *Anthropology and politics: Visions, Traditions, and Trends*, University of Arizona Press.
Woodward, B. & Armstrong, S. (1979), *The Brethren: Inside the Supreme Court*, Simon & Schuster.

■ 논문

김정오(1994), "미국 비판법학의 흐름과 동향", 《법과 사회》 제 10호.
______(1995), "법이데올로기와 법의식 비판", 《법학연구》 제 5권, 연세대.
______(1996), "비판법학의 원천과 쟁점들", 《현대 법철학의 흐름》, 법문사.
양　건(1989), "한국에서의 '법과 사회' 연구", 《법과 사회》 제 1호.
양승두(1968), "한국인의 법의식", 《한국사회과학논집》 제 9집.
______(1980), "우리 나라 전통적 법의식과 그 변화에 관한 연구", 《한국의 사회와 문화》 제 3집, 한국정신문화연구원.
______(1982), "우리나라 전통적 법의식과 그 변화에 관한 연구", 《법률연구》 제 2집, 연세대학교.
이문웅(1993), "법인류학의 연구영역과 방법", 《법과 사회》 제 8호.
이철우(1995), "인류학과 사회사의 접점에서 본 법", 최대권 외, 《법사회학의 이론과 방법》, 일신사.
임희섭(1975), "한국인의 법의식", 《한국법률문화》, 국제문화재단.
차용석 외 2인(1989), "한국인의 법의식에 관한 조사연구 및 준법의식의 제고방안", 《법학논총》 제 6집, 한양대학교 법학연구소.
최종고(1998), "동아시아 법문화와 법철학의 과제", 1998년 제2회 법 및 사회철학 아세아대회 발표문.

하세가와 코〔長谷川晃〕(1998), "아시아 사회에 있어서 보편법의 형성", 1998년 제2회 법 및 사회철학 아세아대회 발표문.

홍준형(1994), "버려진 환경, 지켜지지 않는 약속", 《법과 사회》제9호, 법과 사회이론연구회.

Brigham, J.(1985), "Judicial Impact upon Social Problems: A Perspective on Ideology", *Legal Studies Forum* vol. 9.

Galanter, M.(1983), "Reading the Landscape of Disputes: What We Know and Don't Know(and Think We Know) About our Allegedly Contentious and Litigious Society", *UCLA Law Review* vol. 31.

______(1985), "The Legal Malaise: Or, Justice Observed", *Law & Society Review* vol. 19.

Kim, Jeong-Oh(2000), "The Changing Landscape of Civil Litigation" in Yoon, Dae-Kyu(ed.), *Recent Transformations in Korean Law and Society*, Seoul National University Press.

Kennedy, D.(1976), "Form and Substance in Private Law Adjudication", *Harvard Law Review* vol. 89.

Mather, L. & Yngvesson, B.(1980~81), "Language, Audience, and the Transformation of Disputes", *Law & Society Review* vol. 15.

Merry, S. E.(1985), "Concepts of Law and Justice Among Working-Class Americans: Ideology as Culture", *Legal Studies Forum* vol. 9.

______(1987), "Crowding, Conflict, and Neighborhood Regulation", Altman, I. & Wandersman, A., eds., *Neighborhood and Community Environments*, Plenum Press.

______(1998), "New Direction: Law, Culture, and Cultural Appropriation", *Yale J. L. & Human* vol. 10.

Sarat, A.(1985), "Legal Effectiveness and Social Studies of Law: On the Unfortunate Persistence of a Research Tradition", *Legal Studies Forum* 9.

______(1988), "The 'New Formalism' in Disputing and Dispute Processing", *Law & Society Review* vol. 21.

Sarat, A. & Felstiner, W. (1986), "Law and Strategy in the Divorce Lawyer's Office", *Law & Society Review* vol. 20.

Silbey, S. (1985), "Ideals and Practices in the Study of the Law", *Legal Studies Forum* vol. 9.

______(1989), "Law and the Ordering of Our Life Together : A Sociological Interpretation of the Relationship Between Law and Society", in Neuhaus(ed.), *Law and the Ordering of our Life Together*, William B. Eerdmans Pub.

Silbey, S. & Sarat, A. (1987), "Critical Traditions in Law and Society Research", *Law & Society Review* vol. 21.

Trubek, D. & Esser, J. (1989), "'Critical Empiriticism' in American Legal Studies: Paradox, Program, or Pandora's Box?", *Law & Social Inquiry* vol. 14.

Trubek, D. & Galanter, M. (1974), "Scholars in Self-Estrangement: Some Reflections on the Crisis in Law and Development Studies in the United States", *Wisconsin law Review* 1974.

White, E. (1986), "From Realism to Critical Legal Studies: A Truncated Intellectual History", *Southwestern Law Journal* vol. 40.

Yngvesson, B. (1985), "Legal Ideology and Community Justice in the Clerk's Office", *Legal Studies Forum* vol. 9.

찾아보기

ㄱ

ㄴ～ㅁ

ㅂ